Thomas Bauernhansl

Bewertung von Synergiepo...

WIRTSCHAFTSWISSENSCHAFT

Thomas Bauernhansl

Bewertung von Synergiepotenzialen im Maschinenbau

Mit einem Geleitwort von Prof. Dr. Walter Eversheim

Deutscher Universitäts-Verlag

Bibliografische Information Der Deutschen Bibliothek
Die Deutsche Bibliothek verzeichnet diese Publikation in der Deutschen Nationalbibliografie;
detaillierte bibliografische Daten sind im Internet über <http://dnb.ddb.de> abrufbar.

Dissertation Rheinisch-Westfälische Technische Hochschule Aachen, 2002

D 82 (Diss. RWTH Aachen)

1. Auflage Mai 2003

Alle Rechte vorbehalten
© Deutscher Universitäts-Verlag/GWV Fachverlage GmbH, Wiesbaden 2003

Lektorat: Ute Wrasmann / Anita Wilke

Der Deutsche Universitäts-Verlag ist ein Unternehmen der
Fachverlagsgruppe BertelsmannSpringer.
www.duv.de

Umschlaggestaltung: Regine Zimmer, Dipl.-Designerin, Frankfurt/Main
Druck und Buchbinder: Rosch-Buch, Scheßlitz
Gedruckt auf säurefreiem und chlorfrei gebleichtem Papier
Printed in Germany

ISBN 3-8244-0688-8

Geleitwort

Fusionen, Akquisitionen und Kooperationen haben in den vergangenen Jahren stark an Bedeutung gewonnen. Es ist zu erwarten, dass dieser Trend sich insbesondere im Maschinenbau in Zukunft weiter verstärken wird. Gründe hierfür liegen in der Struktur und den Rahmenbedingungen dieser Branche sowie in der seit 2002 geänderten Steuergesetzgebung und in Nachfolgeproblemen bei vielen Familienbetrieben.

In Unternehmensverbindungen sehen viele Maschinenbauer die Möglichkeit, strategische Ziele schnell umzusetzen, um so im Wettbewerb nachhaltig erfolgreich zu agieren. Dies setzt jedoch eine konsequente und ganzheitliche Aktivierung der Synergiepotentiale voraus, die im Endeffekt zu Kosteneinsparungen und Umsatzwachstum führen.

Häufig gelingt es den beteiligten Partnern nicht, Synergieeffekte zu erschließen. Als Gründe hierfür sind Fehleinschätzungen von Synergiepotentialen, Vernachlässigung kultureller Aspekte sowie eine unzureichende Gestaltung der Zusammenarbeit der Partnerunternehmen zu nennen.

Herr Bauernhansl hat diese aktuellen Problemstellungen aufgegriffen und eine Methodik entwickelt, die es erlaubt, die durch Unternehmenszusammenschlüsse entstehenden Synergien ex ante zu ermitteln und aus strategischer Sicht zu bewerten. Der Anwender der Methodik wird bei der Auswahl geeigneter Verbindungspartner und -formen wirkungsvoll unterstützt. Dabei werden sowohl »outside in«- als auch »inside out«-Analysen zu den potentiellen Partnern einer Unternehmensverbindung ermöglicht.

Kern der Methodik ist ein generisches Synergiemodell, das für die Branche Maschinenbau in den Synergiefeldern Rationalisierung, Technologie, Innovation und Markt instanziiert wurde. Auf Basis empirischer Untersuchungen und deduktiver Schlüsse ist es Herrn Bauernhansl gelungen eine quantitative Bewertungsgrundlage zu schaffen,

die es dem Anwender erlaubt, Synergiepotentiale in den o. g. Synergiefeldern anhand monetärer Größen auszuweisen. Darüber hinaus können die so ermittelten Potentiale durch eine Berücksichtigung des sog.
»Fits« auf normativer, strategischer und kultureller Ebene sowie durch
die Konfiguration einer Unternehmensverbindungsart an den Anwen-
dungskontext angepasst werden.

Die Leistungsfähigkeit der Methodik stellt der Verfasser durch zwei
repräsentative Fallbeispiele unter Beweis. Hierfür nutzt Herr Bauernhansl zum einen die 1996 vollzogene Verbindung der Firmen Agie AG
und Charmilles Technologies. Im Vergleich der errechneten mit den im
Jahr 1998 tatsächlich realisierten Synergiepotentialen konnte die hohe
Genauigkeit der Methodik demonstriert werden. Zum anderen wendet
Herr Bauernhansl die Methodik für eine »inside out«-Betrachtung einer
Akquisition im Anlagenbau an. Auch hier konnte die Anwendbarkeit
und die hohe Qualität der Resultate nachgewiesen werden.

Die hier entwickelte Methodik zur Bewertung von Synergiepotentialen stellt einen wichtigen Impuls im Bereich der Kooperationsforschung
dar. Sie ist insbesondere durch die präzise Quantifizierbarkeit der Potentiale sowie durch die umfassende Betrachtung aller für den Maschinenbau relevanten Synergiefelder als ganzheitlicher Ansatz zu sehen,
der sowohl für die ingenieurwissenschaftliche als auch die betriebswirtschaftliche Forschung hohe Relevanz besitzt. Die von Herrn Bauernhansl vorgelegten Ergebnisse sind jedoch nicht nur für die akade-
mische Forschung von hohem Interesse, auch die Praxis der Synergiebewertung findet in diesem Werk wertvolle Unterstützung. Dies zeigt sich
nicht zuletzt in der erfolgreichen Anwendung der Methodik in vielen
Industrieprojekten an meinem Lehrstuhl.

Prof. Dr.-Ing. Dipl.-Wirt. Ing. Dr. h.c. mult. Walter Eversheim

Vorwort

Eine Promotion ist immer ein Stück vom eigenen Leben. In meinem Falle ist die vorliegende Dissertation ein Resultat meiner fünfjährigen Arbeit als wissenschaftlicher Mitarbeiter und meiner in dieser Zeit gesammelten Erfahrungen am Laboratorium für Werkzeugmaschinen und Betriebslehre (WZL) der Rheinisch-Westfälischen Technischen Hochschule Aachen (RWTH). Das kreative Umfeld dieser für mich einzigartigen Institution, vitalisiert von Professoren im besten Sinne, bietet und verlangt vieles. Ich durfte neben zahlreichen Forschungs- und Beratungsprojekten eine Studie über die Zukunftsperspektiven im Maschinenbau, die gemeinsam mit der Unternehmensberatung McKinsey & Company durchgeführt wurde, als Projektleiter begleiten. In dieser Studie entstand die bearbeitete Forschungsfrage sowie Teile des Inhalts meiner Dissertation.

Für das oben beschriebene Umfeld sowie für die Möglichkeit zur Promotion gilt mein besonderer Dank Herrn Professor Walter Eversheim. Vielen Dank für Ihre wohlwollende Unterstützung und das in mich gesetzte Vertrauen.

Herrn Professor Günter Schuh, dem Nachfolger von Prof. Eversheim als Inhaber des Lehrstuhls für Produktionssystematik am WZL, danke ich für die Übernahme des Korreferats, die kritische Durchsicht der Arbeit und die wertvollen Hinweise.

Der Firma McKinsey, allen voran Herrn Dr. Andreas Zielke, Herrn Dr. Stefan Hartung und Herrn Carsten von der Ohe gilt mein Dank für anregende Diskussionen in der o. g. Studie sowie für die großzügige Freigabe einiger Studienergebnisse zur Verwendung in meiner Arbeit.

Danken möchte ich weiterhin meinen Kollegen Achim Kampker, Felix Hagemann, Martin Schönung und Patrick Wegehaupt, die mit ihren Studien- bzw. Diplomarbeiten den Forschungsprozess wesentlich unterstützt haben. Meinen Kollegen Dr. Carsten Deckert, Peter Weber und

Jens Schröder danke ich für die inhaltliche Durchsicht und die kompetenten Diskussionen. Meinen studentischen Hilfskräften Michael Kurr, Sauli Sarkoja, Novian, Kai Niehues und Nicolas Pyschny sei gedankt für ihre engangierte Unterstützung, ihre Geduld und die hervorragende Stimmung während der Arbeit.

Frau Prof. Jakobs hat mir gezeigt, wie durch klare Struktur und präzise Formulierungen auch komplizierte Sachverhalte verständlich ausgedrückt werden können. Für diese keineswegs selbstverständliche, aber stets geduldige Unterstützung bin ich ihr sehr dankbar. Herrn Bernd Dahmen danke ich für die professionelle orthographische Durchsicht meiner Dissertation.

Meinem Kollegen und Freund Felix Hagemann gilt mein Dank für die aufwändige Gestaltung der Texte und Abbildungen sowie die Formatierung der Arbeit.

Den Mitarbeiterinnen und Mitarbeitern des Lehrstuhls danke ich für die schöne Zeit und die erfolgreiche Zusammenarbeit.

Meiner Lebensgefährtin Belén Recio Victor danke ich für ihre Liebe und dafür, dass sie mein Lebensmittelpunkt ist. So hat sie dafür gesorgt, dass mein Leben auch während meiner Promotion im Gleichgewicht blieb und ich nie die Freude an der Arbeit verloren habe.

Meiner Familie und im besonderen meinen Eltern Hannelore und Wilhelm Bauernhansl bin ich zutiefst dankbar für ihre vorbehaltlose und uneingeschränkte Unterstützung. Sie haben mir die Freiheit gegeben, meinen Lebensweg nach eigenen Vorstellungen zu gestalten, der ohne ihren Rückhalt und ihr Verständnis so nicht möglich gewesen wäre.

Thomas Bauernhansl

Inhaltsverzeichnis

Abbildungsverzeichnis

Tabellenverzeichnis

Abkürzungsverzeichnis

Abkürzungen

ARIS	Architektur integrierter Informationssysteme
B2B	Business to Business
B2C	Business to Customer
BP	British Petrol
bzw.	beziehungsweise
CAD	Computer Aided Design
CAE	Computer Aided Engineering
CAGR	Compound Annual Growth Rate
CAM	Computer Aided Manufacturing
CAS	Computer Aided Simulation
CDAX	Composite Deutscher Aktienindex
CEO	Chief Executive Officer
CIM	Computer Integrated Manufacturing
CIMOSA	Computer Integrated Manufacturing Open Systems Architecture
CVM	Competing Values Model
d.h.	das heißt
DIN	Deutsche Industrienorm
DMU	Digital Mock-Up
EDM	Engineering Data Management
EDV	Elektronische Datenverarbeitung
ERA	Entity Relation Attribute
EU	Europäische Union
F&E	Forschung und Entwicklung

FEM	Finite Elemente Methode
ggf.	gegebenenfalls
IAO	Fraunhofer-Institut für Arbeitswirtschaft und Organisation
ICAM	Integrated Computer Aided Manufacturing
IDEF	ICAM Definition Method
IDV	Individualism
IMA	Institute for Mergers and Acquisitions
IPPM	Integriertes Produkt- und Prozessmodell
IPS	Institutional Performance Survey
IPT	Institut für Produktionstechnologie
IT	(-Qualität) Grundtoleranzgrade
IUM	Integrierte Unternehmensmodellierung
Kfz	Kraftfahrzeug
KR	Kritischer Rationalismus
KVP	Kontinuierlicher Verbesserungsprozess
MAS	Maskulinity
Mercusur	Mercado Común del Sur
MTO	Mensch, Technik und Organisation
Nafta	North American Free Trade Agreement
NIAM	Nijssens Information Analysis Methodology
PDI	Power Distance
PDM	Product Data Management
PIMS	Profit Impact of Market Strategies
PPS	Produktionsplanung und -steuerung
ROI	Return on Invest
ROS	Return on Sales
SA	Structured Analysis
SA/DT	Structured Analysis/Design Technique
SEP	Strategische Erfolgsposition
SFB	Sonderforschungsbereich
sog.	sogenannt(e)

STEP	Standard for the Exchange of Product Model Data
TRS	Total Return to Shareholder
u. a.	unter anderem
UAI	Uncertainty Avoidance
US	United States
USA	United States of America
VDMA	Verband deutscher Maschinen- und Anlagenbauer
WZL	Laboratorium für Werkzeugmaschinen und Betriebslehre
z. B.	zum Beispiel

Variablen

A	Anzahl
Ab	Applikationsbeitrag
$A_{FK,F\&E}$	Anteil Fremdleistungskosten an Gesamtkosten F&E (des kleineren Partners)
$A_{Gu,X,i}$	Anteil der Serviceart i von Unternehmen X am Gesamtumsatz von Unternehmen X
A_{UVXi}	Umsatzanteil von Unternehmen X in Markt i erzielt durch Vertriebsart V
A_{Xi}	Umsatzanteil von Unternehmen X in Markt i
$B_{\ddot{A}}$	Ähnlichkeitswert im untersuchten Bereich
Bd	Bedeutung
dU_{Xi}	Umsatzzuwachs von Unternehmen X im Bereich i
Dz	Durchlaufzeit
E_A	Einkaufsvolumen von Unternehmen A
E_B	Einkaufsvolumen von Unternehmen B
F_{iA}	Ausprägung von Feld i des Unternehmens A
F_{iB}	Ausprägung von Feld i des Unternehmens B
Fx	Flexibilität
G	Gewicht

$GK_{Be,A+B}$	Gesamtkosten der Beschaffung von Unternehmen A und B
$GK_{F\&E}$	Gesamtkosten F&E des kleineren Partners
GK_{iB}	Gesamtkosten in indirekten Bereichen (des kleineren Partners)
Gsi	Geschäftsinnovativität
I_i	inkrementelle Innovationen
I_m	modulare Innovationen
IP_{band}	Bandbreite des Innovationspotentials der Unternehmensverbindung
I_r	radikale Innovationen
I_s	strukturelle Innovationen
It	Intensität
$K_{\ddot{A}}$	Kompetenzähnlichkeit
$KG_{\ddot{A}}$	Kundengruppenähnlichkeit
$K_{i,A}$	absolute Kosten von Unternehmen A mit Technologie i
$k_{i,A}$	relative Kosten von Unternehmen A mit Technologie i
$k_{i,A+B}$	relative Kosten der Unternehmensverbindung mit Technologie i
$K_{i,B}$	absolute Kosten von Unternehmen B mit Technologie i
$k_{i,B}$	relative Kosten von Unternehmen B mit Technologie i
k_{Mat}	Materialkoeffizient
$Ko_{\ddot{A}}$	Ähnlichkeitskoeffizient
Kw	Kundenwahrnehmung
Ma	Marktanteil
$M_{\ddot{A}}$	Montageprinzipähnlichkeit
max	maximal
Ma_{Xi}	Marktanteil von Unternehmen X im Bereich i
min	minimal
Mk	Marktanteilskoeffizient
P	Anzahl Patente im Vergleich zum Branchendurchschnitt
$P_{\ddot{A}}$	Produktähnlichkeit

Pb	Produktivitätsbeitrag
P_{CS}	Cross-selling-Potential
Pi	Produktinnovativität
P_{IK}	Image-Kannibalisierungs-Potential
Pr	Produktivität im Vergleich zum Branchendurchschnitt
Pri	Prozessinnovativität
$Prit$	Prozessintensität
$S_{\ddot{A}}$	Serviceähnlichkeit
S_{band}	Bandbreite des Synergiepotentials der Unternehmensverb.
S_{Be}	Synergiepotential in der Beschaffung
S_{CS}	Cross-Selling-Synergiepotential
$S_{F\&E}$	Synergiepotential im F&E-Bereich
$S_{i,Bv}$	Synergiepotential aufgrund der Betriebsgrößenvariation in Technologie i
$S_{i,Ee}$	Synergiepotential aufgrund des Erfahrungskurveneffekts in Technologie i
$S_{i,ges}$	Gesamtsynergiepotential mit Technologie i
$S_{i/I}$	Synergiepotential 1. Ordnung mit Technologie i
$S_{i/II}$	Synergiepotential 2. Ordnung mit Technologie i
S_{iB}	Synergiepotential in indirekten Bereichen
S_{ij}	Synergiepotential der Technologie i im Bereich j
S_{IK}	Synergiepotential durch Image-Kannibalisierung
S_{Mm}	Synergiepotential durch Marktmacht
$S_{Mm,AB}$	Synergiepotential aufgrund erhöhter Marktmacht in einer Unternehmensverbindung von A und B
S_{VB}	Synergiepotential aufgrund von Vetriebspotentialbeherrschung
S_{Wk}	Synergiepotential durch Wachstumskannibalisierung
S_{WLges}	Synergiepotential im Bereich der wertschöpfungsorientierten Leistungen
S_{WLi}	Synergiepotential der Serviceart i
T	Time to market

t_{1-3}	Krümmungsfaktoren in P-Richtung
T_t	Termintreue
u_{1-3}	Krümmungsfaktoren in K-Richtung
$U_{A/B}$	Unternehmen A/B
U_{kP}	Umsatz des kleineren Partners
$U_{p<3}$	Umsatzanteil mit Produkten jünger als 3 Jahre
Uv	Unternehmensverbindung
Uw	Umsatzwachstum
Uw_{AB}	Umsatzwachstum der Unternehmensverb. von AB in Markt i
U_{Xi}	Umsatz von Unternehmen X in Bereich i
Vb	Verfügbarkeitsbeitrag
Vf	Verfügbarkeit der Produkte im Vergleich zum Branchendurchschnitt
V_{Xi}	Vertriebsindex von Unternehmen X in Bereich i
Wk	Wachstumskannibalisierung
$Z_{Ä}$	Zukaufteilähnlichkeit

1. Einleitung

1.1. Ausgangssituation

SEIT EINIGEN JAHREN werden die Wirtschaftsteile der Zeitungen beherrscht von Nachrichten über Unternehmensverbindungen, d. h. über Zusammenschlüsse (Fusionen und Akquisitionen) sowie über Kooperationen in allen Branchen und Wirtschaftszweigen (Bierach 2000, Balzer u. a. 2000, Balzer und Nölting 1998, Heck 2000, Neukirchen und Werres 2002).

Die Bedeutung von Kooperationen ist in den vergangenen Jahren in der Tat angestiegen (Lutz 1993, Bullinger u. a. 1997, Hirn 1998, Heck 2000). In allen Branchen sind Kooperationen entstanden, die zunächst lokal orientiert waren und mittlerweile global angelegt sind (Beck 1998). MORRIS und HEGGERT haben festgestellt, dass in fast 74 Prozent der Kooperationsvereinbarungen weltweit ein Partner aus der EU involviert ist. 71 Prozent aller Kooperationen werden dabei zwischen Wettbewerbern geschlossen (Lutz 1993). Eine Studie von BULLINGER weist auf eine ähnliche Situation in Deutschland hin (Bullinger u. a. 1997). Jeder zweite mittelständische Betrieb in Deutschland ist zurzeit in Kooperationen eingebunden. Der Großteil der Kooperationen ist international ausgerichtet und wird mit Wettbewerbern eingegangen. Mehr als 94 Prozent der befragten Unternehmen gehen davon aus, dass die Bedeutung internationaler Kooperationen weiter ansteigen wird (Bullinger u. a. 1997).

Noch mehr als Kooperationen haben in jüngster Vergangenheit Unternehmenszusammenschlüsse an Bedeutung gewonnen. Die Zahl der Zusammenschlüsse ist weltweit von ca. 2000 im Jahre 1990 auf über 9000 im Jahre 2000 gestiegen (Balzer u. a. 2000). Zugleich steigt das weltweit investierte Volumen in Unternehmensverbindungen an. Man schätzt, dass im Jahr 2000 die Kosten für Fusionen und Akquisitionen allein auf dem US-amerikanischen Markt die Grenze von zwei Billionen Dollar überstiegen haben (Balzer und Nölting 1998). Ein Blick in die Ver-

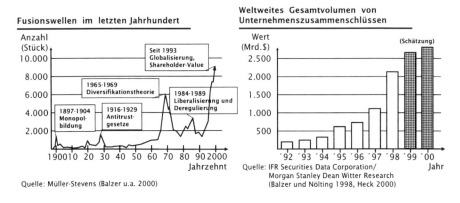

Abbildung 1.1.: Häufung von Unternehmenszusammenschlüssen

gangenheit zeigt, dass derartige Häufungen von Fusionen in der Regel auf Änderungen der wirtschaftlichen Rahmenbedingungen zurückzuführen sind (Abb. 1.1).

So führten um die vorletzte Jahrhundertwende mit einsetzender Industrialisierung die Monopolbildungen zu vermehrten Unternehmenskäufen. Die Antitrustgesetze in den USA hatten in den 20er Jahren einen ähnlichen Effekt. Starken Einfluss hatte die Entwicklung der Diversifikationstheorie um 1965, die viele Unternehmen dazu bewegte, ihre Produktpalette durch konglomerate Zusammenschlüsse zu erweitern. Zurzeit erleben wir die fünfte Fusionswelle, die ebenfalls auf veränderte Wettbewerbsbedingungen zurückzuführen ist. Sie ergeben sich vor allem aus den Auswirkungen der Globalisierung und dem erhöhten Einfluss des Kapitalmarkts. Weiter angetrieben wird die Welle durch geänderte Steuergesetzgebungen und durch Währungsschwankungen zwischen den Wirtschaftsräumen (Balzer u. a. 2000).

Beispiele für Unternehmenszusammenschlüsse finden sich in allen Branchen (Abb. 1.2). Bekannt sind die Fusion der Automobilkonzerne Daimler Benz und Chrysler oder die Zusammenschlüsse mehrerer Telekommunikationsunternehmen zu europaweiten Konzernen, wie z.B. die Verbindung von Vodafone und Mannesmann (Balzer u. a. 2000).

International gilt Deutschland als das Land mit dem größten Wachs-

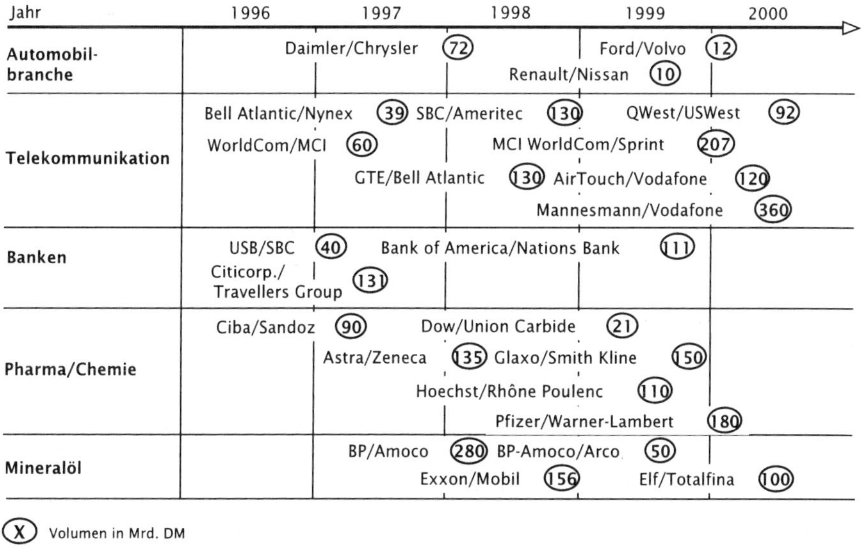

Jahr	1996	1997	1998	1999	2000
Automobil-branche	Daimler/Chrysler ⑺⑵		Ford/Volvo ⑫		
			Renault/Nissan ⑩		
Telekommunikation	Bell Atlantic/Nynex ㊴	SBC/Ameritec ⑬⓪	QWest/USWest ㊾		
	WorldCom/MCI ㊿		MCI WorldCom/Sprint ⑳⑦		
		GTE/Bell Atlantic ⑬⓪	AirTouch/Vodafone ⑫⓪		
			Mannesmann/Vodafone ㉖⓪		
Banken	USB/SBC ㊵	Bank of America/Nations Bank ⑪⑪			
	Citicorp./Travellers Group ⑬⑴				
Pharma/Chemie	Ciba/Sandoz ⑨⓪	Dow/Union Carbide ㉑			
	Astra/Zeneca ⑬⑤	Glaxo/Smith Kline ⑤⓪			
		Hoechst/Rhône Poulenc ⑪⓪			
		Pfizer/Warner-Lambert ⑱⓪			
Mineralöl	BP/Amoco ㉘⓪	BP-Amoco/Arco ㊿			
		Exxon/Mobil ⑮⑥	Elf/Totalfina ⑩⓪		

Ⓧ Volumen in Mrd. DM

Abbildung 1.2.: Bedeutende Unternehmenszusammenschlüsse der letzten Jahre, nach Balzer u. a. (2000)

tumspotential bezogen auf das Volumen der Unternehmenszusammen-schlüsse. Im Vergleich mit den USA erwirtschaftet Deutschland zwar ein Viertel des Bruttosozialprodukts, kommt jedoch nur auf ein Achtel der Aktivität im Bereich der Unternehmenszusammenschlüsse. Hier erwar-ten Experten eine deutliche Steigerung (Pauly 2001).

Viele Unternehmen versuchen, in den Unternehmensverbindungen Synergien zu realisieren. In einer Studie des Institute for Mergers and Acquisitions gaben 70 Prozent der Befragten an, mit Zusammenschlüs-sen umsatzwirksame Synergien, z. B. durch Erhöhung der Marktanteile, erschließen zu wollen (Jansen und Körner 2000). Weitere, in dieser und anderen Studien oft genannte Gründe für Unternehmensverbindungen sind Zeitvorteile in der Entwicklung neuer Produkte, Kostenersparnisse durch Skaleneffekte im Einkauf und der Produktion, Zugang zu Tech-nologiewissen oder Risikominimierung (Bullinger u. a. 1997, Fontanari 1995).

Auch im deutschen Maschinenbau ist ein klarer Trend zu Unternehmensverbindungen sowohl in Form von Zusammenschlüssen als auch von Kooperationen zu beobachten. Die Bedeutung von Kooperationen ist jedoch in dieser Branche zurzeit noch höher anzusiedeln als die der Zusammenschlüsse (Hammes 1995). Gründe für die höhere Bedeutung von Kooperationen im Maschinenbau liegen in der Struktur der Branche. Der Maschinenbau ist ein traditionell mittelständischer Industriezweig. Die Unternehmensgrößen und damit oft auch die finanziellen Spielräume sind klein. Unternehmensakquisitionen sind so seltener möglich. Zudem ist die Branche nicht homogen, sondern in viele Segmente unterteilt. In diesen Segmenten fokussieren Unternehmen mit ihren Produkten meist auf genau abgegrenzte Märkte. Deshalb können hier häufiger »Marktführer« oder Oligopole angetroffen werden als in anderen Wirtschaftszweigen. Unternehmenszusammenschlüsse sind in diesem Umfeld nur unter erheblichen finanziellen Anstrengungen zu realisieren. Ein Großteil der Maschinenbauunternehmen ist zudem nicht börsennotiert. Infolgedessen sind Maschinenbauer zwar einerseits seltener vom Kapitalmarkt und dessen Spielregeln abhängig – sie müssen also keine »Wachstums-Story« vorweisen, um Analysten und Anleger zu überzeugen. Andererseits aber fehlt den Maschinenbauern die Möglichkeit, durch Aktientausch bzw. über Kapitalerhöhungen Zusammenschlüsse zu finanzieren (McKinsey 2000).

Den Trend zu Kooperationen ergänzend wird in der Zukunft die Welle der Zusammenschlüsse den Maschinenbau und hier insbesondere das Rückgrat dieser Branche, die kleinen und mittleren Unternehmen, stärker erfassen (Heck 2000). Für diese Entwicklung kann eine Reihe von Gründen angeführt werden (Tabelle 1.1): Eine Studie, die gemeinsam vom Laboratorium für Werkzeugmaschinen und Betriebslehre (WZL) und der Fa. McKinsey & Company in der Branche Maschinenbau durchgeführt wurde, belegt, dass innovative Unternehmen erfolgreicher sind als weniger innovative (McKinsey 2000). In einer technologieintensiven Branche wie dem Maschinenbau ist die Entwicklung von innovativen Produkten – auch aufgrund der kurzen Innovationszyklen – mit sehr hohen finanziellen Risiken behaftet. Hier können Partner, die sich das Entwicklungsrisiko teilen, oft mehr erreichen als einzelne Unternehmen. Zusätzlich kann durch Entwicklungskooperationen die Zeit, in der

Tabelle 1.1: Treiber für Unternehmensverbindungen im Maschinenbau

Innovation	– kurze Innovationszyklen – hohes technologisches und finanzielles Risiko – steigender Bedarf an Spezialwissen (Elektronik, Software, Telematik etc.) – kurze Entwicklungszeiten
Globalisierung	– weltweiter Wettbewerb – internationale Präsenz in meist gesättigten Märkten – hohe Auslastung der Produktionstechnologie erforderlich
Technologie	– kurze Lebenszyklen – hoher Investitionsbedarf zur Realisierung von Produktivitätsvorteilen – hohe Auslastung der Technologien notwendig – operative Exzellenz
Rahmenbedingungen	– Generationswechsel (50% aller Unternehmensverbindungen in den nächsten 10 Jahren aufgrund von Nachfolgeproblemen) – Steuerreform (Verkauf von Unternehmensanteilen seit 2002 steuerfrei möglich)

ein neues Produkt entsteht, deutlich verkürzt werden (AWK 1999). Innovative Produkte enthalten zunehmend Technologien, die Spezialwissen erfordern (z. B. Elektronik, Software, Telematik, etc.). Mit einer Kooperation oder einem Zusammenschluss können die benötigten Kompetenzen zeitnah zusammengeführt werden (Bronder 1993).

Auch die Globalisierung treibt viele Unternehmen zu Unternehmensverbindungen. Eine weltweite Präsenz in Vertrieb und Service kann häufig nur mit internationalen Partnern realisiert werden. Ähnliches gilt für gesetzliche Bestimmungen (z. B. »local content«), die häufig nur durch Unternehmensverbindungen erfüllt werden können. Weiterhin steigt der Kostendruck im internationalen Wettbewerb. Produktivitätsvorteile können nur durch kontinuierlich hohe Investitionen und bei hoher

Auslastung der Ressourcen aufgebaut bzw. erhalten werden. Dies ist häufig nur bei entsprechendem Produktionsvolumen finanzierbar, das u. a. durch Unternehmensverbindungen erreicht werden kann (Schertler 1995, Fleischer 1996).

In der oben erwähnten Studie wurde ebenfalls festgestellt, dass sich erfolgreiche Unternehmen durch nachhaltige Rentabilität und Wachstum auszeichnen. Es wurde gezeigt, dass die hierfür notwendigen Strategien in markt-/segmentorientierte und in wertschöpfungsorientierte Strategien unterteilt werden können. Das geplante Wachstum soll in den nächsten Jahren zu ca. 36 Prozent durch Unternehmensverbindungen realisiert werden (McKinsey 2001).

Ein weiterer wichtiger Grund ist das sog. Nachfolgeproblem, das sich in Kürze in vielen Familienunternehmen des Maschinenbaus einstellen wird. Viele dieser Betriebe können zukünftig nicht mehr von einem Familienmitglied geführt werden, sondern stehen zum Verkauf und sind deshalb Ziele für Übernahmen (Lutz 1993). Experten gehen davon aus, dass in den nächsten 10 Jahren über 50 Prozent aller Unternehmenszusammenschlüsse im Maschinenbau aufgrund dieser Problematik entstehen werden (McKinsey 2001).

Zusätzlich werden in Deutschland seit Beginn des Jahres 2002 durch eine Änderung in der Steuergesetzgebung neue Fusions- und Akquisitionsanreize geschaffen. Ab diesem Zeitpunkt können Unternehmensanteile steuerfrei veräußert werden. Viele große Konzerne, wie z. B. die Allianz (Neukirchen und Werres 2002), werden diese Gelegenheit nutzen, um ihre vielfältigen Beteiligungen im Maschinenbau neu zu bewerten und gegebenenfalls zu veräußern. Dies wird zu einer erneuten Steigerung der Unternehmensverbindungszahlen führen (Pauly 2001).

1.2. Problemstellung

Nicht alle Unternehmensverbindungen sind erfolgreich (vgl. Fontanari 1995). Eine rückblickende Betrachtung der Zusammenschlüsse und Kooperationen aller Branchen zeigt, dass ein großer Teil der Unternehmensverbindungen Misserfolge waren (Abb. 1.3).

Sie führten zu finanziellen Einbußen, Kursverlusten an der Börse oder

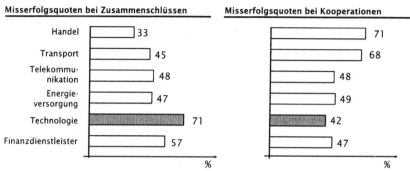

Abbildung 1.3.: Misserfolge bei Unternehmensverbindungen

zumindest zu Ansehensverlusten der beteiligten Unternehmen. Anvisierte Ziele wie beispielsweise die Stärkung von Marktpositionen oder die nachhaltige Reduzierung von Kosten wurden nicht erreicht. Gemessen am Unternehmenswert vor und nach der Verbindung scheitern ca. 50 Prozent aller Unternehmensverbindungen (Bierach 2000).

Viele Unternehmen überschätzen offenbar die durch eine Unternehmensverbindung zu erwartenden Synergien. Diese Synergien werden meist in der Realisierung von Skaleneffekten in der Beschaffung und in der Produktion oder im Transfer von Wissen zwischen den Partnern angenommen. Die Unternehmen erwarten aufgrund von Synergien Kosteneinsparungen und nachhaltiges Umsatzwachstum (Eccles u. a. 2000).

Viele durchaus vorhandene Synergiepotentiale werden von den Unternehmen jedoch nicht aktiviert. Dafür gibt es in der Regel zwei Gründe: Zum einen schätzen die Unternehmen den Umfang der Synergien falsch ein. Häufig werden die Annahmen zu Größeneffekten zu opti-

mistisch getroffen und treten infolgedessen nicht im erwarteten Ausmaß ein (Eccles u. a. 2000, Jansen und Körner 2000, Fontanari 1995).
Zum anderen wird bei der Planung von Verbindungen die Integrationsproblematik zur Realisierung von Synergien unterschätzt (Meckl 1995,
Bullinger u. a. 1997). Hier spielen sogenannte »Fit-Faktoren« eine Rolle, die das mögliche Zusammenspiel der Verbindungspartner auf Ebenen wie z. B. Kultur und Strategie bestimmen (Bronder und Pritzl 1991,
Rotering 1993). Darüber hinaus werden in der Integrationsphase der
Verbindungspartner Fehler in der Kommunikation begangen sowie die
Mitarbeiter nicht ausreichend durch Qulifizierungsmaßnahmen auf ihre Aufgaben vorbereitet. Resultat sind interne Widerstände und Hemm-
nisse (Abb. 1.3).

Interessant ist in diesem Zusammenhang ein Vergleich der unterschiedlichen Erfolgsquoten in verschiedenen Branchen. Während im
Handel Großkonzerne erfolgreich fusionieren, sind technologieorien-
tierte Wirtschaftszweige bei dieser Art der Unternehmensverbindung
oft weniger erfolgreich. Technologieunternehmen haben mehr Erfolg
bei Kooperationen. Die oft nur für einen begrenzten Zeitraum geschlos-
senen Verbindungen haben mehr Chancen auf Erfolg, da hier die Ziele
aufgrund der höheren Erfahrung der beteiligten Unternehmen meist
realistisch gesteckt und professionell umgesetzt werden. Zusammenschlüsse von Technologieunternehmen werden seltener riskiert und
sind häufig mit höheren Erwartungen verbunden. Ein Scheitern dieser Unterfangen bringt beteiligte Unternehmen zudem häufig in wirtschaftliche Bedrängnis. Die unterschiedlichen Erfolgsquoten der Zusammenschlüsse unterstreichen die Notwendigkeit einer gesonderten
Betrachtung einzelner Branchen mit ihren jeweilig spezifischen Eigenheiten (Bierach 2000).

Verschiedene Autoren haben sich mit der Analyse und dem Umsetzen von Synergien in Unternehmensverbindungen beschäftigt (Ansoff
1965, Porter 1985, Paprottka 1996, Ebert 1998, Rodermann 1999, Jansen und Körner 2000). Die ersten Ansätze dazu wurden bereits 1965
von Ansoff formuliert (Ansoff 1965). Nachdem das Thema einige Jahre in den Hintergrund gerückt war, haben sich in der jüngeren Vergangenheit wieder mehrere Autoren damit auseinander gesetzt. Ein Teil
dieser Arbeiten bietet jedoch lediglich eine rückblickende Betrachtung

zur Synergiebewertung bei Unternehmensverbindungen (Rodermann 1999). Die Synergiebeschreibung ist bei vielen Autoren zu kurz gefasst. Häufig werden nur sofort realisierbare Kostenpotentiale oder finanzwirtschaftliche Potentiale berücksichtigt. Synergien, die kurzfristig zu Umsatzwachstum führen, werden selten, mittel- bis langfristig wirksame Potentiale häufig gar nicht betrachtet (Eccles u. a. 2000). Die Branche Maschinenbau wird zudem nicht explizit adressiert. Die verfügbaren Konzepte sind zu allgemein gefasst, um auf die komplexen Gegebenheiten des Maschinenbaus anwendbar zu sein. Insbesondere die Berücksichtigung möglicher Technologie- und Innovationssynergien, die gerade im Maschinenbau Erfolgspotentiale darstellen, erfolgt nicht. Ferner können aufgrund der starken Unterschiede in der Struktur der Branche hinsichtlich Größe, Produkt, Markt etc. vorhandene Ansätze selbst in Teilbereichen, wie z. B. bei der Bewertung von Größeneffekten im Einkauf, nur bedingt angewendet werden.

Vor dem Hintergrund der großen Zahl gescheiterter Unternehmensverbindungen zeigt die kritische Untersuchung der bestehenden Ansätze, dass bislang kein wirksames Hilfsmittel zur Identifizierung, Analyse und Bewertung von Synergien im Vorfeld von Unternehmensverbindungen im Maschinenbau vorliegt.

1.3. Zielsetzung und Forschungsfrage

Ziel des geplanten Dissertationsvorhabens ist es, eine Methodik zu entwickeln, die es erlaubt, die durch Unternehmenszusammenschlüssen entstehenden Synergien im Maschinenbau ex ante zu ermitteln (Tabelle 1.2). Die Methodik kann in der strategischen Unternehmensplanung bei der Auswahl geeigneter Verbindungsformen und Partner zur Umsetzung strategischer Entscheidungen eingesetzt werden. In der Methodikentwicklung wird von einem erweiterten Synergieverständnis ausgegangen, das sämtliche emergenten Umsatz- und Kostenpotentiale einschließt. Neben den »klassischen« kurzfristig wirksamen Synergien, z. B. Größeneffekte im Einkauf, sollen auch mittel- bis langfristig entstehende Synergien, wie z. B. Innovations- und Technologiepotentiale, berücksichtigt werden. Sämtliche Synergiepotentiale sollen zudem

Tabelle 1.2: Zielsetzung der Arbeit

Anwendungsdimension	– Maschinenbau – strategische Unternehmensplanung – ex-ante-Betrachtung – Anbahnungs- und Umsetzungsphase von Unternehmensverbindungen
Gestaltungsdimension	– erweiterter Synergieraum (Innovation, Wissen, Technologie etc.) – Arten von Unternehmensverbindungen
Ergebnisdimension	– quantitative und qualitative Synergiepotentiale – kurz-, mittel- und langfristige Synergien – interpretierte Synergieprofile – Planungssicherheit bei Unternehmensverbindungen

in quantitativer Form ausgewiesen werden. Qualitative Aussagen über die Potentialhöhen sollen insoweit getroffen werden, wenn die Erhebung quantitativer Daten mit einer zu hohen Unsicherheit verbunden ist. Ferner soll die Methodik für externe Analysen (Nutzung frei verfügbarer Informationen) als auch für interne Untersuchungen der möglichen Partner einer Unternehmensverbindung (Nutzung vertraulicher Informationen) eingesetzt werden können. Hierdurch kann die Methodik in der Anbahnungsphase wie in der Umsetzungsplanung von Unternehmensverbindungen als strategisches Hilfsmittel genutzt werden.

Die Methodikanwendung soll zu sog. Synergieprofilen führen, die eine Interpretation der Synergiepotentiale vor dem Hintergrund der strategischen Ziele der Verbindungspartner erlauben. Synergieprofile weisen die aufgrund der Art der Unternehmensverbindung und der potentiellen Partnerunternehmen zu erwartenden quantitativen und qualitativen Synergiepotentiale aus. Auf Basis dieser Synergieprofile kann der Anwender die Alternative wählen, die die jeweilige Unternehmensstrategie am wirkungsvollsten unterstützt. Der Hauptnutzen der Methodik wird in der detaillierten Berechnung sämtlicher, durch eine spezifische

Unternehmensverbindung entstehender Synergien liegen. Die Methodik wird Unternehmen des Maschinebaus helfen, die für ihr Wachstum relevanten Entscheidungen zu treffen und Fehlinvestitionen in Unternehmensverbindungen zu vermeiden. Aus der formulierten Zielsetzung der Arbeit resultieren folgende Forschungsfragen:

> *»Können Synergiepotentiale durch Unternehmensverbindungen im Maschinenbau ex-ante bestimmt werden?«*

Und wenn ja:

> *»Wie können Synergiepotentiale im Maschinenbau ganzheitlich ex-ante ermittelt und bewertet werden?«*

1.4. Wissenschaftstheoretische Positionierung und Forschungskonzeption

Systematische Einordnung

Wissenschaften können grundlegend in Formal- und Realwissenschaften aufgegliedert werden (Abb. 1.4). Formalwissenschaften haben die Zielsetzung, Zeichensysteme mit Regeln zu entwickeln, die zu einer formal richtigen Verwendung der Zeichen führen. d. h. es werden Sprachen konstruiert. Beispiele für Formalwissenschaften sind die Mathematik, die Logik oder die Philosophie. Die Realwissenschaften befassen sich mit der Beschreibung, Erklärung und Gestaltung empirisch wahrnehmbarer Wirklichkeitsausschnitte und können in die sog. »reinen« Wissenschaften oder auch Grundlagenwissenschaften und in die angewandten Wissenschaften oder auch Handlungswissenschaften unterteilt werden (Ulrich und Hill 1976a).

Die Grundlagenwissenschaften beschäftigen sich mit der experimentellen Darstellung sowie der Erstellung von Theorien über Realphänomene. Es wird versucht, Erklärungsmodelle zu entwickeln, die Gültigkeit für definierte Wirklichkeitsausschnitte besitzen. Viele Bereiche der

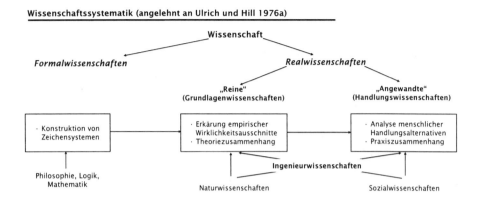

Abbildung 1.4.: Wissenschaftssystematische Positionierung der Arbeit

Naturwissenschaft können zu einem großen Teil den Grundlagenwissenschaft zugeordnet werden (Ehlken 1999, OECD 1994, Ulrich und Hill 1976a). Die angewandten Wissenschaften, wie z. B. die Sozialwissenschaften, befassen sich mit den Anwendungsmöglichkeiten von theoretischen Erkenntnissen auf reale Problemstellungen (Ehlken 1999). Sie versuchen, menschliche Handlungsalternativen zu analysieren, um danach soziale und technische Systeme zu gestalten. Die Ingenieurwissenschaften sind eher den anwendungsorientierten Wissenschaften zuzuordnen; es gibt jedoch auch viele grundlagenorientierte Forschungsbereiche und -arbeiten (Ulrich und Hill 1976a). Die vorliegende Arbeit ist aufgrund ihres Praxisbezugs und ihres Anspruchs, Entscheidungsprozesse methodisch zu unterstützen, den angewandten Wissenschaften zuzuordnen.

ULRICH und HILL nennen den Entdeckungs-, Begründungs- und Verwendungszusammenhang als drei wesentliche Aspekte der realwissenschaftlichen Forschung (Ulrich und Hill 1976a):

Entdeckungszusammenhang

Der Entdeckungszusammenhang wird als der gedankliche Bezugsrahmen eines wissenschaftlichen Forschungsprozesses definiert (Ulrich und Hill 1976a). Rössl definiert einen Bezugsrahmen als »strukturiertes Vorverständnis bzw. Strukturierung des bereits vorhandenen Wissens«. Das Vorverständnis des Forschers drückt sich in seiner Perspektive aus, die er bei der Definition eines als generell angesehenen Problems einnimmt (Rößl 1990). Die Beschreibung des Entdeckungszusammenhangs trägt zur Lösung des sog. Subjektivitätskriteriums bei, da u. a. Wertprämissen erläutert werden.

Der Bezugsrahmen der vorliegenden Arbeit ist im Spannungsfeld der zugrunde gelegten Leittheorie (Paradigma), den prägenden Arbeiten im Grundlagenbereich und dem Erfahrungshorizont des Autors zu sehen. Kuhn hat nachgewiesen, dass ein allgemein anerkanntes, zentrales Paradigma (vgl. negative Heuristik von Lakatos 1974) als Basis einer Wissenschaftsdisziplin zu schnellerem Fortschritt in dieser führt (Kuhn 1979). In der Sozialwissenschaft sehen Ulrich und Hill neben dem faktortheoretischen Ansatz nach Gutenberg den systemtheoretischen Ansatz nach Ulrich und den entscheidungstheoretischen Ansatz nach Heinen als paradigmentauglich an (Ulrich und Hill 1976a). Für die vorliegende Arbeit wurde der systemtheoretische Ansatz nach Ulrich als Paradigma gewählt. Der interdisziplinäre Ansatz, der als praxisnah, offen und integrativ bezeichnet werden kann, versteht sich nicht als reine Theorie und weist eine große Nähe zu den Ingenieurwissenschaften auf.

Er richtet sich auf Probleme der Gestaltung, Lenkung und Entwicklung zweckgerichteter sozialer Systeme und kommt dem Verständnis des Autors von Unternehmen und deren Umfeld sowie Handlungsoptionen nahe (Ulrich 1984). Der systemtheoretische Ansatz bestimmt die zu wählende Forschungsmethodik und wird als *fester Kern* im Sinne der negativen Heuristik nach Lakatos gesehen (Lakatos 1974).

Der theoretische Ansatz der Arbeit stützt sich auf die Arbeiten von Ansoff und Porter (Ansoff 1965, Porter 1985) zur Synergieforschung sowie von Coase, Williamson und Sydow zu Unternehmensverbindungen (Coase 1960, Williamson 1975, Sydow 1992). Im Bereich der Modellierung wurden die Arbeiten von Stachowiak als Basis der eigenen Methodentwicklung genutzt (Stachowiak 1973). Der Autor fand den inhaltlichen Einstieg in den Forschungsprozess über die genannten Arbeiten und wurde insbesondere durch den Ansatz »2 + 2 = 5« von Ansoff in seinem Denken über Synergie geprägt (Ansoff 1965).

Die Arbeit basiert nicht zuletzt auf den Erfahrungen, die der Verfasser in seiner Assistentenzeit am Laboratorium für Werkzeugmaschinen und Betriebslehre (WZL) der RWTH Aachen sammeln konnte. Sie stützt sich auf industrienahe Forschungsprojekte in den Bereichen Entwicklungsmanagement, strategische Planung und Kooperationsmanagement mit dem Schwerpunkt auf Maschinenbauunternehmen. Die genannten Arbeiten haben den inhaltlichen Zugang dieser Arbeit wesentlich beeinflusst wie auch die Sichtweise des Verfassers auf produzierende Unternehmen maßgeblich geprägt. Darüber hinaus leitete der Autor das internationale Forschungsprojekt »Global Virtual Enterprise«. Hier konnte der Autor erste Erfahrungen mit der Bewertung und Auswahl von Partnern für Virtuelle Unternehmen sammeln. Vor allem jedoch durfte der Autor als Fachexperte in der Studie »Profitable Growth Strategies for Machinery and Mechatronics Industry«, die gemeinsam mit dem Beratungsunternehmen McKinsey & Company über einen Zeitraum von zwei Jahren durchgeführt wurde, neue Erkenntnisse, Erfahrungen und Eindrücke sammeln. Im Rahmen der Studie konnten zahlreiche Daten gesammelt werden, die zum Aufbau der Methodik genutzt wurden (vgl. Anhang A). Die Studie ermöglichte neben der Analyse aktueller Strategien im Maschinenbau die erste Instanziierung des Rationalisierungs- und Marktmodells. Darüber hinaus konnten zusätzliche Analysen im Laufe der Studie durchgeführt werden, die im Folgenden als *eigene Untersuchungen* im Text kenntlich gemacht werden.

Begründungszusammenhang

Der Begründungszusammenhang fokussiert die empirische Überprüfung gedanklicher Bezugsrahmen. Im Wesentlichen geht es um die Frage, wie vorhandene Hypothesen und Modelle auf ihre »Wahrheit« hin überprüft werden können (Ulrich und Hill 1976b). Eine Basis hierfür bietet der *Kritische Rationalismus* (KR), der von POPPER entwickelt wurde. Der KR lehnt die vollständige Induktion ab und stellt die Idee der Falsifikation und der Kritik in den Mittelpunkt der Überlegungen (Popper 1973). Dieses Verständnis der Bewertung von Beobachtungen, Hypothesen und Theorien liegt der vorliegenden Arbeit zugrunde. Im Laufe des Forschungsprozesses, der an die Phasen der angewandten Forschung nach ULRICH angelehnt war und auf Basis des beschriebenen

Bezugrahmens wurden Hypothesen empirisch induktiv aufgestellt und im Anwendungszusammenhang einer kritischen Reflexion unterzogen. Der Forschungsprozess wird dabei als iterativer Lernprozess verstanden, der die Sammlung von Erfahrungswissen mit einer Umsetzung in theoretische Aussagen verbindet. Die Vorgehensweise ist zwar überwiegend induktiv, zusätzlich wurden jedoch deduktive Schlüsse gezogen, d. h. es wurden Denkschritte vollzogen, die durch logische Kombination anerkannter Theorien begründbar sind. Die Vorgehensweise korrespondiert mit der Aussage, dass jedes methodische Vorgehen Deduktion und Induktion voraussetzt und diese sich in einer Erfahrungswissenschaft ergänzen müssen (Meyer u. a. 1969). Da das gewählte Forschungsfeld sich durch geringe theoretische Strukturierung auszeichnet, bietet sich ein explorativer und damit qualitativer Forschungsansatz an (Chmielewicz 1994). Um den Anforderungen an wissenschaftliches Arbeiten auch formal zu genügen, wird großer Wert darauf gelegt, das Forschungsvorgehen explizit zu formulieren und somit allgemein nachvollziehbar zu gestalten (Chmielewicz 1994, Atteslander 1995, Ulrich 1981).

Die gewählte Forschungsstrategie nutzt unter anderem ausgewählte Methoden der qualitativen Sozialforschung, z. B. die Methode des halbstandardisierten Interviews, die für die Befragung von Geschäftsführern von Maschinenbauunternehmen eingesetzt wurde. In die Arbeit flossen Ergebnisse ein, die in Expertenworkshops zu einzelnen Synergiearten mit Vertretern unterschiedlicher Disziplinen gewonnen wurden. Ziel der Workshops war es, Modelle zu Synergiebewertung zu entwicklen bzw. diese zu verifizieren. In die Diskussion wurden Erfahrungen einbezogen, die in Gesprächen mit Beratern von McKinsey & Company gesammelt wurden. Diese führen zu zahlreichen neuen Ansätzen und Perspektiven auch bezogen auf den Stand der Erkenntnisse in anderen Branchen. Nicht zuletzt wurden sog. Case Studies mit involvierten Unternehmen bzw. Branchenkennern entwickelt. Ein Fall konnte mit Zustimmung der beteiligten Unternehmen zu einer detaillierten Inside-out-Anwendung der entwickelten Methodik ausgebaut werden.

Verwendungszusammenhang

Unter Verwendungszusammenhang wird die Frage nach dem Nutzen bzw. Zweck der gewonnenen wissenschaftlichen Erkenntnisse verstanden (Ulrich und Hill 1976b). Die Relevanz der angestrebten Erkenntnisse für die Gestaltung erfolgreicher Unternehmensverbindungen wurde bereits in den Kapiteln 1.1 und 1.2 erläutert. Die Diskussion der Relevanz bzw. des Nutzenkriteriums im Sinne der Frage: »Relevant für wen?« soll an dieser Stelle nur in kurzer Form geführt werden (ausführlich dazu Ulrich und Hill 1976b). Angesichts der Zielsetzung, eine ganzheitliche und umfassende Bewertung von Synergiepotentialen zu ermöglichen, sind die hier angestrebten Erkenntnisse nicht nur für Unternehmen und deren Eigner im Sinne des nachhaltigen Unternehmenserfolgs von Interesse. Sie sind ebenso aus Sicht der gesamtgesellschaftlichen Wirkung relevant, da erfolgreiche Unternehmensverbindungen in einer Schlüsselbranche, die der Maschinenbau zweifelsohne ist, zu einer Stärkung der Volkswirtschaft durch den Erhalt von Arbeitsplätzen und der Stärkung der Innovationskraft von Unternehmen beitragen kann.

Forschungsprozess und Aufbau der Arbeit

Der Forschungsprozess und der Aufbau der Arbeit orientieren sich an den Phasen der angewandten Forschung nach ULRICH. Der Forschungsprozess beginnt und endet im Praxiszusammenhang (Ulrich 2001). Die Struktur der Arbeit wurde dementsprechend gestaltet (Abb. 1.5):

Im zweiten Kapitel wird der relevante Anwendungszusammenhang beschrieben. Der gewählte Objektbereich – die Branche Maschinenbau – wird anhand von Strukturdaten erläutert, erfolgreiche Strategien im Maschinenbau werden vorgestellt und die Bedeutung von Unternehmensverbindungen in dieser Branche analysiert.

Im dritten Kapitel werden grundlegende Theorien und Hypothesen zu Unternehmensverbindungen diskutiert. Hierfür werden Unternehmensverbindungen in Zusammenschlüsse und Kooperationen unterteilt und die Besonderheiten dieser Verbindungsformen herausgearbeitet. Einige Kooperationsformen werden vorgestellt, und die Bedeutung des sog. Fit in Unternehmensverbindungen wird hervorgehoben.

Im vierten Kapitel wird die Synergiethematik erläutert. Nach der Defi-

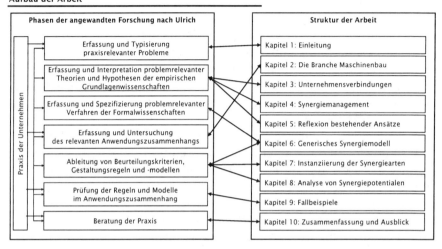

Abbildung 1.5.: Forschungsphasen und Struktur der Arbeit

nition des Begriffs wird das Konzept der Synergie detailliert anhand der Ansätze von ANSOFF und PORTER betrachtet. Relevante Synergiemechanismen werden identifiziert und von anderen betriebswirtschaftlichen Konzepten abgegrenzt. Im Anschluss wird das Management der Synergie vorgestellt. Basierend auf den Ausführungen des zweiten Kapitel werden relevante Synergiearten abgeleitet und begrifflich geklärt.

Die Erkenntnisse der genannten Kapitel werden im fünften Kapitel genutzt, um Anforderungen an eine Methodik zur Bewertung von Synergiepotentialen im Maschinenbau zu identifizieren. Es werden relevante Ansätze zur Bestimmung von Synergien und zur Bewertung des Fit in Unternehmensverbindungen vorgestellt und anhand des Anforderungsprofils geprüft. Dabei wird gezeigt, dass keiner der Ansätze zur Bewertung von Synergiepotentialen im Maschinenbau geeignet ist. Ansätze, die Teile des Anforderungsprofils abdecken, fließen jedoch in die Methodikentwicklung ein.

Im sechsten Kapitel wird zuerst die Methodikentwicklung beschrieben. Im Anschluss werden die zur Ausgestaltung der Methodik notwendigen Modelle, Methoden und Hilfsmittel spezifiziert. Danach wird eine Modellierungsmethode ausgewählt und ein generisches, branchenneutrales Synergiemodell entwickelt. Das allgemeingültige Modell kann als Basis zur Beschreibung von Synergien herangezogen werden.

Das generische Synergiemodell wird in einem nächsten Schritt im siebten Kapitel für die Branche Maschinenbau instanziiert. Die Instanziierung erfolgt für die verschiedene Synergiearten: Rationalisierung, Technologie, Innovation und Markt.

Die modellierten Synergiearten werden im achten Kapitel auf Basis ihrer Wirkungsbeziehungen, Einflussfaktoren und Ursachen zusammengeführt. Es wird eine Methode zur Bewertung des Fit und dessen Einfluss auf die Synergiepotentiale entwickelt. Der Einfluss verschiedener Verbindungsarten wird anhand der im dritten Kapitel abgeleiteten Morphologie bewertet und in die Methodik integriert. Abschließend wird eine Grundlage zur Interpretation der je nach Verbindungsform und -partner berechneten Synergiepotentiale entwickelt. Hierzu werden die verschiedenen Potentialarten zu sog. Synergieprofilen gruppiert und aus strategischer Sicht bewertbar gemacht.

Im neunten Kapitel wird die entwickelte Methodik im Anwendungszusammenhang geprüft. Die Outside-in-Anwendung wird anhand eines realen Fallbeispiels – die Verbindung der Firmen Agie und Charmilles – durchgeführt. Die Inside-out-Anwendung wird ebenfalls anhand eines Fallbeispiels – eine Verbindung im Anlagenbau – erläutert. Die Resultate der Anwendung werden im Anschluss kritisch reflektiert und die Methodik wird anhand des im fünften Kapitel erarbeiteten Anforderungsprofils bewertet.

Abschließend werden im zehnten Kapitel die wichtigsten Erkenntnisse der Arbeit zusammengefasst. Die Möglichkeiten ihrer Anwendung in der Praxis werden aufgezeigt und denkbare Weiterentwicklungen skizziert.

2. Die Branche Maschinenbau

2.1. Bedeutung und Struktur

DER MASCHINENBAU IST neben der Automobil-, Elektrotechnik- und Nahrungsmittelindustrie eine der zentralen Wirtschaftsbranchen des produzierenden Gewerbes in Deutschland. Die Unternehmen der Branche stellen die grundlegenden Betriebsmittel für sämtliche Industrie- und Dienstleistungsbranchen her (Steffen 1991, VDMA 2001).

Die Bedeutung des deutschen Maschinenbaus ist in Abbildung 2.1 anhand des Bruttosozialprodukts, der Beschäftigtenzahl und des Branchenumsatzes dargestellt. Im Jahr 1998 betrug der Anteil der Branche am Bruttosozialprodukt drei Prozent.

Im Jahr 2000 war der Maschinenbau mit 893 000 Arbeitnehmern der größte industrielle Arbeitgeber in Deutschland, gefolgt von der Elektro- und der Automobilindustrie (VDMA 2001). Der Umsatz der Branche lag mit 255 Mrd. DM knapp hinter dem des Elektrotechniksektors. Im

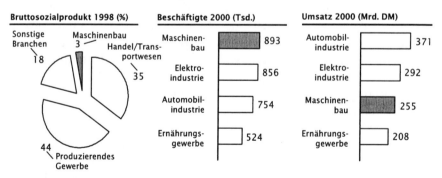

Basis Deutschland : 3,12 Bio. DM
Quelle: VDMA 2001, Statistisches Bundesamt 2001

Abbildung 2.1.: Volkswirtschaftliche Bedeutung des deutschen Maschinenbaus

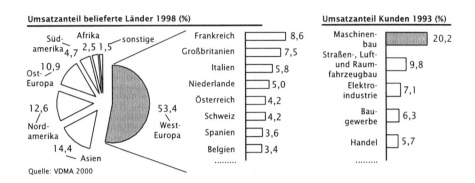

Abbildung 2.2.: Marktstruktur im Maschinenbau

Jahr 2001 betrug der Umsatz inkl. branchennaher Dienstleistungen bereits knapp 300 Mrd. DM. Die Umsatzrendite erhöhte sich dabei im Vergleich zum Vorjahr um 0,5 Prozentpunkte auf geschätzte 4 Prozent (Schwarzburger 2001).

Der deutsche Maschinenbau ist als weltweiter Technologielieferant eine Schüsselbranche für viele andere Wirtschaftssektoren (Abb. 2.2). Hauptkunden des Maschinenbaus sind neben brancheninternen Kunden der Straßen-, Luft- und Raumfahrzeugbau sowie die Elektroindustrie. Die Exportquote lag 1998 bei 67,5 Prozent bzw. 165 Mrd. DM (Stat. Bundesamt 1998). Die weltweite Maschinenausfuhr der Branche betrug im Jahre 1998 ca. 1 Billion DM (VDMA 2000b). Daran hatte der deutsche Maschinenbau einen Anteil von 14,6 Prozent. Deutschland gehört damit zu den führenden Exportländern im Maschinenbau. Die größten Märkte für deutsche Maschinen befinden sich in Westeuropa, Asien und Nordamerika. In Westeuropa sind Frankreich, Großbritannien und Italien die wichtigsten Abnehmer (VDMA 2000b).

Die Nachfrage aus dem Ausland beeinflusst wesentlich das Wachstum des Auftragsvolumens. Dessen Steigerung im Jahr 2000 um 17 Prozent resultiert hauptsächlich aus einem Anstieg der Auslandsnachfrage um 24 Prozent, während die Inlandsnachfrage lediglich um 7 Prozent zunahm (Schwarzburger 2001).

Die Maschinenbaubranche ist generell durch einen hohen Diversifika-

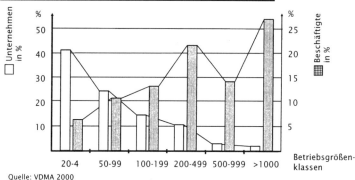

Quelle: VDMA 2000

Abbildung 2.3.: Größenklassengliederung im Maschinenbau

tionsgrad geprägt (Trommer 1992). Die in dieser Branche angesiedelten Unternehmen bieten verschiedenste Produkte mit unterschiedlichen Kompetenzen an. Das Spektrum reicht von Herstellern von Serienprodukten, wie z. B. Pumpen, bis hin zu hochspezialisierten Anbietern von Sonderlösungen, wie z. B. Textilanlagen. Zusätzlich unterscheiden sich die einzelnen Unternehmen deutlich in ihrem horizontalen und vertikalen Verflechtungsgrad, der Produktkomplexität sowie in Organisation und Kultur. Ferner stehen in der Branche Konglomerate mit hoher Wertschöpfung und breiter Produktpalette Nischenanbietern, die auf einzelne Marktsegmente konzentriert sind, gegenüber. Teilweise sind die Branchen des Maschinenbaus wenig konzentriert, d. h. es existieren viele Anbieter mit relativ geringen Marktanteilen, so z. B. im Werkzeugmaschinenbau. Teilweise ist auch das Gegenteil festzustellen, wie z. B. im Segment der Druckmaschinen. Eine Befragung des VDMA zeigt, dass 44 Prozent der Maschinenbauunternehmen in Deutschland sich zu den fünf größten ihrer Branche bzw. ihres Segments zählen und 14 Prozent der Unternehmen sich als Weltmarktführer einschätzen (VDMA 2000a).

Die Struktur der Branche ist durch eine große Anzahl von mittelständischen Familienunternehmen gekennzeichnet (Bötzow 1988, Steffen 1991). Von den über 5800 Maschinenbauunternehmen in Deutschland

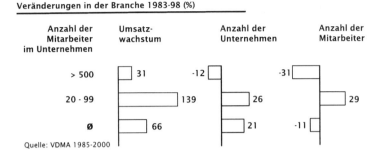

Abbildung 2.4.: Veränderung relevanter Strukturdaten, nach VDMA (2000a)

haben 83 Prozent weniger als 200 und lediglich 2 Prozent mehr als 1000 Beschäftigte (Abb. 2.3). Das unterstreicht die Größenunterschiede der Unternehmen innerhalb der Branche und deren mittelständische Struktur.

2.2. Strukturwandel

Die Veränderung ausgewählter Strukturdaten im Zeitraum von 1983 bis 1998 gibt Hinweise auf den Strukturwandel in der Branche (Abb. 2.4). Kleinere Unternehmen konnten ihre Umsätze im Vergleich zu großen Unternehmen deutlicher steigern. Während Unternehmen mit mehr als 500 Mitarbeitern in diesem Zeitraum ein Umsatzwachstum von 31 Prozent realisierten, wuchs der Umsatz bei Unternehmen mit 20-99 Mitarbeitern um 139 Prozent (VDMA 2000a). Die Anzahl der Unternehmen mit mehr als 500 Beschäftigten schrumpfte um 12 Prozent, die Anzahl der darin Beschäftigten ging um 31 Prozent zurück. Dagegen waren 1998 im Vergleich zu 1983 26 Prozent mehr Unternehmen mit 20-99 Mitarbeitern am Markt. Die Anzahl der dort Beschäftigten stieg im gleichen Zeitraum um 29 Prozent (VDMA 2000a).

Dies zeigt, dass in den letzten Jahren viele kleine Unternehmen in der Branche entstanden sind, die mit innovativen Technologien neue Märkte aufbauen bzw. in bestehende Märkte eindringen. Bei diesen Unternehmen handelt es sich einerseits um Neugründungen, sog. Start-

Ups, und anderseits um Ausgründungen aus Großunternehmen bzw. Konglomeraten. Gerade die kleinen und mittleren Unternehmen waren demzufolge in den letzten Jahren der Antrieb der Branche und sorgten für Wachstum und Beschäftigung (McKinsey 2001).

Im Gegensatz zur Automobilbranche ist im Maschinenbau keine Konzentrationsbewegung zu beobachten. Es ist zu vermuten, dass dies auf die stark differenzierte Struktur der Branche und die daraus resultierende geringere Bedeutung von Größeneffekten sowie das häufig hohe Machtpotential der Kunden des Maschinenbaus zurückzuführen ist. Des Weiteren ist zu beobachten, dass insbesondere die großen Unternehmen einen Konsolidierungsprozess durchlaufen haben. Dieser war im Zeitraum 1991–93 von der starken Rezession getrieben. In diesem Zeitraum wurden effizienzorientierte Strategien zur Kostensenkung verfolgt sowie tief greifende Restrukturierungen durchgeführt. Mit schlanken Organisationen und einer Konzentration auf die jeweiligen Kernkompetenzen haben die Unternehmen die Basis für eine verbesserte Wettbewerbsfähigkeit geschaffen (Uhlig und Kriegbaum 2001).

Die Struktur der Branche Maschinenbau wird sich in den kommenden Jahren vor allem durch zahlreiche Unternehmensverbindungen weiter verändern. Eine Ursache hierfür ist das Nachfolgeproblem, das sich in Kürze in vielen Familienunternehmen aufgrund des bevorstehenden Generationenwechsels einstellen wird. Viele dieser Betriebe können zukünftig nicht mehr von Familienmitgliedern geführt werden und sind deshalb Übernahmeziele (McKinsey 2001). Schätzungen gehen von 300 000 Unternehmen aus, die in den kommenden Jahren von dieser Problematik betroffen sein werden (IMA 1999). Es handelt sich vor allem um kleine und mittelständische Betriebe (Burgmaier und Glabus 1999). Experten gehen davon aus, dass in den nächsten 10 Jahren über 50 Prozent aller Unternehmenszusammenschlüsse im Maschinenbau durch das Nachfolgeproblem der Familienunternehmen entstehen werden (McKinsey 2001). Die signifikante Veränderung der Eigentumsverhältnisse im Maschinenbau wird an den gesteigerten Management-buy-out-Aktivitäten deutlich (Abb. 2.5). Das Gesamtvolumen von Management-buy-outs mit einem Mindestvolumen von 15 Millionen Euro liegt im Maschinenbau mit 2,3 Milliarden Euro im Zeitraum April 1999 bis Mai 2000 weit höher als in anderen Branchen (McKinsey 2001).

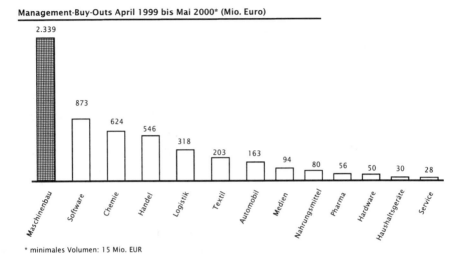

Management-Buy-Outs April 1999 bis Mai 2000* (Mio. Euro)

* minimales Volumen: 15 Mio. EUR

Abbildung 2.5.: Management-buy-out-Aktivitäten, nach McKinsey (2000)

Zusätzlich wird in Deutschland ab dem Jahr 2002 eine Änderung in der Steuergesetzgebung neue Fusions- und Akquisitionsanreize schaffen. Ab diesem Zeitpunkt können Unternehmensanteile steuerfrei veräußert werden. Viele große Konzerne werden diese Gelegenheit nutzen, um ihre vielfältigen Beteiligungen auch im Maschinenbau neu zu bewerten und gegebenenfalls zu veräußern. Dies wird zu einer erneuten Steigerung der Anzahl von Unternehmensverbindungen führen (Pauly 2001).

2.3. Strategien

Der Ausdruck »Strategie« ist aus dem griechischen Wort »strategos« abgeleitet. Der erste Wortteil »stratos« bedeutet: etwas weit ausgebreitetes, alles Überlagerndes, das alles andere umfasst. Der zweite Teil »igo« heißt: ich tue, handele (Gälweiler 1990).

Strategien wurden ursprünglich im militärischen Bereich genutzt und bezeichneten die Kunst der Heerführung. Zu Beginn des 19. Jahrhunderts entsprach eine Strategie der allgemeinen Entwicklungsrichtung eines Heeres. In der zweiten Hälfte des 20. Jahrhunderts fand der Begriff der Strategie über die Spieltheorie Einzug in die betriebswirtschaftliche Literatur. Nach NEUMANN entspricht die Strategie eines Spielers einem vollständigen Plan, der in allen nur erdenklichen Situationen die richtige Wahl zu treffen ermöglicht (von Neumann 1961).

Eine Strategie beschreibt demnach, wie man von Anfang an handeln muss, um am Ende erfolgreich zu sein. Im unternehmerischen Sinne existieren Strategien für verschiedene organisatorische Geltungsbereiche. Sie können sich auf das gesamte Unternehmen, auf Geschäftsbereiche oder auf Funktionsbereiche beziehen. Strategien sind, bezogen auf auf ein Unternehmen, nach innen oder außen gerichtet. Unternehmensstrategien bringen zum Ausdruck, wie ein Unternehmen seine begrenzten Ressourcen einsetzt, um Veränderungen der Umweltbedingungen zielgerecht zu begegnen. Sie dienen zur Erreichung übergeordneter Ziele und geben die allgemeine Richtung an, in die sich ein Unternehmen entwickeln soll. Hierbei werden vorhandene Stärken genutzt und Schwächen, bzw. durch sie entstehende Risiken, behoben und vermieden (Al-Lahm 1999).

Aus der Bedeutung und dem Umfang des »übergeordneten Ziels« ergibt sich die Bedeutung und der Umfang der Strategie. Die Existenz einer Unternehmung zu sichern oder die Produktivität einer Abteilung in der Fertigung zu steigern, sind theoretisch mögliche Ziele, für die jeweils eine Strategie formuliert werden kann. Zur Umsetzung der Strategien werden Maßnahmen entwickelt (Kreikebaum 1997). Diese Einzelmaßnahmen und -entscheidungen sollen ein in sich stimmiges Konstrukt bilden (McKinsey 1993).

In der Literatur findet sich eine Vielzahl verschiedener Ansätze zur Entwicklung und zum Management von Strategien, die unterschiedlichen Strömungen zugeordnet werden können (vgl. Kunz 2001, Müller-Stewens und Lechner 2001). Insbesondere sind hier die Arbeiten von ANSOFF, PORTER und PÜMPIN sowie MINTZBERG, BLEICHER und GÄLWEILER zu nennen (Ansoff 1965, Porter 1985, Pümpin 1992, Mintzberg 1978, Gälweiler 1990, Bleicher 1995).

PORTER nennt die drei Wettbewerbsstrategien Kostenführerschaft, Differenzierung und Konzentration, die unter Beachtung des strategi-

Normstrategien nach Ansoff

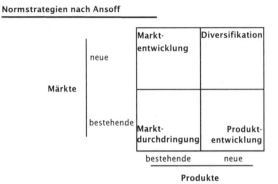

Abbildung 2.6.: Normstrategien nach ANSOFF (1965)

schen Zielobjekts und des strategischen Vorteils zu wählen sind. Unter *Kostenführerschaft* wird die Schaffung eines eindeutigen Kostenvorteils gegenüber der Konkurrenz verstanden. In allen Bereichen des Unternehmens wird durch interne Maßnahmen eine Minimierung anfallender Kosten angestrebt. Die Kostenreduktion hat die höchste Priorität. Aspekte wie Service und Qualität werden nur als Mindestbedingungen berücksichtigt. Eine *Differenzierungsstrategie* verfolgt die Absicht, ein qualitatives Merkmal bei Produkten oder Dienstleistungen zu generieren, das der Kunde als einzigartig erkennt und mit einem Preisaufschlag honoriert. Die *Konzentrationsstrategie* kann die Ziele der zuvor beschriebenen Strategien umfassen, bezieht sich dabei aber auf eine »Marktnische«, also auf einen Teilmarkt, in dem ein Unternehmen marktspezifische Vorteile gegenüber der Konkurrenz behauptet. Nach PORTER ist die Realisierung einer der drei Normstrategien eine der Erfolgsvoraussetzungen für ein Unternehmen. Demnach existieren nur wenige Branchen, in denen eine Mischstrategie aus Kostenführerschaftund Differenzierungsstrategie umgesetzt werden kann, d. h. eine Differenzierung und niedrige Kosten realisierbar sind (Porter 1985).

ANSOFF nutzt eine Produkt-Markt-Matrix, um vier Normstrategien aufzuzeigen (Abb. 2.6).

Die *Marktdurchdringung* beinhaltet das Ziel, den Absatz bestehender

Produkte in bereits belieferten Märkten zu verbessern. Ein steigender Marktanteil und ein gleichmäßiges Wachstum sind Ergebnis einer umgesetzten *Produktentwicklungsstrategie*. Die *Marktentwicklungsstrategie* verfolgt die Erschließung neuer Märkte, ist also vertriebsorientiert. Die *Diversifikationsstrategie*, die mit einer Veränderung des vertikalen und/oder horizontalen Integrationsgrades einhergeht, wird in horizontale, vertikale und laterale Diversifikation unterteilt (Ansoff 1965).

PÜMPIN nennt ähnliche Normstrategien wie ANSOFF und PORTER und führt den Begriff »Strategische Erfolgsposition« (SEP) ein. Darunter versteht er »Fähigkeiten, welche es dem Unternehmen erlauben, langfristig überdurchschnittliche Ergebnisse zu erzielen« (Pümpin 1992).

SCHUH leitet auf der Basis zahlreicher Studien sechs Referenz- bzw. Normstrategien für produzierende Unternehmen ab (Abb. 2.7). Zur Auswahl einer geeigneten Strategie nutzt er das Konzept der Strategischen Erfolgspositionen von PÜMPIN und verbindet es mit erweiterten Normstrategien. Nach SCHUH gibt es für produzierende Unternehmen grundsätzlich vier mögliche strategische Erfolgspositionen, von denen je-

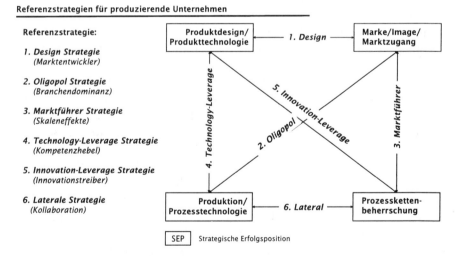

Abbildung 2.7.: Strategiealternativen für produzierende Unternehmen, nach Schuh (2001)

weils nur zwei für ein produzierendes Unternehmen relevant sind. Jeder Verbindung der SEP ist eine von sechs Referenzstrategien zugeordnet. So wird z. B. für eine Wettbewerbsarena, in der Marke/Image bzw. Marktzugang und die Produktion bzw. die Prozesstechnologie strategische Erfolgspositionen darstellen, die Oligopolstrategie empfohlen. Das heißt, die Marktführer der Wettbewerbsarena sollten diese auf zwei bis vier ähnlich große Anbieter bereinigen und sich auf die Bekämpfung preisaggressiver, kleiner Unternehmen sowie auf die Errichtung von Markteintrittsbarrieren konzentrieren. Die Branchendominanz liegt somit im Fokus der strategischen Überlegungen (Schuh 2001).

Nach MINTZBERG entwickeln sich Strategien häufig unbeabsichtigt aus den Entscheidungen und Handlungen eines Unternehmens. Diese nicht geplanten Strategien sind erst im nachhinein erkennbar und aus der Vergangenheit beziehungsweise dem Ist-Zustand des Unternehmens ableitbar (Mintzberg 1978). Eine realisierte Unternehmensstrategie ergibt sich demnach nur zu einem Teil aus einer geplanten, rationalen Strategie. Die Größe dieses Anteils wird durch den Umsetzungsgrad der rationalen Strategie bestimmt.

MACHARZINA unterscheidet zwischen zwei grundlegenden Strategieverständnissen. Zum einen kann Strategie als rational geplantes Maßnahmenbündel verstanden werden, zum anderen als Grundmuster im Strom unternehmerischer Entscheidungen und Handlungen (Macharzina 1993).

Die Frage nach erfolgreichen Strategien im Sinne von erfolgreichen Mustern im Maschinenbau war zentrales Element der Studie »Profitable Growth Strategies for Machinery and Mechatronics Industry«, die vom Autor als Fachexperte begleitet wurde (vgl. Kap. 1.4 und Anhang A). Der Zugang zur Frage, welche Maschinenbauer im komplexen Umfeld der Branche erfolgreich agieren, erfolgt anhand des Börsenerfolgs der im CDAX notierten Unternehmen aus dem Maschinenbau. Aufgrund der detaillierten Veröffentlichungspflicht und der Kursentwicklung kann der (Börsen-)Erfolg der Unternehmen objektiv beurteilt werden. Die börsennotierten Maschinenbauunternehmen sind im brancheninternen Vergleich zwar in der Minderheit, jedoch kann davon ausgegangen werden, dass gerade börsennotierte Unternehmen angesichts des Drucks des Kapitalmarkts und der Transparenz der Geschäftsaktivitäten als

Tabelle 2.1: Rentables Wachstum

Total Return to Shareholder (TRS)[1] (%)	Umsatzrendite (%)	Umsatzwachstum[2] (%)	Beispiele
... >TRS>14	4,4	10,1	HDM, Walter, Hermle
14 >TRS> 7	1,7	3,0	Schenk, IWKA, Barmag
7 >TRS> 0	− 1,7	− 6,7	Deutz, Flender

Basis: Im CDAX notierte Maschinenbauunternehmen 1993–99
1 – Änderung des Aktienwerts inklusive reinvestierter Rendite
2 – abgezinstes jährliches Wachstum

besonders leistungsstark einzuschätzen sind (McKinsey 2000).

In Abbildung 2.8 und Tabelle 2.1 ist eine Analyse der im CDAX notierten Maschinenbauunternehmen dargestellt. Anhand der Kursveränderung im Zeitraum 1993–1999 und der Annahme einer reinvestierten Rendite wurde der jährliche sog. Total Return to Shareholder (TRS) bestimmt und in drei Klassen (erfolgreiche, durchschnittliche und nicht erfolgreiche Unternehmen) zugeordnet. Für die Unternehmen der jeweiligen Klasse wurde der Gesamtdurchschnitt der jährlichen Umsatzrendite und des abgezinsten jährlichen Umsatzwachstums ermittelt. Die Analyse zeigt, dass an der Börse erfolgreiche Unternehmen sowohl über die ihöchste Umsatzrentabilität als auch über das höchste Umsatzwachstum verfügen. Profitables Wachstum scheint somit ein Indikator für erfolgreiche Unternehmen im Maschinenbau zu sein. Im Umkehrschluss bedeutet dies, dass Unternehmen, die im Maschinenbau langfristig erfolgreich sein wollen, nachhaltiges profitables Wachstum anstreben sollten.

Dieser Erkenntnis folgend wurden in der o. g. Studie Unternehmen des Maschinenbaus in erfolgreiche und weniger erfolgreiche geclustert und anschliessend analysiert. Resultat der Analyse ist, dass erfolgreiche Unternehmen im Vergleich zu nicht erfolgreichen sowohl innovativer als auch erfahrener im globalen Wettbewerb agieren. So konzentrieren erfolgreiche Maschinenbauer ihre F&E-Aktivitäten auf die Entwicklung neuer Produktfunktionen und neuer Produkte. Dabei sind sie

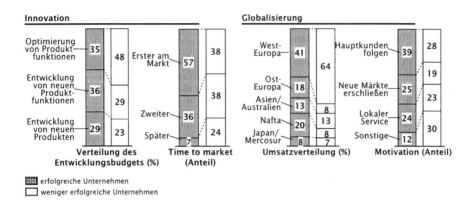

Abbildung 2.8.: Erfolgsfaktoren im Maschinenbau, nach McKinsey (2000)

in mehr als 50 Prozent der Fälle erster am Markt und nur in 7 Prozent der Fälle dritter oder später am Markt. Des Weiteren sind die entwickelten Produkte erfolgreicher Unternehmen hinsichtlich ihrer Funktionalität und innovativen Eigenschaften den Produkten von Wettbewerbern überlegen bzw. zumindest vergleichbar. Laut Umfrage sind Preis, Qualität und Image Faktoren, die Eintrittsvoraussetzungen für die Teilnahme im Markt schaffen, jedoch dort nicht als differenzierende Merkmale ausreichen.

Im Bereich der Globalisierungsaktivitäten zeigt sich, dass die erfolgreichen Unternehmen für eine ausgeglichene Umsatzverteilung über die wichtigsten Märkte sorgen. Sie folgen ihren Hauptkunden oder steigern gezielt Anteile in wichtigen Märkten. Weniger erfolgreiche Maschinenbauer verfolgen diese Ziele zwar auch, jedoch werden andere Motive wie z. B. Local-content-Bestimmungen oder Senkung der Produktionskosten ähnlich hoch gewichtet. Dies zeigt, dass erfolgreiche Unternehmen ihre Globalisierungsziele fokussierter setzen und verfolgen als weniger erfolgreiche. Ferner verfügen erfolgreiche Unternehmen über Führungskräfte mit mehr Auslandserfahrung. Die Analyse zeigt ebenfalls, dass über operationale Exzellenz keine Differenzierung im Wettbewerb mehr möglich ist. Vielmehr ist die Beherrschung der Geschäftsprozesse lediglich eine Voraussetzung für den Markteintritt und

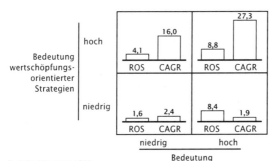

Markt-/segmentorientierte Strategien

· Expansion, ohne ein oder mehrere Markt-
  segmente zu beherrschen
· Beherrschung eines Marktsegments
· Beherrschung mehrerer Marktsegmente

Wertschöpfungsorientierte Strategien

· Verfügbarkeitsbeitrag
· Produktivitätsbeitrag
· Applikationsbeitrag

Bewertung der Wachstumsoptionen (%)

ROS: Return On Sales (Umsatzrendite)
CAGR: Compound Annual Growth Rate
(abgezinstes jährliche Umsatzwachstum)

Abbildung 2.9.: Wachstumsstrategien im Maschinenbau, nach McKinsey
(2000)

damit Hygienefaktor (McKinsey 2000).

Zusammenfassend lässt sich feststellen, dass erfolgreiche Unternehmen im Maschinenbau operational exzellent innovative Produkte herstellen und diese aktiv im globalen Markt vertreiben. Dabei streben erfolgreiche Unternehmen überwiegend ein profitables Wachstum an, das ein Garant für langfristigen Unternehmenserfolg ist.

Die Untersuchung der möglichen Wachstumsoptionen im Maschinenbau zeigt, dass ein profitables Wachstum über die Verbindung zweier grundsätzlicher Wachstumspfade erreicht werden kann: Diese sind zum einen das markt-/segmentorientierte Wachstum und zum anderen das wertschöpfungsorientierte Wachstum (Abb. 2.9).

Markt-/segmentorientierte Wachstumsstrategien zielen auf die Ausdehnung der Marktanteile bis zur Marktführerschaft in einem oder mehreren Segmenten ab. Diese Strategie kann als klassische Strategie des Maschinenbaus bezeichnet werden. Jedoch birgt diese Strategie auch Risiken. Viele Unternehmen neigen dazu, ihren Markt zu klein zu definieren, um möglichst hohe Marktanteile zu erzielen. Da die Märkte für Maschinen jedoch häufig gesättigt sind und auch der Weltmarkt natürlich begrenzt ist, können Maschinenbauer mit dieser Strategie häufig kein ausreichendes Wachstum mehr erzielen. Dies zeigen auch die Analyseergebnisse. Unternehmen, deren Strategie markt-/segmentorientiert ist, erreichen zwar aufgrund der hohen Marktanteile und des damit verbundenen hohen Marktmachtpotentials hohe Renditen, jedoch kaum noch Wachstum (McKinsey 2000).

Die wertschöpfungsorientierten Strategien eröffnen neue Wachstumsoptionen, da hier Produkte mit Dienstleistungen zu Leistungssystemen verbunden werden, die vom reinen Neuproduktgeschäft entkoppelt sind. Wertschöpfungsorientierte Strategien können dabei grundsätzlich in die Dimensionen Verfügbarkeit, Produktivität und Applikation unterteilt werden (McKinsey 2000).

Ziel der verfügbarkeitsorientierten Strategien ist die Steigerung der möglichen Maschinenlaufzeit (»Up time«) im Wertschöpfungsprozess des Kunden. Das Leistungsspektrum reicht vom Angebot klassischer Serviceleistungen, wie z. B. Reparatur, über zustandsorientierte Wartung bis hin zur Verfügbarkeitsgarantie (»pay per hour«). Bei produktivitätsorientierten Strategien wird das Produkt mit Zusatzleistungen kombiniert, die eine effizientere Nutzung der Maschinen und Anlagen während der verfügbaren Zeit ermöglichen. Von der Prozessberatung über Betreibermodelle bis hin zur Produktivitätsgarantie (»pay per piece«) können hier Leistungssysteme konfiguriert werden. Die dritte Dimension stellt der Applikationsbeitrag dar. Hier geht es um die Erhöhung des Endkundennutzens (»pay per value«). Dazu wird basierend auf Analysen des Endkundenmarkts ein Verkauf von Leistungssystemen angestrebt, die am Ende der Wertschöpfungskette einen echten Mehrwert in Form neuer Endprodukteigenschaften oder komplett neuer Produkte erbringen (McKinsey 2000).

Erfolgreiche Maschinenbauer werden in den nächsten Jahren versuchen, über die Forcierung ganzheitlicher Innovationen wie auch die gezielte Globalisierung beide Wachstumspfade zu beschreiten. Der angestrebte Idealzustand ist die globale Marktführerschaft verbunden mit einem hohen direkten oder indirekten Wertschöpfungsanteil in der Prozesskette des Kunden. Dies wird durch die jüngste Tendenzbefragung des VDMA bestätigt (VDMA 2000a). Im Vergleich der Zahlen von 1994 und 2000 wird deutlich, dass *forcierte Produktinnovation, stärkere Erschließung ausländischer Märkte* und die *Ausweitung des Dienstleistungsangebots* den höchsten Bedeutungszugewinn im Bereich der Strategien zur Verbesserung der Wettbewerbsposition zu verzeichnen haben (VDMA 2000a).

2.4. Bedeutung von Unternehmensverbindungen

Im Spannungsfeld zwischen Innovation, Globalisierung und Technologie gewinnen Unternehmensverbindungen im Maschinenbau weiter an Bedeutung. Viele Maschinenbauer sehen Unternehmensverbindungen in Form von Zusammenschlüssen und Kooperationen als geeignetes Mittel zur Umsetzung der gewählten Wettbewerbsstrategien. Dies zeigt auch eine Untersuchung des Fraunhofer Instituts für Arbeitswirtschaft und Organisation. Die Bedeutung internationaler Kooperationen wird von fast allen der in der Studie befragten Unternehmen (94,8 %) als steigend angesehen. Die Hauptziele der angestrebten Kooperationen sind Markterschließung, Kostenersparnis und Know-how-Zuwachs. Bereits 54 Prozent aller befragten Unternehmen sind Kooperationen eingegangen (Bullinger u. a. 1997).

Eigene Untersuchungen zeigen, dass über 36 Prozent des geplanten Wachstums in den nächsten drei Jahren im Maschinenbau durch Unternehmensverbindungen realisiert werden sollen (Abb. 2.10). Im Bereich der wertschöpfungsorientierten Strategien sollen über 70 Prozent des Wachstums durch langfristige Kooperationen umgesetzt werden. Unternehmenszusammenschlüsse und kurzfristige Kooperationen stehen hier ähnlich gewichtet im Hintergrund. Für das markt-/segmentorientierte Wachstum sind Unternehmenszusammenschlüsse (52 %) und langfristige Kooperationen (42 %) gleich bedeutsam. Kurzfristige Kooperationen sind dagegen fast ohne Relevanz für diese Wachstumsoption (McKinsey 2001).

Neben den Erfolgsfaktoren Innovation, Globalisierung und Wachs-

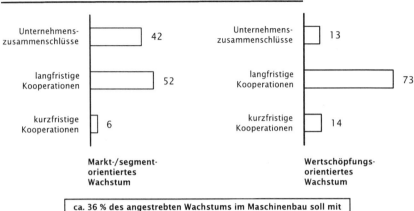

Abbildung 2.10.: Bedeutung verschiedener Wachstumsmöglichkeiten im
Maschinenbau

tum wird der in Kapitel 2.2 beschriebene Strukturwandel im Maschinenbau ebenfalls zu einer wachsenden Zahl von Unternehmensverbindungen führen.

Zusammenfassend kann festgehalten werden, dass besonders deutsche Maschinenbauunternehmen zur Umsetzung strategischer Zielsetzungen und als Reaktion auf strukturelle Rahmenbedingungen in Zukunft verstärkt Unternehmensverbindungen eingehen werden.

3. Unternehmensverbindungen

Im FOLGENDEN WERDEN die Grundlagen von Unternehmensverbindungen anhand von Definitionen, Abgrenzungen und Typologien erläutert. In einem ersten Schritt sind Zusammenschlüsse und Kooperationen voneinander abzugrenzen. Anschließend werden das Markt-Hierarchie-Kontinuum als fundamentaler Ordnungsrahmen vorgestellt und wichtige Formen der Kooperation beschrieben sowie eine umfassende Morphologie der Unternehmensverbindungen zur Operationalisierung der Abgrenzung erarbeitet. Das Kapitel schließt mit Ausführungen zur Bedeutung des sog. Fit in Unternehmensverbindungen.

3.1. Kooperation und Unternehmenszusammenschluss

Unternehmensverbindungen können nach ihrer Bindungsintensität kategorisiert werden (Abb. 3.1). Allgemein ist die Bindungsintensität der Maßstab oder Grad dafür, in welchem Umfang die Partner ihre wirtschaftliche Selbständigkeit einschränken oder gänzlich aufgeben bis hin zum Verlust der rechtlichen Selbständigkeit (Küting 1983).

Die wirtschaftliche Selbständigkeit charakterisiert die Fähigkeit einer Unternehmung, strategische Wahlentscheidungen selbst zu treffen und umzusetzen. Rechtliche Selbständigkeit schließt nicht aus, dass zwischen den Unternehmungen auch Verträge existieren (Sydow 1992). Ein Abhängigkeits- oder Einflussverhältnis kann durch Kapitalbeteiligung oder vertragliche Verbindungen erreicht werden. Der prozentuale Anteil der kapitalmäßigen Beteiligung am Unternehmensvermögen bestimmt nach dem Gesetz den Grad der wirtschaftlichen bzw. rechtlichen Abhängigkeit. Beträgt der Anteil 25 Prozent plus eine Stimme, besitzt das beteiligte Unternehmen eine sog. Sperrminorität. Es kann somit Beschlüsse verhindern, zu denen eine 75%-Mehrheit erforderlich ist. Erst wenn der Anteil mehr als 50 Prozent (Mehrheitsbeteiligung),

Bindungsintensität bei Unternehmensverbindungen

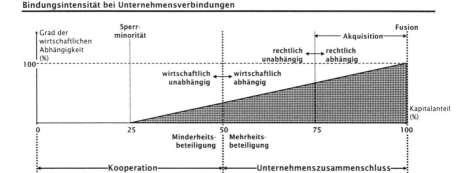

Abbildung 3.1.: Systematisierung der Unternehmensverbindungen nach der Bindungsintensität

aber weniger als 75 Prozent beträgt, können Beschlüsse der Hauptversammlung beeinflusst werden, die mit einfacher Mehrheit verabschiedet werden können. Laut obiger Definition ist die wirtschaftliche Unabhängigkeit des Beteiligungsunternehmens dann nicht mehr gewährleistet. Eine entscheidende Einflussnahme, wie der Beschluss über eine Verschmelzung mit einem anderen Unternehmen oder der Abschluss von Unternehmensverträgen, ist laut Aktiengesetz erst mit einer mindestens 75%-Beteiligung möglich. Dieser Zustand wird als Akquisition bezeichnet. Um eine Unternehmung in die eigene Gesellschaft eingliedern zu können, bedarf es 100 Prozent des Gesamtkapitals des einzugliedernden Unternehmens. Dieses verliert dann seine rechtliche Selbständigkeit, wodurch der Tatbestand einer Fusion erfüllt ist (Paprottka 1996). Eine Fusion liegt somit vor, wenn nur noch *eine* rechtliche Einheit besteht (Wöhe 1996).

Kooperationen zeichnen sich jedoch durch den Erhalt der wirtschaftlichen Selbständigkeit der Kooperationspartner aus. Eine Ausnahme bilden Bereiche, die der Zusammenarbeit unterworfen sind. Bei Unternehmenszusammenschlüssen verliert das Beteiligungsunternehmen seine wirtschaftliche Selbständigkeit und im Falle einer Fusion sogar seine rechtliche.

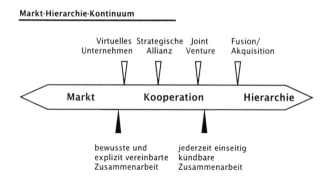

Abbildung 3.2.: Markt-Hierarchie-Kontinuum, nach Rotering (1993)

3.2. Markt-Hierarchie-Kontinuum

Die jeweiligen Ausprägungen von Unternehmensverbindungen können in ein Markt-Hierarchie-Kontinuum eingeordnet werden (Abb. 3.2).

Das Markt-Hierarchie-Kontinuum wurde erstmals von COASE erwähnt und später von WILLIAMSON weiterentwickelt (Coase 1960, Williamson 1975, Fleischer 1996). SYDOW definiert den Markt als Organisationsform ökonomischer Aktivitäten (Sydow 1992). Im Markt tauschen beliebige Marktteilnehmer eine genau spezifizierte Leistung aus. Die Marktteilnehmer verhalten sich dabei grundsätzlich begrenzt rational und opportunistisch. Sie sind gleichberechtigt und in ihren Handlungen weitgehend voneinander unabhängig. Die Koordination der Transaktionen erfolgt ausschließlich auf der Grundlage von Preisen, die alle transaktionsrelevanten Informationen übermitteln. Marktliche Beziehungen sind flüchtig und – idealtypisch – kompetitiv. Die marktliche Koordination wird in der Hierarchie durch Weisungen der Unternehmensleitung gegenüber einer prinzipiell begrenzten Zahl von Organisationsmitgliedern ersetzt. Koordiniert wird der Austausch eher unspezifizierter Leistungen. Hierarchische Beziehungen sind auf Dauer angelegt und – idealtypisch – kooperativ im Sinne von ex ante abgestimmten Plänen. Typischerweise kombiniert jede Kooperationsform Elemente sowohl der marktlichen als auch der hierarchischen Koordination; stellt also eine hybride Zwischenform im Markt-Hierarchie-Kontinuum dar (Sydow 1992). Die Form der Hierarchie entspricht dem in Kapitel 3.1 erläuterten Zusammenschluss. Die Abgrenzung der Kooperation in Richtung Markt ist der Zustand, in dem ökonomische Aktivitäten nicht mehr marktlich, aber schon kooperativ koordiniert werden. Die Zusammenarbeit zwischen den Unternehmen ist bewusst und explizit vereinbart. An der Grenze der Kooperation in Richtung Hierarchie werden Transaktionen noch kooperativ, aber schon nicht mehr hierarchisch koordiniert. Die Kündbarkeit der Zusammenarbeit durch jedes Mitglied ist gerade noch gewährleistet. Zwischenbetriebliche Kooperation ist demnach die bewusste, explizit vereinbarte, jederzeit einseitig kündbare Zusammenarbeit zwischen Unternehmen (Plaßmann 1974, Rotering 1993).

3.3. Wichtige Formen der Kooperation

In Wissenschaft und Praxis findet sich eine Vielzahl von zum Teil »modischen« Begriffen, die bestimmte Kooperationsformen umschreiben sollen (Friedli 2000). Im Folgenden werden jedoch nur die etablierten Bezeichnungen herangezogen und anhand charakteristischer Merkmale beschrieben:

Strategische Allianz

Sydow definiert eine Strategische Allianz als »eine formalisierte, längerfristige Beziehung zu anderen Unternehmungen, die mit dem Ziel aufgenommen wird, eigene Schwächen durch Stärkepotentiale anderer Organisationen zu kompensieren, um auf diese Art und Weise die Wettbewerbsposition einer Unternehmung oder einer Gruppe von Unternehmungen zu sichern und langfristig zu verbessern« (Sydow 1992). Eine wichtige Abgrenzung gegenüber anderen Formen der Kooperation ist die Geschäftsfeldbezogenheit der Strategischen Allianz. Die geforderte Ausrichtung auf bestimmte Geschäftsfelder gilt für alle Partner gleichermaßen. Strategische Allianzen in diesem Sinne sind daher ausschließlich Kooperationen zwischen aktuellen bzw. potentiellen Konkurrenten eines Geschäftsfeldes und somit als horizontale Kooperationen zu verstehen (Bachhaus und Piltz 1990, Gahl 1991).

Gemeinschaftsunternehmen und Joint Venture

Ein Joint Venture ist eine von zwei oder mehr kooperierenden Unternehmungen gegründete und strategisch geführte Unternehmung, an der die Kooperationspartner zu etwa gleichen Teilen beteiligt sind (Sydow 1992). Ein Joint Venture wird gemeinsam geführt und ist auf ein bestimmtes Projekt bezogen (Faulkner 1995). Die sog. Gesellschafterunternehmen verfolgen mit der Gründung des rechtlich selbständigen Unternehmens das Ziel, Aufgaben im gemeinsamen Interesse auszuführen (Schubert und Küting 1981). LYNCH definiert Joint Ventures als »formalized arrangements resulting in the creation of a new, separate business entity, such as joint manufacturing facilities, joint research and development projects, joint production and marketing arrangements« and systems integration ventures« (Lynch 1990).

Virtuelles Unternehmen

Der Begriff Virtuelles Unternehmen wird in der Literatur zweifach interpretiert. Einerseits ist es die Idee, ein Unternehmen und dessen Produkte durch eine Nachbildung in der künstlichen Welt des Computers, einer »virtual reality«, dem Kunden näherzubringen. Dies kann beispielsweise eine informationstechnische Nachbildung eines Einkaufszentrums im Internet sein, wie die »Electronic Mall Bodensee«. Andererseits wird unter einem Virtuellen Unternehmen eine Form des zwischenbetrieblichen Organisationszusammenschlusses verstanden, bei dem Kernkompetenzen ausgewählter Firmen synergistisch zusammengeführt werden (Scholz 1997, Müller-Stewens 1997).

Ein Beispiel hierfür ist die »Virtuelle Fabrik Euregio Bodensee« (Schuh u. a. 1998, Friedli 2000). Letztere Interpretation soll als Arbeitsdefinition herangezogen werden. Die Konfiguration eines Virtuellen Unternehmens erfolgt durch dynamische, kurzfristige Verknüpfung von Kernkompetenzen verschiedener Unternehmen zu einer Wertschöpfungskette, um eine Marktopportunität zu nutzen. Charakteristisch ist die schnelle Konfiguration und die Auflösung des Netzwerkes, sobald das Ziel erreicht ist. Per definitionem wird auf die Einrichtung fester Managementinstitutionen weitgehend verzichtet. Dem am Markt eigenständig auftretenden Virtuellen Unternehmen liegt ein gemeinsames Geschäftsverständnis zugrunde, das zu einem großen Teil auf gegenseiti-

Morphologie der Unternehmensverbindungen

Merkmal	Ausprägung				
Bindungs- intensität	Absprache		Vertrag		Kapitalbeteiligung
Integrations- grad	autonom		koordiniert		integriert
Machtstruktur	symmetrisch			asymmetrisch	
Richtung	horizontal		vertikal		konglomeral
räumliche Dimension	lokal	regional		national	international
Dauer	projektbezogen		terminlich begrenzt		unbefristet
Bereich	F&E	Beschaffung	Fertigung	Montage	Vertrieb	Service

F&E Forschung und Entwicklung

Abbildung 3.3.: Morphologie der Unternehmensverbindungen

gem Vertrauen basiert (Arnold u. a. 1995, Müller-Stewens 1997, Friedli 2000).

3.4. Morphologie der Unternehmensverbindungen

Unternehmensverbindungen wurden in den Kapiteln 3.1 und 3.2 anhand der Bindungsintensität und der Einordnung in das Markt-Hierarchie-Kontinuum charakterisiert. Ergänzend können weitere Merkmale herangezogen werden, um die Unternehmensverbindungen präziser voneinander abzugrenzen. In einem Morphologischen Kasten kann jede Form der Unternehmensverbindung anhand der spezifischen Ausprägung bestimmter Merkmale dargestellt werden. In Abbildung 3.3 ist eine Morphologie dieser Art dargestellt.

Bindungsintensität Die Bindungsintensität reicht von Absprachen über Verträge bis hin zu Kapitalbeteiligungen (siehe Kapitel 3.1).

Integrationsgrad Die Spanne der Ausprägung reicht von Autonomie über die Festlegung strategischer Rahmenbedingungen, die den Partnerunternehmungen Spielraum bei der Umsetzung lassen, bis hin zu einer organisatorischen Integration mit gemeinsamem Management (James u. a. 1998).

Machtstruktur Die Machtstruktur bezeichnet die Verteilung der Macht zwischen den Verbindungspartnern (Meffert 1997). Sie kann symmetrisch oder asymmetrisch ausgeprägt sein.

Richtung Horizontale Unternehmensverbindungen sind Verbindungen von Partnern der gleichen Branche und Wertschöpfungsstufe. Dagegen bezeichnen vertikale Verbindungen Beziehungen von Partnern auf verschiedenartigen, aufeinander folgenden Produktionsoder Handelsstufen der gleichen Branche. Konglomerale Verbindungen (bzw. diagonale, komplementäre, anorganische) von Betrieben unterschiedlicher Branchen oder Partnern ergänzen ihr marktwirksames Leistungsangebot zu einer Bedarfsgruppe (vgl. Staudt 1992).

Räumliche Dimension Unternehmensverbindungen dehnen sich über unterschiedlich große geographische Räume aus. Diese räumliche Dimension kann lokal (an einem Ort, z. B. Joint Venture) begrenzt sein oder einen regionalen (innerhalb einer Region), nationalen (innerhalb eines Staates) oder internationalen (über Staatsgrenzen hinwegreichenden) Bereich umfassen (Fleischer 1996).

Dauer Das Ziel einer Unternehmensverbindung bestimmt deren Dauer. Beschränkt man sich auf die gemeinsame Abwicklung eines Projektes, wie beim Virtuellen Unternehmen, wird die Verbindung nach Beendigung des Projektes wieder aufgelöst. Das Ende kann auch terminlich festgesetzt werden, was bei Gelegenheitsgesellschaften der Fall ist. Eine unbefristete Dauer ist typisch für ein Joint Venture (Wöhe 1996).

Bereich Eine Verbindung von Unternehmen beschränkt sich oft auf ausgewählte Funktionsbereiche. Es kann jedoch auch die gesamte Wertschöpfungskette der Partner verbunden werden.

3.5. Fit in Unternehmensverbindungen

Der Begriff *Fit* entstammt dem Englischen und bedeutet in der Verbform »(gut) passen«. (Das Verb bedeutet ohne beigeordnetes Adjektiv »positives Zueinanderpassen«) (Bronder 1993).

Angewendet auf Unternehmensverbindungen bezeichnet der Fit eine Symmetrie der Strategien, Strukturen und Kulturen der Partnerunternehmen (vgl. Bleicher 1989). Diese Symmetrie ist eine notwendige, wenn auch nicht hinreichende Bedingung für den Erfolg einer Unternehmensverbindung.

In der wirtschaftswissenschaftlichen Forschung wird der Fit meist auf drei Ebenen untersucht. Dazu gehören die fundamentale, die strategische und die kulturelle Ebene (Bronder und Pritzl 1992, Specht und Beckmann 1996). Im Folgenden werden diese Ebenen vorgestellt.

3.5.1. Fundamentaler Fit

Grundsätzliche Erfolgsvoraussetzung einer Unternehmensverbindung ist das Vorhandensein einer *geeigneten Situation*, z. B. die tatsächliche Realisierbarkeit von Synergien. Der mögliche Partner muss auf seinen potentiellen Beitrag zum Erfolg des Bündnisses geprüft werden, wobei zu eruieren ist, ob der erwartete Beitrag von dem Partner wirklich erbracht werden kann und/oder ob für ihn genügend Anreiz besteht, seine speziellen Fähigkeiten einzubringen. Fundamental ist ein zusätzlicher Ertrag, der über die bloße Addition der einzelnen Wertschöpfungskettenaktivitäten hinausgeht. In Kooperationen sind zudem symmetrische Machtverhältnisse zwischen den Partnern ein Erfolgsfaktor (Bronder und Pritzl 1991).

3.5.2. Strategischer Fit

Der strategische Fit ergibt sich durch die Übereinstimmung der strategischen Zielsetzungen der Partner und ist ebenfalls ein wichtiges Erfolgskriterium. In einer Kooperation ist eine sog. Win-win-Situation, bei der alle Beteiligten profitieren, eine entscheidende Voraussetzung. Als Erfolgsfaktoren für einen strategischen Fit fallen besonders die Harmonie der Geschäftspläne, strategischen Ziele und die Verhandlungpositionen beider Seiten ins Gewicht. Ein konsequenter Abgleich dieser Faktoren ist hier notwendig. Darüber hinaus ist ein gleicher Planungshorizont hinsichtlich der Zielerreichung für den Erfolg bestimmend (Bronder und Pritzl 1991, Sandler 1991).

3.5.3. Kultureller Fit

In einer Befragung europäischer CEOs wurde als wichtigster Erfolgsfaktor bei Akquisitionen – noch vor finanziellen oder strategischen Aspekten – die Integration des erworbenen Unternehmens genannt (Booz, Allen and Hamilton 1995). »[...]to obtain the participation of the people« ist der Schlüsselfaktor bei der Integration. »Creating an atmosphere that can support [capability transfer] is the real challenge« (Haspeslagh und Jemison 1991). Ein kritischer Faktor sind hierbei die kulturellen Unterschiede der sich zusammenschließenden Unternehmen (Calori u. a. 1994, Chakrabarti u. a. 1994, Kropeit 1999, Nahavandi und Malekzadeh 1988, Weber und Schweiger 1992). Eine nicht vorhandene kulturelle Kompatibilität der Partnerunternehmen wird regelmäßig als eine der Hauptursachen gescheiterter Unternehmenszusammenschlüsse angeführt (Nahavandi und Malekzadeh 1988, Roost 1998).

Mit dem Begriff *Kultur* werden im Kontext von Unternehmensverbindungen sowohl die *nationale Kultur* als auch die *Unternehmenskultur* subsumiert. KLUCKHOHN (1951) definiert Kultur wie folgt:

> »Culture consists in patterned ways of thinking, feeling and reacting, acquired and transmitted mainly by symbols, constituting the distinctive achievements of human groups, including their embodiments in artifacts; the essential core of culture consists of traditional (i. e. historically derived and selected) ideas and especially their attached values.«

HOFSTEDE (Hofstede u. a. 1990) grenzen nationale Kultur von Unternehmenskultur folgendermaßen ab:

> »[...]while national culture forms one's *values* through early socialization, corporate culture involves the subsequent acquisition of organizational *practices* and symbols in the firm.«

Neben den recht schwer erfassbaren nationalen Eigenheiten ist das reibungslose Funktionieren der verbalen Verständigung zwischen Unternehmen eher offensichtlich. Unternehmenszusammenschlüsse können zum Know-how-Verlust führen, wenn sich langjährige Erfahrungsträger im verbundenen Unternehmen nicht einbringen können, weil sie nicht in der Lage sind, wichtige Details eloquent in der fremden Sprache beizusteuern (Schuh 2000). In einer Studie wurden als wichtigste Konsequenzen sprachlicher Verständigungsschwierigkeiten eine verlangsamte Kommunikation und Missverständnisse identifiziert (WZL 2000).

In Kapitel 5 werden weitere Ansätze zur Bewertung des Fit in Unternehmensverbindungen vertiefend vorgestellt. Zunächst werden jedoch im folgenden Kapitel die Grundlagen zum Synergiemanagement erläutert, da diese zur kritischen Diskussion der genannten Ansätze benötigt werden.

4. Synergie

IM FOLGENDEN WIRD der Themenkomplex der Synergie behandelt. Es werden grundlegende Definitionen vorgestellt und konzeptionelle Fragen geklärt. Darauf aufbauend werden die Phasen des Synergiemanagements erläutert. Im Anschluss werden die für den Maschinenbau relevanten Synergiearten identifiziert.

4.1. Der Begriff Synergie

Etymologisch hat das Wort *Synergie* seinen Ursprung im Griechischen: *Synergein* bedeutet »zusammenarbeiten«. Im Sprachgebrauch wird mit dem Ausdruck »das Zusammenwirken verschiedener Kräfte, Faktoren oder Organe zu einer abgestimmten Gesamtleistung« verstanden (Sommer 1996). Letztlich entstammt der Terminus Synergie den Naturwissenschaften und beschreibt dort das Phänomen des Zusammenwirkens zweier Organe, Organsysteme oder Substanzen, das in einer überadditiven Wirkung resultiert (Paprottka 1996).

In Praxis und Wirtschaftswissenschaft wurde *Synergie* bisher nicht einheitlich definiert (vgl. die umfangreiche Recherche von Rodermann (1999)). Exemplarisch seien an dieser Stelle einige Definitionen angeführt:

> »Synergy. In business literature it is frequently described as the ›2 + 2 = 5‹ effect to denote the fact that the firm seeks a product-market posture with a combined performance that is greater than the sum of its parts. (Ansoff 1965)«

> »Danach ist ein durch Zusammenschluss entstehendes Unternehmen mehr als die Summe seiner Teile. (Bühner 1989)«

> »Man spricht daher dann von Synergie oder von Synergiepotentialen, wenn bei der Realisierung der Produkt/Markt-Strategien von

zwei oder mehr Geschäftsfeldern zusätzliche Vorteile durch ein
teilweises oder vollständiges Zusammenfassen bestimmter Aus-
führungsfunktionen erreichbar werden. (Gälweiler 1990)«

»Synergie beschreibt den Effekt, dass die Integration von Teilsystemen oder singulären Maßnahmen zu einem Ganzen häufig einen
höheren Zielerreichungsgrad bewirkt als die Addition der erziel-
baren Einzelleistungen oder -ergebnisse. (Szyperski 1980)«

»Synergien stellen die akquisitionsbedingte Veränderung des nach
einer Akquisition vorhandenen Gesamtmarktwerts der Akquisiti-
onspartner gegenüber der Summe ihrer vor der Akquisition vorhanden Einzelmarktwerte dar, die weder dem erwerbenden noch
dem erworbenen Unternehmen für sich allein zur Verfügung steht.
(Rockholtz 1999)«

Anstelle des Ausdrucks Synergie finden sich in der Literatur auch die
inhaltlich vergleichbaren Termini *Verbundeffekte*, *Ausstrahlungseffekte*
oder *Super-Additivität* (Küting 1981, Rockholtz 1999).

Bei der Definition des Synergiebegriffs orientieren sich die Autoren
in der Regel an den Zielen ihrer Arbeiten und den damit verbundenen spezifischen Inhalten und Ursachen der Synergie. Abhandlungen
zum Akquisitionsmanagement beschränken die Entstehung von Synergie häufig auf die Akquisition von Unternehmen (vgl. Rockholtz 1999).
Inhaltlich wird Synergie in einigen Definitionen auf reine Kosteneinsparung beschränkt (vgl. Bühner und Weinberger 1991, Ropella 1989,
Ziegler 1997). Der Untersuchung wird im Folgenden eine weiter gefasste Arbeitsdefinition im Sinne Ansoffs zugrundegelegt, die sämtliche –
durch Unternehmensverbindungen hervorgerufenen – emergenten Potentiale einschließt:

»Synergie ist der Oberbegriff für das Phänomen des Zusammenwirkens von mindestens zwei Systemen sowie dessen
mögliche Konsequenzen.«

Als Konsequenzen werden in der unternehmerischen Praxis überadditive Wirkungen angestrebt, die sich in der Umsatz- und Kostenstruktur von Geschäftseinheiten abbilden. Neben positiven Synergien können sich bei einer Unternehmensverbindung auch negative Synergien

Synergiepotential – Synergieeffekt

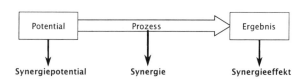

Abbildung 4.1.: Synergie, Synergiepotential und Synergieeffekt, nach Rodermann (1999)

ergeben (Paprottka 1996). Negative Synergien oder Dyssynergien sind Kosten oder Nachteile bei der Vorbereitung, Nutzung und Auflösung einer Unternehmensverbindung. Kosten fallen für den Prozess der Synergieidentifikation und -bewertung, im Fall der Akquisition für den Kaufpreis sowie für Anpassungs- und Integrationsmaßnahmen an. Nachteile entstehen z. B. aufgrund des Autonomieverlusts einzelner Geschäftseinheiten durch Zentralisation und Widerstände der betroffenen Mitarbeiter gegen durchzuführende Strukturveränderungen (Rodermann 1999).

Der Begriff Synergie umschreibt den Vorgang des Zusammenwirkens von Geschäftseinheiten. Die ex ante erwartete ökonomische Wirkung der Zusammenarbeit wird als Synergiepotential, die ex post eingetretene ökonomische Wirkung als Synergieeffekt bezeichnet (Abb. 4.1) (Rodermann 1999).

In der vorliegenden Arbeit wird das vom Substantiv *Synergie* abgeleitete Adjektiv »synergistisch« dem Ausdruck »synergetisch« vorgezogen. Das Adjektiv »synergetisch« bezieht sich normalerweise auf die Lehre der Synergetik (eine Theorie der Selbstorganisation eines Systems); es beschreibt einen Sachverhalt, der nicht der gewählten Definition dieser Arbeit entspricht. Darüber hinaus ist »synergistisch« auch mit dem englischen Sprachgebrauch konsistent, der das Adjektiv »synergistic« vorsieht (Rodermann 1999).

4.2. Konzept der Synergie

Da die Zahl konzeptioneller Arbeiten zum Thema Synergie in der wirtschaftswissenschaftlichen Literatur sehr groß ist, werden zunächst die Grundlagen anhand der Ansätze von ANSOFF und PORTER dargestellt. Die Synergie wird nachfolgend ausführlich typologisiert. Darüber hinaus wird der Ursache-Wirkungs-Mechanismus, welcher der Synergie zugrunde liegt, analysiert.

4.2.1. Wegweisende Synergiekonzepte

In der betriebswirtschaftlichen Diskussion über konglomerales Wachstum und Diversifikation findet die Synergiethematik Ende der 1950er Jahre Eingang in die Betriebswirtschaftslehre. Als erster Autor verwendet ANSOFF den Synergiebegriff explizit in seinem 1965 veröffentlichten Buch »Corporate Strategy«. ANSOFF untersucht Synergie im Kontext von Unternehmensdiversifikationen. Das Zusammenwirken zweier Unternehmen, die auf verschiedenen Märkten agieren, führt im Idealfall zu einer überadditiven Steigerung des Gesamtgewinns. ANSOFF bezieht synergistische Wirkungen auf eine durch Zusammenarbeit verbesserte Absatzmarktposition. Er formuliert dafür die bekannte Formel »2 + 2 = 5«. Eine isolierte Nutzung dieser Gleichung führt zu der falschen Aussage, dass Synergiewirkungen stets positiv ausfallen. ANSOFF selbst weist auf mögliche Probleme bei der Umsetzung hin, die er mit »negative synergy« tituliert. Negative Synergien äußern sich demnach in einem negativen Gesamteffekt der Unternehmensverbindung. Für eine Präzisierung der Synergie verwendet ANSOFF den Vergleich der Summe des »Return on Investment (ROI)« der einzelnen Unternehmen vor der Zusammenarbeit mit dem Wert des gemeinsam erzielten ROI (Ansoff 1965).

Die überadditive Steigerung des ROI führt ANSOFF auf Kosteneinsparungen, Ertragssteigerungen oder geringere Investitionsaufwendungen zurück. Er stellt zur Erfassung und Bewertung folgende Systematik vor: In einem ersten Schritt wird eine Synergietypologie ermittelt. Dabei unterscheidet ANSOFF zunächst die auf die funktionale Gliederung eines Unternehmens bezogenen Synergiearten *Verkaufssynergie, Pro-*

duktionssynergie, Investitionssynergie und *Managementsynergie.* Synergieeffekte werden in Abhängigkeit ihres zeitlichen Auftretens in *Gründungssynergien* und *Betriebssynergien* (start-up synergy, operating synergy) gegliedert. Gründungssynergien entstehen z. B. durch einen im Vergleich zur Konkurrenz schnelleren und kostengünstigeren Eintritt in den Markt und sind zeitlich begrenzt. Betriebssynergien ergeben sich dauerhaft durch die vollständige Integration im laufenden Geschäftsbetrieb. In einem nächsten Schritt werden die im Unternehmen vorhandenen und gemeinsam nutzbaren Ressourcen identifiziert. Die gemeinsam nutzbaren Ressourcen werden schließlich auf ihre Bedeutung für das Unternehmen hin untersucht. Dafür schlägt ANSOFF eine Stärken-Schwächen-Analyse vor, mit der alleinstellende Merkmale eines Unternehmens ermittelt werden können. Gemeinsam nutzbare Ressourcen, mit denen sich das Unternehmen am Markt differenzieren kann, besitzen eine hohe Bedeutung für ein synergieorientiertes Wachstum. Im letzten Schritt wird versucht, die Synergiewirkungen separat für jeden funktionalen Unternehmensbereich zu bestimmen (Ansoff 1965).

Zwanzig Jahre später, Mitte der 1980er Jahre, greift PORTER das Synergiekonzept ANSOFFs in seinem industrieökonomischen Modell der Wettbewerbsanalyse auf und erweitert es um wesentliche Aspekte. Anders als ANSOFF beschränkt PORTER Synergien nicht mehr auf die Thematik des Unternehmenswachstums, sondern sieht sie als Hilfsmittel, um die Wettbewerbsposition der Geschäftsfelder eines Unternehmens verbessern zu können. PORTER zerlegt den Wertschöpfungsprozess der Geschäftsfelder in einzelne *Wertaktivitäten*, um Synergiepotentiale zu identifizieren und zu analysieren. Die Gesamtheit der Wertaktivitäten eines Geschäftsfeldes bezeichnet er als *Wertkette*. PORTER unterscheidet zwei Arten von Abhängigkeiten, die innerhalb der oder zwischen den Wertketten vorhanden sein können. So bestehen *Verbindungen* innerhalb einer Wertkette oder zwischen vor- und nachgelagerten Wertketten. Als *Verflechtungen* bezeichnet PORTER Beziehungen zwischen zwei Unternehmenseinheiten, zwischen denen keine Input-Output-Beziehung besteht. Dabei unterscheidet er *materielle* Verflechtungen, *immaterielle* Verflechtungen und *Konkurrentenverflechtungen*. Materielle Verflechtungen beruhen grundsätzlich auf der Möglichkeit, gleichartige Wertaktivitäten zweier unterschiedlicher Unternehmenseinheiten gemeinsam durchzuführen. PORTER gliedert materielle Verflechtungen in *Markt-, Produktions-, Technologie-, Beschaffungs-* und *Infrastrukturverflechtungen*. Immaterielle Verflechtungen basieren auf der Übertragung von Know-how zwischen getrennten Wertketten. Während materielle Verflechtungen auf *Gemeinsamkeiten* beruhen, basieren immaterielle Verflechtungen auf *Ähnlichkeiten*. Konkurrentenverflechtungen beschreiben eine Wettbewerbskonstellation und haben keinen inhaltlichen Bezug zur Synergiethematik (Porter 1985).

Insgesamt haben Verflechtungen im Idealfall eine kostensenkende oder die Differenzierung steigernde Wirkung. Stellt man allen synergieinduzierten Wettbewerbsvorteilen alle synergieinduzierten Kosten gegenüber, erhält man die Gesamtheit der Synergiewirkungen. PORTER unterscheidet im Zusammenhang mit materiellen Verflechtungen *Koordinationskosten, Kompromisskosten* und *Inflexibilitätskosten*. Koordinationskosten entstehen durch den erhöhten Abstimmungsbedarf bei der gemeinsamen Durchführung von Wertaktivitäten, Kompromisskosten durch suboptimale Durchführung einer Wertaktivität und Inflexibilitätskosten durch gegenseitige Abhängigkeiten der Organisationseinheiten (Porter 1999).

4.2.2. Synergietypologie

Im Folgenden werden Dichotomien der Synergie definiert und erläutert. Mit Hilfe der Dichotomien können synergistische Wirkungen systematisch nach temporalen, lokalen, wertmäßigen und integrativen Kriterien klassifiziert werden (Abb. 4.2).

Hinsichtlich des Zeitpunktes wird zwischen *sofortigen* und *späteren* Synergien unterschieden. So gibt es Synergien, die im Akt der Verbindung von Unternehmen begründet liegen und dadurch sofort zur Verfügung stehen, z. B. Kosteneinsparung durch Einsparung doppelt vorhandener Aktivitäten. Andere Synergien, wie Innovationssynergien, entstehen erst, wenn bestimmte Voraussetzungen geschaffen sind (vgl. Sandler 1991).

Mit der zweiten Dichotomie *Häufigkeit* wird festgelegt, ob die Synergie *diskret-einmalig* oder *diskret-mehrmalig* auftritt. Ein Beispiel für eine diskret-einmalig auftretende Synergie ist eine einmalige Steige-

Relevante Synergiedichotomien

Synergiedichtonomien	Ausprägungen
· Zeitpunkt	sofort/später
· Häufigkeit	einmalig/wiederkehrend
· Dauer	zeitlich begrenzt/fortdauernd
· Entstehungsort	intern/extern
· Ausprägung	qualitativ/quantitativ
· Wirkung	positiv/negativ
· Erscheinungsform	Kosten/Erlöse
· Art der Verflechtung	materiell/immateriell
· zeitlicher Ablauf	Synergiepotential/Synergieeffekt

Abbildung 4.2.: Synergiedichotomien

rung der Unternehmensbewertung am Kapitalmarkt. Diskret-mehrmalige Synergien sind beispielsweise beim jeweiligen Beschaffen von Waren durch bessere Konditionen zu erwarten (Sandler 1991).

Bezüglich der Dauer können Synergien in Anlehnung an ANSOFF in *Start-Synergien* und *laufende Synergien* unterschieden werden. Erstere sind nur für einen begrenzten Zeitraum wirksam, während letztere prinzipiell unbegrenzt wirken (Rodermann 1999).

Die Dichotomie *Entstehungsort* kann die Ausprägung »intern« oder »extern« annehmen. Interne Synergien entstehen durch das Zusammenwirken von Faktoren und Prozessen vormals getrennter Unternehmen, die durch das Management direkt gesteuert und kontrolliert werden können. Externe Synergien sind dagegen das Ergebnis des Zusammenwirkens eigenständiger Marktteilnehmer, wie z. B. Zulieferer und Abnehmer (Sandler 1991). Bezieht man die Dichotomie Entstehungsort auf die Wertschöpfungskette, kann man Synergien den Funktionsbereichen zuordnen, in denen sie auftreten (Paprottka 1996).

Mit der Dichotomie *Ausprägung* wird die Quantifizierbarkeit einer Synergie ausgedrückt. Synergien *quantitativer* Ausprägung sind in monetärer Form darstellbar. Synergien *qualitativer* Ausprägung sind nicht

direkt in monetärer Form zu messen (Sandler 1991).
Die Wirkung einer Synergie kann sowohl positive als auch negative
Werte annehmen. Einem positven bzw. negativen Saldo aus Vorteilen
und Kosten der Synergierealisierung entspricht eine *positive* bzw. *negative* Synergiewirkung (Kogeler 1992).
Synergien können sich sowohl auf die *Erlös-* als auch auf die *Kos-
tenseite* auswirken. Quantitative Synergien können direkt der Gewinn-
und Verlustrechnung zugeordnet werden, qualitative Synergien müssen vorher in monetäre Werte überführt werden (Sandler 1991). Alter-
nativ können der Erscheinungsform auch die Ausprägungen *finanzwirt-
schaftlich* oder *leistungswirtschaftlich* zugeordnet werden, je nachdem
ob Vorteile nur innerhalb oder auch außerhalb des Finanzbereichs erzielt werden können (Gerpott 1993).
Der Unterschied zwischen materieller und immaterieller Verflech-
tungsart wurde im vorangegangenen Abschnitt erläutert.
Schließlich kann, wie bereits erläutert, zwischen den Möglichkeiten
der Synergie und damit *Synergiepotentialen* einerseits sowie den öko-
nomischen Wirkungen und damit *Synergieeffekten* andererseits unterschieden werden (Rodermann 1999).

4.2.3. Synergiemechanismen

Nachfolgend werden auf Basis der in Kapitel 4.1 gewählten Arbeitsdefinition die Synergiemechanismen unter Einbeziehung verwandter ökonomischer Konzepte vorgestellt. Unter Synergiemechanismen werden
hier Mechanismen verstanden, die den Prozess der Synergie ermöglichen und so zu positiven wie negativen Synergieeffekten führen können.

Grössendegressionseffekte
Größendegressionseffekte bzw. Betriebsgrößeneffekte, im Englischen
mit *economies of scale* bezeichnet, erfassen die Beziehung zwischen
der Größe eines Betriebes und der Wirtschaftlichkeit. Größendegressionseffekte liegen vor, wenn die Stückkosten eines Produkts bei steigender Menge pro Zeiteinheit sinken. Durch die Ausdehnung der Produktionsmenge durch die Unternehmensverbindung nehmen, bei unterstell-

tem linearen Gesamtkostenverlauf die variablen Kosten proportional zu, nicht jedoch die Gesamtkosten (Ebert 1998). Die Ursache kann entweder in einer zunehmenden Auslastung der Produktionskapazitäten oder im Einsatz funktionsgleicher, aber kostengünstigerer Maschinen liegen (Rodermann 1999). Darüber hinaus können sog. Lernkurveneffekte zu einer Senkung der Stückkosten beitragen (Ebert 1998). Der Lernkurveneffekt besagt, dass durch Übung die erforderlichen Produktionszeiten sinken und Arbeitsabläufe wirkungsvoller und somit kostengünstiger gestaltet werden können (Adam 1993).

Größendegressionseffekte können in Unternehmensverbindungen zu Kostensenkungspotentialen in verschiedenen Unternehmensbereichen (z.B. Einkauf, Produktion oder Forschung&Entwicklung) führen (Albrecht 1994). PORTER führt diese Potentiale auf materielle Verflechtungen zurück, d.h. auf die gemeinsame Nutzung von Produktionsfaktoren (Porter 1985). Der Größendegressionseffekt in der Einproduktbetrachtung kann insoweit als Synergiemechanismus angesehen werden, als er das Ergebnis von Aktivitäten zur Kostendegression oder Wirkungsmaximierung darstellt. Ausgenommen ist die Beseitigung von Schwächen, die auf einen vor der Unternehmensverbindung her suboptimalen Betrieb zurückzuführen sind (Ebert 1998).

Reichweiteneffekte

Wenn die Herstellung mehrerer Produkte in einem Unternehmen kostengünstiger ist als die separate Herstellung der jeweiligen Produkte in getrennten Unternehmen, dann ist dies auf Reichweiteneffekte zurückzuführen (Baumol u.a. 1982). Reichweiteneffekte resp. *Economies of scope* resultieren aus der gemeinsamen Nutzung von Produktionsfaktoren für verschiedene Produkte und führen zu Kosteneinsparungen (Ebert 1998). Dabei darf die Nutzung der Faktoren bei der Herstellung eines Produktes die Nutzung dieser Faktoren für ein anderes Produkt nicht vollständig ausschließen. Dem Effekt liegt die implizite Prämisse zugrunde, dass ein Großteil der Produktionsfaktoren nicht beliebig teilbar ist (Baumol u.a. 1982). Nach BAUMOL, PANZAR und WILLIG können Produktionsfaktoren in öffentliche und quasi-öffentliche unterschieden werden (Baumol u.a. 1982). Öffentliche Produktionsfaktoren sind beliebig teilbar und immateriell, wie z.B. Wissen über Prozesse, Märkte etc. sowie »Goodwill« im Sinne der Markenloyalität von Kunden (Teece 1980). Quasi-öffentliche Produktionsfaktoren sind unteilbar und somit hauptsächlich materielle Anlagegüter (Teece 1980). Reichweiteneffekte umfassen alle Effekte, bei denen ein öffentlicher oder auch quasiöffentlicher Produktionsfaktor mehrfach oder zugleich eingesetzt werden kann, ohne dabei verbraucht zu werden. Vorausetzungen hierfür ist die optimale Nutzung bzw. der optimale Transfer von vorhandenem Know-how (Ebert 1998).

Reichweiteneffekte erfassen in der Mehrproduktbetrachtung die Synergie, die durch die Nutzung von Produktionsfaktoren oder Prozessen für zwei oder mehr Produkte zwecks Kostendegression entsteht. Synergie ist somit nur dann zu erwarten, wenn die mehrfache oder gemeinsame Nutzung von Produktionsfaktoren zu einer Effizienz- oder Effektivitätsverbesserung führt. Dies setzt voraus, dass sich der oder die Produktionsfaktoren bei der gemeinsamen gleichzeitigen Nutzung nicht beeinträchtigen, z. B. ab einem bestimmten Grad der Beanspruchung (Ebert 1998).

Vermeidung von Redundanz

Aktivitäten oder Verfahren, die identisch bei den Verbindungspartnern ausgeführt werden, können nach einer Verbindung harmonisiert werden. Dies umfasst Aktivitäten, die prozessual und/oder inhaltlich identisch sind.

Inhaltlich identische Aktivitäten führen zu vergleichbarem Output und sind häufig bei Verbindungspartnern zu finden, die sich vor der Verbindung als Wettbewerber gegenüberstanden. In derartigen Verbindungen können z. B. identische Aktivitäten in der Marktforschung oder im F&E-Bereich vermieden werden. Im Extremfall können ganze Bereiche aufgelöst und so Kapazitäten freigesetzt werden (Paprottka 1996). Prozessual identische Aktivitäten besitzen identische Arbeitsschritte, evtl. auch identische Teilergebnisse. Durch Harmonisierung dieser Aktivitäten, die z. B. doppelt durchgeführte Vorbereitungen zur Informationsbeschaffung, Telefonate etc. sein können, werden ebenfalls Kapazitäten freigesetzt, die abgebaut oder anderweitig genutzt werden können (Paprottka 1996).

Die Realisierung von Potentialen, die redundanzbezogen entstehen, verlangt ein präzises Vorgehen, da die Harmonisierung der Aktivitäten immer mit einem Wissenstransfer (Identifikation und Integration von Best Practice) einhergehen sollte. Die Wirkung, die sich durch die Vermeidung von Redundanzen in Unternehmensverbindungen einstellt, kann als synergistisch bezeichnet werden.

Macht- und Ausstrahlungseffekte

Die Stellung am Markt kann unternehmensverbindungsinduziert gestärkt werden, sowohl gegenüber den Zulieferern und Kunden als auch in Bezug auf die Wettbewerber. Dies kann einerseits aufgrund eines gesteigerten Machtpotentials geschehen, das zu einer größeren Entscheidungsfreiheit bezüglich Preisgestaltung und Produktionsoutput führt (Sandler 1991). Günstigere Beschaffung von Material, Rohstoffen und Vorprodukten sowie Umsatzsteigerungen durch eine effektivere Absatzpolitik sind das Resultat (Ebert 1998). Andererseits sind hier sogenannte Austrahlungseffekte (Spill-over-Effekte) zu nennen, die zu einer Stärkung des Marktauftritts bzw. des Images der Verbindungspartner führen können (Paprottka 1996).

Die Effekte, die als Folge einer gesteigerten Macht und der veränderten Austrahlung identifiziert werden, können der Synergie zugerechnet werden, da sie auf einer effektiveren Ausnutzung der eigenen Marktposition beruhen. EBERT verweist jedoch auch auf mögliche negative Synergieeffekte, die hierbei zu erwarten sind (Ebert 1998).

Vertikale Integration

Durch Unternehmensverbindungen kann der Integrationsgrad in einer Wertschöpfungskette optimiert werden. Durch den Einbezug vor- und nachgelagerter Aktivitäten in die eigene Wertschöpfungskette können sich Wertsteigerungspotentiale ergeben. Sie resultieren daraus, dass die unternehmensinternen Abstimmungen zwischen integrierten Geschäftsprozessen auf unterschiedlichen Wertschöpfungsstufen weniger Transaktionskosten verursachen als die unternehmensexterne Abstimmung zwischen zwei wirtschaftlich unabhängigen Unternehmen (Ebert 1998). Transaktionskosten bezeichnen die Kosten einer Markttransaktion im Gegensatz zu den Organisationskosten, die innerhalb einer Unternehmensorganisation auftreten (vgl. Coase 1937).

Synergiemanagement

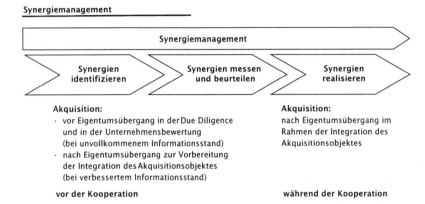

Abbildung 4.3.: Prozess des Synergiemanagements, nach (Rockholtz 1999)

Beim Erfolg, der durch die Optimierung der vertikalen Integration erzielt werden kann, handelt es sich um eine Kostensenkung bzw. Wirkungssteigerung, die dem Synergiekonzept zugerechnet werden kann (Ebert 1998).

4.3. Management von Synergie

In Abbildung 4.3 ist die Gliederung des Synergiemanagements in die Phasen des *Identifizierens, Beurteilens* und *Realisierens* von Synergien dargestellt (Rockholtz 1999).

Im Verbindungsprozess spielen die ersten beiden Phasen des Synergiemanagements eine bedeutende Rolle bei der Konfiguration der Verbindung und der Partnerwahl. Die Phase der Synergierealisation ist während der Verbindung Bestandteil des Verbindungsmanagements (vgl. Bronder und Pritzl 1991).

Im Kontext des Akquisitionsprozesses sind die ersten beiden Phasen wichtiger Bestandteil der Due Diligence. Die Due Diligence ist die umfassende, auf ein einzelnes potentielles Akquisitionsobjekt bezogene Unternehmensanalyse mit dem Ziel, alle für die Akquisition entscheidungsrelevanten Informationen zu ermitteln. Die dritte Phase Synergierealisation ist in der Due Diligence insoweit relevant, als eine Planung der Synergierealisation Aufschluss über mögliche Risiken und Kosten bei der Integration des akquirierten Unternehmens gibt (Rockholtz 1999).

4.3.1. Identifizieren von Synergiepotentialen

In der Literatur finden sich zahlreiche Ansätze analytisch-rationaler Verfahren zur Identifikation von Synergiepotentialen (vgl. Aufzählung in Rockholtz 1999). Nachfolgend wird als einer der bekanntesten Ansätze das Verfahren von PORTER vorgestellt, das sich als Hilfsmittel für die Identifizierung von Synergiepotentialen eignet.

Mit der Wertkettenanalyse können Bereiche in Unternehmen aufgespürt werden, die durch ihre strategische Relevanz für eine Wertsteigerung die größten Synergiepotentiale versprechen (Rockholtz 1999). PORTERs Wertkette besteht aus den *primären Aktivitäten* Logistik, eigentliche Leistungserstellung, Marketing/Vertrieb und Kundendienst. Unter *sekundäre Aktivitäten* subsumiert er Beschaffung, Technologieentwicklung, Personalwirtschaft und Unternehmensinfrastruktur. Der Gesamtwert der Unternehmensleistung ergibt sich aus der Wertkette, wenn zu den Kosten der einzelnen Wertaktivitäten die Gewinnspanne addiert wird (Abb. 4.4).

Durch den Vergleich der Wertketten der Verbindungspartner lassen sich Synergiepotentiale identifizieren, indem zum einen Ansatzpunkte für die gemeinsame Durchführung von Wertaktivitäten, sog. Materielle Verflechtungen, abgeleitet werden. Zum anderen kann ein Vergleich einzelner Wertaktivitäten Ansatzpunkte für einen Know-how-Transfer zwischen den Partnerunternehmen, sog. Immaterielle Verflechtungen, liefern. Darüber hinaus können mit Hilfe der Wertkettenanalyse die Kosten bestimmt werden, die bei der Realisation von Synergieeffekten anfallen (Rockholtz 1999).

4.3.2. Messen und Beurteilen von Synergiepotentialen

Im Gegensatz zur Messung des Synergieeffektes, der sich ex post, also nach der Integration des Partners, einstellt, wird das Synergiepoten-

Wertkettenanalyse

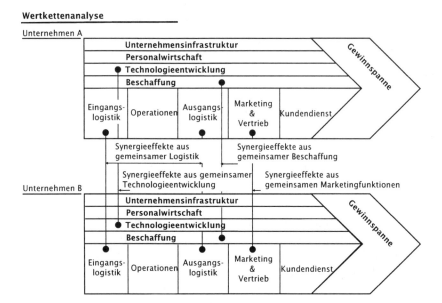

Abbildung 4.4.: Identifikation von Synergien durch den Vergleich von
Wertketten, nach Porter (1999)

tial ex ante, also vor der Kooperation bzw. Akquisition ermittelt. In
dieser Arbeit ist lediglich die ex ante Bestimmung des Synergiepotentials von Interesse. Eine genaue Abschätzung des Synergiepotentials
wird vor allem bei Akquisitionen durch die beschränkte Verfügbarkeit
von Informationen über das zu akquirierende Unternehmen erschwert
(Rockholtz 1999). Im Fall einer feindlichen Übernahme stehen a priori
sogar nur öffentlich verfügbare Informationen über das Übernahmeob-
jekt zur Verfügung (Hunt u. a. 1990). Die Kenntnis der Synergiepotentiale, unter Berücksichtigung positiver wie negativer Anteile, ist jedoch
vor allem bei der Kaufpreisermittlung einer Akquisition von fundamentaler Bedeutung (Scharlemann 1996).

Der spezifische Charakter von Synergiepotentialen kann zum einen
eher quantitativer Natur (z. B. Kosteneinsparungen durch Zusammenfassung von Produktionskapazitäten) und zum anderen eher qualitati-

ver Art (z. B. Steigerung der Marktmacht) sein. Dementsprechend werden Mess- und Beurteilungsverfahren von Synergiepotentialen grundsätzlich in quantitative und qualitative Verfahren unterschieden (Rockholtz 1999).

Die Beurteilung von Synergiepotentialen erfolgt nicht nach absoluten, allgemeingültigen Maßstäben. Vielmehr ist die Bedeutung und das Gewicht einzelner Synergiepotentiale eng mit den individuellen Zielen verknüpft, die mit der Unternehmensverbindung angestrebt werden. Die Bedeutung einzelner Synergiepotentiale in einer Unternehmensverbindung ist also relativer Art.

Im Folgenden werden zunächst quantitative und qualitative Ansätze zur Messung und Beurteilung von Synergiepotentialen beschreiben. Die Ansätze werden anschliessend durch Verfahren zur Bewältigung von Unsicherheiten erweitert.

4.3.2.1. Die Kapitalwertmethode als quantitativer Ansatz

Die Kapitalwertmethode ist ein Instrumentarium zur quantitativen Beurteilung von Synergiepotentialen (Clarke 1987, Hovers 1973). Beim Einsatz der Kapitalwertmethode werden alle durch Synergien anfallenden Ein- und Auszahlungen bzw. Erträge und Aufwendungen einander gegenübergestellt und auf einen Betrachtungszeitpunkt abgezinst. In der Praxis beschränkt man sich dabei meist auf einen begrenzten Zeitrahmen, in dem Synergien realisiert werden können. Das Ergebnis der Berechnung ist der sogenannte Kapitalwert.

Die Aussagekraft der Kapitalwertmethode hängt von der Genauigkeit der Kenntnis von Höhe und zeitlicher Verteilung der Zahlungsströme ab. Je ungenauer die Prognosen werden, desto spekulativer gestalten sich Angaben zum Ausmaß des Synergiepotentials. Die Wahl des Diskontierungssatzes sowie die Festlegung eines Betrachtungszeitraumes sind weitere subjektive Elemente; sie wirken sich signifikant auf die Genauigkeit des Untersuchungsergebnisses aus (Rodermann 1999).

4.3.2.2. Qualitative Ansätze

Mit dem Einsatz qualitativer Ansätze entfernt man sich von einer Messung des Synergiepotentials im monetären Sinn. Stattdessen erhält man ein qualitatives Messergebnis, das einen beurteilenden, bewertenden oder einschätzenden Charakter besitzt. Im Folgenden wird zunächst die von ANSOFF entwickelte *Synergiematrix* als Bewertungsinstrument vorgestellt. Anschließend werden *Checkliste* und *Scoring-Modell* als weitere Alternativen erläutert.

Synergiematrix nach Ansoff

Die Synergiematrix nach ANSOFF eignet sich sich als Basisinstrument der qualitativen Beurteilung von Synergiepotentialen. Dabei werden die Synergien systematisiert und in Relation zueinander konsistent beurteilt (Rockholtz 1999).

Die Matrixspalten der Synergiematrix erfassen Startsynergien, dauerhafte Synergien im Investitionsbereich und operativen Bereich, neue gemeinsame Produktopportunitäten der jeweiligen Funktionsbereiche sowie die zusammenfassende Bewertung aller Synergiepotentiale.

In den Matrixzeilen wird eine funktionsbereichsorientierte Unterteilung vorgenommen. Sie differenziert zwischen Beiträgen der Unternehmensverbindungspartner sowie gemeinsamen neuen Opportunitäten der Unternehmensverbindung.

Zur Synergiematrix nach ANSOFF lassen sich eine Reihe von Kritikpunkten anführen: Zum einen liefert die Synergiematrix lediglich Ansatzpunkte zur Beurteilung von Synergiepotentialen, ohne explizit auf die Art und Weise sowie die Dimensionen der Beurteilung einzugehen. Darüber hinaus bleibt die Eintrittswahrscheinlichkeit der Synergien unberücksichtigt (Rockholtz 1999). Eine Ursache für die lediglich bedingte Eignung als Beurteilungsinstrument liegt in der ursprünglichen Konzeption der Synergiematrix für die Planung von Absatzmarktentscheidungen. Konzeptionell ist darüber hinaus die funktionale Orientierung zu bemängeln, die zu einer isolierten Analyse der einzelnen Funktionsbereiche führen kann, ohne abteilungsübergreifende Zusammenhänge zu erfassen. Außerdem stellt die Subjektivität der Bewertung eine präzise Prognose in Frage (Ebert 1998).

Ein weiterer Ansatz, der auf einer Synergiematrix beruht, stammt von WIND und MAHAJAN (vgl. Wind und Mahajan 1985). Alle laufenden und geplanten Produkt-Markt Kombinationen werden mit einer $K \times K$-Matrix analysiert. Die Produkt-Markt-Kombinationen werden sowohl den Zeilen als auch den Spalten zugordnet, so dass in einem paarweisen Vergleich die jeweils entstehenden Synergien der Matrix zugeordnet werden können.

Checklisten

Checklisten stellen ein relativ einfaches Entscheidungsinstrument für die Beurteilung von Synergiepotentialen dar. Sie unterstützen die qualitative Bestandsaufnahme und Beurteilung einer Handlungsalternative im Hinblick auf synergierelevante Aspekte. Zu diesem Zweck werden zunächst Bewertungskriterien aufgelistet. Danach wird jede Handlungsalternative mit Hilfe einer Beurteilungsskala bewertet (z. B. hoch-mittel-niedrig). Die Bewertung einer Handlungsalternative nach einem Bewertungskriterium erfolgt jeweils intuitiv.

Gegenüber den Vorteilen der Methode – geringe Kosten und geringer Zeitaufwand – ist als Nachteil die nicht vorgesehene Verrechnung der Bewertungsergebnisse einzelner Kriterien untereinander zu nennen. Dadurch lassen sich die einzelnen Alternativen nicht differenziert abstufen; dies erschwert bzw. verhindert die Bildung eines ausgewogenen Gesamturteils (Rodermann 1999).

Scoring-Modelle

Scoring-Modelle, die auch als Punktbewertungsmodelle bezeichnet werden, kann man als Weiterentwicklung der Checklistenmethode auffassen. Das Synergiepotential wird bei Scoring-Modellen unter Zuhilfenahme eines Fragenkatalogs ermittelt, in dem beispielsweise nach der Möglichkeit eines Know-how-Transfers zwischen verbundenen Unternehmen gefragt wird. Dabei sind für jeden Funktionsbereich spezifische Fragen zu klären. Die erfragten Sachverhalte sind pro Funktionsbereich nach ihrer Synergierelevanz zu gewichten. Die Antworten auf die Fragen werden bestimmten Schlüsselbegriffen, wie »negativ«, »kaum« etc. zugeordnet und mit Hilfe von Punkten (»Scores«) quantifiziert. Die Multiplikation der Scores mit dem Stellenwert der Fragen ergibt eine *gewichtete Punktzahl*, deren Summe über alle Fragen bzw. Antworten eines Funktionsbereichs wiederum einem Schlüsselbegriff zugeordnet wird.

Scoring-Modelle haben den Vorzug, dass sie den Unternehmenszielen durch die Gestaltung des Fragenkatalogs direkt Rechnung tragen. Das gilt insbesondere für nicht quantifizierbare Unternehmensziele. Kritisch anzumerken ist hingegen die Subjektivität der Bewertung im Scoring-Modell. Sowohl die Auswahl und Formulierung der Fragen als auch deren Gewichtung sowie die Punkteverteilung unterliegen einem subjektiven Urteil (Grote 1991).

4.3.2.3. Berücksichtigung von Unsicherheit

Beurteilt man Synergiepotentiale aus ex-ante-Sicht, kommt der Berücksichtigung von Unsicherheit eine hohe Bedeutung zu. Die Wirkung äußerer Einflüsse auf die Größe und den Zeitpunkt eines Synergiepotentials kann mit Hilfe der *Sensitivitätsanalyse*, der *Risikoanalyse* und der *Szenario-Technik* abgeschätzt werden.

Sensitivitätsanalysen können zum einen durch die Beobachtung des Synergiepotentials bei ausschließlicher Veränderung einer Einflussgröße, d. h. unter »ceteris paribus«-Bedingungen durchgeführt werden. Eine Einflussgröße kann z. B. eine »local content«-Regelung des Staates, in dem der ausländische Partner beheimatet ist, sein. Zum anderen kann das Synergiepotential bei simultaner Variation mehrerer Einflussgrößen beobachtet werden. Die Methode liefert Hinweise auf besonders kritische Ausprägungskombinationen der Einflussgrößen (Rockholtz 1999).

Die Risikoanalyse führt zu einem Risikoprofil. Es repräsentiert eine Funktion des Synergiepotentials, die abhängig ist von frei wählbaren Wahrscheinlichkeitsverteilungen unterschiedlicher Einflussfaktoren. Es ermöglicht Aussagen über die Eintrittswahrscheinlichkeit unterschiedlicher Wertausprägungen des Synergiepotentials (Rockholtz 1999).

Die Grundidee der Szenario-Technik besteht darin, ausgehend von der Gegenwart konsistente Zukunftsentwicklungen einer Größe zu generieren. Bei der Bewertung von Synergiepotentialen können mit der

Szenario-Technik unterschiedliche mögliche Konstellationen von Einflüssen auf das Synergiepotential und deren Eintrittswahrscheinlichkeiten ermittelt werden (Meyer-Schönherr 1992, Rockholtz 1999).

4.3.3. Realisieren von Synergiepotentialen

In der Phase der Realisierung von Synergiepotentialen werden konkrete Integrationsmaßnahmen eingeleitet, um Synergiepotentiale in Synergieeffekte zu transformieren.

Da die Phase der Integration der Partnerunternehmen bzw. der Realisation der Synergiepotentiale nicht Gegenstand dieser Arbeit ist, sei auf die Literatur zu diesem Thema verwiesen (vgl. Jansen und Körner 2000, Rockholtz 1999, Rodermann 1999).

4.4. Synergiearten im Maschinenbau

Die für den Maschinenbau relevanten Synergiearten werden im Folgenden dargestellt. Hierzu werden zunächst die Ziele von Unternehmensverbindungen im Maschinenbau analysiert. Aufbauend auf dieser Analyse und den in Kap. 2.3 erläuterten strategischen Zielsetzungen im Maschinenbau werden relevante Synergiearten abgeleitet. Diese werden anschließend detailliert erläutert.

4.4.1. Ziele von Unternehmensverbindungen im Maschinenbau

Unternehmen gehen Verbindungen ein, um ihre Ziele besser zu erreichen. Diese Ziele können je nach Situation der Unternehmen stark variieren (Ebert 1998). Der Erfolg einer Verbindung kann somit anhand des Zielerreichungsgrades bestimmt werden (Heinen 1966). Dabei wird der Erfolg meist in monetären Größen gemessen und als Ergebnis des Wirtschaftens innerhalb eines Zeitraumes verstanden (Ebert 1998). Letztlich lassen sich diese Ziele auf das Hauptziel der nachhaltigen Gewinnmaximierung zurückführen. Übertragen auf die jeweiligen Rahmenbedingungen streben Unternehmen durch Unternehmensverbindungen

Kosteneinsparungen und/oder Leistungsverbesserungen resp. Ertragswachstum an (Ebert 1998). Dies wird durch zahlreiche Studien bestätigt (Ebert 1998, Fontanari 1995, Rotering 1993). In einer Studie des Fraunhofer IAO werden als die beiden wichtigsten Ziele mittelständischer Kooperationen Markterschließung und Kostenersparnis genannt (Bullinger u. a. 1997). EBERT nennt als wichtigste Akquisitionsziele Kostensenkung, Stärkung des Kerngeschäfts, Marktführerschaft sowie Komplettierung der Produktlinie (Ebert 1998). In einer Studie des Institute for Mergers and Acquisitions (IMA) werden die Erhöhung der Marktpräsenz und Kostensynergien auf Leistungserstellungseite sowie auf Vermarktungsseite als Hauptziele von Unternehmensverbindungen identifiziert (Jansen und Körner 2000). MARKS gibt als Hauptgründe für Unternehmensverbindungen Diversifikation, vertikale Integration, Globalisierung, Risikominimierung, Zugang zu Technologie und anderen Ressourcen, operative Flexibilität, Innovation und Lernen sowie Konsolidierung und gemeinsame Ressourcen-Nutzung an (Marks und Mirvis 1998). Flexibilität, Risikodiversifikation und Wachstum sind für PAPROTTKA die Hauptziele für Verbindungen von Unternehmen (Paprottka 1996).

Aus branchenneutraler Perspektive können die Ziele wie folgt zusammengefasst werden zu:

- Verbesserung des Marktzugangs,
- Erschließung neuer Märkte,
- Kostenreduktion,
- Wachstum (Innovationskraft),
- Erhöhung des eigenen Wissensstands (Technologie, Märkte, Ressourcen),
- Risikoreduktion sowie
- Ergänzung der eigenen Produktpalette.

Im Maschinenbau werden ähnliche Ziele mit Unternehmensverbindungen verfolgt. In Kapitel 2.4 wurde erwähnt, dass 36 Prozent des geplanten Wachstums durch Unternehmensverbindungen realisiert werden sollen. Die spezifischen Ziele von Unternehmensverbindungen im

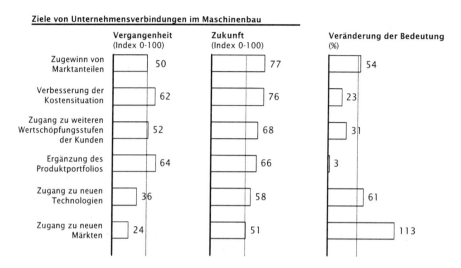

Ziele von Unternehmensverbindungen im Maschinenbau

Abbildung 4.5.: Bedeutung und Veränderung der Ziele für
Unternehmensverbindungen im Maschinenbau

Maschinenbau werden in Abbildung 4.5 dargestellt, gewichtet nach ihrer Bedeutung in Vergangenheit und Zukunft.

Der Zugewinn von Marktanteilen wird die Ergänzung des Produktportfolios als wichtigstes Ziel von Unternehmensverbindungen ablösen. Die Kostensituation zu verbessern und den Zugang zu weiterer Wertschöpfungsstufen der Kunden zu erhalten, sind und bleiben ebenfalls wichtige Ziele der Maschinenbauunternehmen. Den höchsten Bedeutungszugewinn haben die Ziele Zugang zu neuen Märkten – insbesondere durch Ausbau des industriellen Services – und der Zugang zu neuen Technologien zu verzeichnen. Der Zugewinn des letztgenannten Ziels ist darauf zurückzuführen, dass die durch den Maschinenbau bedienten Segmente durch die Kundenapplikation definiert werden und durch Technologiesubstitution bedroht sein können. Aufgrund der bereits jetzt sichtbaren Beschleunigung der Technologieentwicklung nimmt diese Bedrohung weiter zu. Um ihr zu begegnen, sind alternative Technologien zu beobachten und ggf. für das eigene Unternehmen zu erschließen.

4.4.2. Relevante Synergiearten im Maschinenbau

Synergie in Unternehmensverbindungen wirkt sich je nach Ausmaß der
synergistischen Wirkungen mehr oder weniger positiv oder auch negativ auf die Ertrags- und Kostensituation der beteiligten Unternehmen
und auf die Ziele der Verbindung aus. Die Höhe des Synergiepotentials
ist ein wichtiges Kriterium für die Wahl des Verbindungspartners bzw.
der Verbindungsform. Aufgrund der unterschiedlichen Zielsetzungen
bei Unternehmensverbindungen und der vielfältigen Synergieursachen
ist es sinnvoll, die Potentiale strukturiert für unterschiedliche Synergiearten zu analysieren. Viele Autoren gehen diesen Weg in ihren Arbeiten und kategorisieren Synergie in unterschiedlichster Form. Ausgehend von den in Kapitel 2.3 analysierten erfolgreichen Strategien im
Maschinenbau und den von SCHUH definierten Referenzstrategien für
produzierende Unternehmen sowie den analysierten Zielen von Unternehmensverbindungen wird folgende Strukturierung der Synergiearten
vorgeschlagen:

- Rationalisierungs-(Prozess-)Synergien,
- Technologiesynergien,
- Innovationssynergien,
- Marktsynergien und
- Finanzsynergien.

Während die Rationalisierungs- und Technologiesynergien kosten-
wirksame Synergiearten darstellen, sind die Innovations- und Marktsynergien ertragswirksame Synergiearten. Finanzsynergien können sowohl kosten- als auch ertragswirksam sein.

4.4.2.1. Rationalisierungssynergien

Der Begriff »Rationalisierung« ist in der betriebswirtschaftlichen Theorie und Praxis nicht eindeutig abgegrenzt. In einer sehr weitgehen-
den Sichtweise umfasst die Rationalisierung alle Maßnahmen, die der
Verwirklichung des Rationalprinzips bei veränderten Bedingungen dienen. Vielfach versteht man unter Rationalisierung Maßnahmen, die der
Produktivitäts- und Wirtschaftlichkeitssteigerung dienen (Gabler 1998).

In Unternehmensverbindungen haben Synergien in diesem Bereich direkten Einfluss auf die Kostensituation der beteiligten Unternehmen und können je nach Verbindungsart zu direkten Kosteneinsparungen führen. Diese können z. B. durch die Harmonisierung redundanter Aktivitäten oder die Bündelung von Einkaufsvolumina entstehen. Zur Ermittlung dieser Synergieart bietet sich ein Vergleich von Objektbereichen bzw. Prozessen an (Paprottka 1996). PORTER schlägt vor, den Objektvergleich anhand der Wertketten der Verbindungspartner durchzuführen (Porter 1985). In diesem Zusammenhang ist zu beachten, dass Synergien durch Rationalisierung nur dann als solche zu bezeichnen sind, wenn sie auf emergente Wirkungen zurückzuführen sind. Die Wirkung von Rationalisierungsmaßnahmen, die verbindungsunabhängig durchführbar sind – aber bisher z. B. aufgrund von Fehlern im Management nicht ergriffen wurden – fallen nicht in den Bereich dieser Synergieart. Diese Prämisse gilt im übrigen für alle Synergiearten. Im Bereich der Rationalisierung ist sie jedoch von besonderer Bedeutung, da hier häufig synergieunabhängige Kosteneinsparungen als Synergiepotential ausgewiesen werden (Ebert 1998).

Art und Höhe der Synergieeffekte im Bereich der Rationalisierung hängen im Wesentlichen vom Integrationsgrad der Verbindung ab. Dieser wiederum wird einerseits von der gewählten Verbindungsart und anderseits von der Integrationsstrategie determiniert (Paprottka 1996).

4.4.2.2. Technologiesynergien

Der Begriff »Technologie« bezeichnet das naturwissenschaftlich-technische Wissen über Wege zu einer technischen Problemlösung (Perrillieux 1987). Er umfasst sowohl Methodik als auch Verfahren in einem bestimmten Wissensgebiet (Duden 1982). Dieses Wissen stellt die Ausgangsbasis für Produkte und Verfahren aller Art dar. Die materiellen Ergebnisse der Problemlösungsprozesse, ihre Herstellung und ihr Einsatz hingegen, d. h. die konkrete Anwendung einer Technologie in Produkten oder Prozessen, werden als »Technik« bezeichnet. TSCHIRKY bezeichnet Technologie als die Menge von »spezifischen Kenntnissen, Fertigkeiten, Methoden, und Einrichtungen zur Nutzung von naturwissenschaftlich-technischen Erkenntnissen« (vgl. Tschirky 1990, 1998).

Technologien sind immer das Ergebnis von Forschungs und Entwicklungsprozessen. Diese Prozesse führen zu materiellen Problemlösungen (Technik) und schaffen das nötige immaterielle Knowhow zum Einsatz derselben. In die Entwicklung von Technologien gehen theoretisches Wissen, vorliegende Problemlösungen (z. B. von Wettbewerbern) und technisches Wissen der Mitarbeiter ein (Ewald 1989).

Bezeichnet man »Technologie« als die Summe des Anwendungswissens, kann weiter zwischen explizitem und implizitem Wissen unterschieden werden (Wiegand 1996). Explizites Wissen lässt sich darstellen, zum Beispiel in Form verbaler Beschreibungen. Implizites Wissen dagegen entzieht sich dem sprachlichem Ausdruck. Es umfasst individuelle Erfahrungen und Überzeugungen und ist rein subjektiv. Die Träger technologischen Wissens sind personale Träger (z. B. Wissenschaftler, Ingenieure, Patentanwälte), informationelle Träger (z. B. Patentschriften, Konstruktionszeichnungen, Versuchsberichte) und materielle Träger (z. B. Versuchsanlagen, Prototypen, Pilotanlagen) (Ewald 1989).

Für die weitere Arbeit wird unter dem Begriff »Technologie« das Wissen zur Lösung technischer Fragestellungen verstanden. Das umfasst auch die nötigen Vorgehensweisen (Methodiken).

Das wichtigste Unterscheidungsmerkmal von Technologien ist der Anwendungsbereich. Dementsprechend wird zwischen Produkttechnologien, das heißt Technologien, die in einem Produkt Verwendung finden, und Prozess oder Produktionstechnologien, die zur Herstellung eines Produkts eingesetzt werden, unterschieden (vgl. Bullinger 1996). Letztere werden in Produkten bzw. Fertigungsverfahren realisiert. Im weiteren Verlauf der Arbeit werden unter Technologiesynergien nur Prozesstechnologien betrachtet, da Produkttechnologien in das Feld der Innovation fallen. Sie werden in den Prozessen des Unternehmens eingesetzt, um Produkte herzustellen. Technologien können dabei in allen Unternehmensbereichen eingesetzt werden und sind nicht nur auf die Fertigung beschränkt.

Technologiesynergien können zwar im weitesten Sinne der Rationalisierung zugeordnet werden, sind aber im Maschinenbau getrennt zu betrachten. Der Maschinenbau verfügt über eine technologieintensive Wertkette: Die Art des Technologieeinsatzes und die damit verbundene Erfahrung determinieren einen Großteil der Wertschöpfungskosten. Aus diesem Grund ist hier eine detaillierte Betrachtung der Synergie notwendig. In den Bereich der Rationalisierung fallen demnach Potentiale, die unabghängig von der jeweils eingesetzten Technologie sind.

Für Technologiesynergien spielen Reichweiteneffekte die wichtigste Rolle. Das Übertragen von Wissen auf einen Partner ermöglicht es, dessen Prozesse besser zu gestalten und kostengünstiger zu produzieren. Durch den Zusammenschluss von Unternehmen können so in allen Bereichen Zeitvorteile realisiert werden, die kostensenkend wirken und als Synergie zu werten sind (Ansoff 1965).

Ein Instrument zur Bewertung solcher Übertragungen von Wissen sind Lern- und Erfahrungskurven (vgl. Anhang B). Während die Lernkurve die Änderung der variablen Fertigungskosten über die Zeit betrachtet, beschreibt die Erfahrungskurve indirekt das Kostensenkungspotential der vor wie auch der nachgelagerten Prozesse (Paprottka 1996). Die Erfahrungskurve schließt dabei die Konzepte der Größendegression, der Reichweiteneffekte, des technischen Fortschritts und der Betriebsgrößenvariation mit ein (Abb. 4.6).

Das klassische Einsatzgebiet von Erfahrungskurven ist die Produktion. Die hier vorkommenden Tätigkeiten sind sog. Operative Tätigkeiten, in denen Lernprozesse gut zu messen sind. In anderen Unternehmensbereichen mit eher dispositiven Aufgaben sind Lernkurven ebenfalls einzusetzen. Da die Effekte dort jedoch nicht so ausgeprägt sind, sind die zu messenden Kostensenkungen geringer.

4.4.2.3. Innovationssynergien

Der etymologische Ursprung des Begriffs *Innovation* ist im lateinischen »novus« (neu) bzw. »innovare« (erneuern) zu finden. SCHUMPETER sieht das Wesen der Innovation in der »Durchsetzung neuer Kombinationen«, die nicht kontinuierlich erfolgt, sondern »diskontinuierlich« auftritt (Schumpeter 1911). HAUSCHILDT definiert Innovationen als »im Ergebnis qualitativ neuartige Produkte oder Verfahren, die sich gegenüber dem vorangehenden Zustand merklich [...] unterscheiden« (Hauschildt 1997). TANG betont einen erwerbsorientierten Charakter, indem

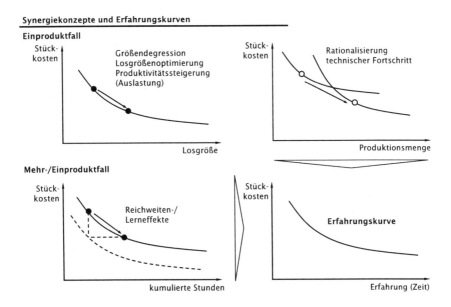

Abbildung 4.6.: Synergiemechanismen und Erfahrungskurven

er die Innovation als »complicated process of applying new ideas for gainful purposes« definiert (Tang 1998).

Synergien im Bereich der Innovation werden als emergente Wirkungen zur Steigerung der Innovativität der Verbindungspartner verstanden. Innovativität ist das Ausmaß der Innovationskraft und das Maß der Ausrichtung eines Unternehmens auf die Schaffung von Innovationen (zu einem detaillierten Exkurs hierzu siehe Anhang C).

In diesem Kontext haben Synergien im Innovationsbereich Einfluss auf den Erfolg von Unternehmen im Maschinenbau (siehe Kap. 2.3). Die inhaltliche Dimension der Innovation kann in Produkt, Prozess und Geschäft unterteilt werden, wobei zu vermuten ist, dass gesteigerte Innovativität in diesen Bereichen zu ertragswirksamen Effekten führt.

Der synergistischen Steigerung der Innovativität des Unternehmensverbundes liegt ein Aufbau von innovationsrelevanten Kompetenzen bei den Partnerunternehmen zugrunde. Die zeitlich begrenzte *Neuheit*

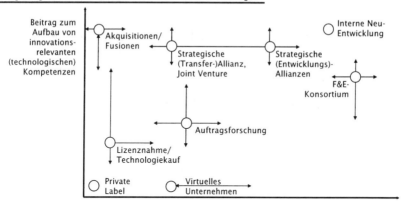

Abbildung 4.7.: Steigerung der Innovativität durch
Unternehmensverbindungen, nach Koruna (1998)

eines Projektes (vgl. Anhang C) erfordert darüber hinaus einen möglichst schnellen Aufbau innovationsrelevanter Kompetenzen. Aufgrund der Bedeutung dieser beiden Kriterien können verschiedene Formen von Unternehmensverbindungen nach deren Beitrag zum Aufbau von innovationsrelevanten technologischen Kompetenzen und dem erwarteten Zeitaufwand beurteilt werden (Abb. 4.7).

Die Akquisition oder Fusion ermöglicht eine vollständige Übernahme der Kompetenzen des Akquisitionsobjektes, vorausgesetzt, die wesentlichen Kompetenzträger verbleiben im Unternehmen (Koruna 1998). Basis für den schnellen Aufbau innovationsrelevanter Kompetenzen ist ein grundlegendes Verständnis der Technologie des Partners, das für die Nutzung der Kompetenz notwendig ist (Tomiura 1985).

Bei Strategischen Allianzen und Joint Ventures ist der Beitrag zu Erweiterung und Aufbau innovationsrelevanter Kompetenzen hoch einzuschätzen. Voraussetzung ist aber die Fähigkeit der Unternehmen, vom jeweiligen Partner zu lernen. Ist die interorganisationale Lernfähigkeit schwach entwickelt, wird der Beitrag folglich geringer ausfallen. Der erwartete Zeitaufwand wird weitgehend davon beeinflusst, wie schnell der Kompetenztransfer zwischen den verbundenen Unternehmen erfolgt (Koruna 1998).

Bei Virtuellen Unternehmen findet kein expliziter Transfer innovativer Kompetenzen statt. Da es sich bei den Kernkompetenzen, die in ein Virtuelles Unternehmen eingebracht werden, um das Gut handelt, mit dem sich die Partnerunternehmen am Markt differenzieren, wird eine Diffusion von Technologie und Know-how im Netzwerkverbund weitgehend vermieden (Koruna 1998).

4.4.2.4. Marktsynergien

Unter Synergien im Marktbereich werden emergente Wirkungen in Unternehmensverbindungen verstanden, die außerhalb des Innovationsbereichs liegen und die Leistungs- bzw. Umsatzsituation der beteiligten Partner direkt beeinflussen. Dies kann sowohl ein positiver Einfluss, z. B. Synergie durch Cross-selling-Effekte (Paprottka 1996), als auch ein negativer Einfluss, z. B. Synergie durch Image-Kannibalisierung sein.

Die Maschinenbaubranche beliefert hauptsächlich gesättigte Märkte (VDMA 2000a). Als Erfolgsfaktoren in diesem Marktzyklus werden von MATTES *Beherrschung der Vertriebskanäle, Optimierung des logistischen Systems, Service, Werbekraft* und *differenziertes Leistungsangebot* für verschiedene Zielgruppen genannt (Mattes 1993). Dies deckt sich zu großen Teilen mit erfolgreichen Strategien im Maschinenbau (siehe Kap. 2.3) sowie mit den analysierten Zielen von Unternehmensverbindungen. Umsatzsynergien können demnach durch Stärkung dieser Erfolgsfaktoren entstehen.

Die Synergieeffekte im Marktbereich hängen ähnlich wie im Bereich der Rationalisierung vom Integrationsgrad der Verbindung ab (Paprottka 1996). Insbesondere besitzt die Art des Marktauftritts der Unternehmensverbindung entscheidenden Einfluss. Eine separierte Markenpflege kann so einerseits beispielsweise negative Synergien durch Image-Kannibalisierung vermindern und andererseits positive Synergien, wie z. B. Cross-selling-Effekte, blockieren (Paprottka 1996).

Hieraus wird die Notwendigkeit ersichtlich, nicht nur zwischen, sondern auch innerhalb der Synergiearten Abhängigkeiten zu analysieren und diese in die Bewertung der Potentiale einfließen zu lassen.

4.4.2.5. Finanzsynergien

Finanzwirtschaftliche Potentiale sind sowohl kosten- als auch ertrags-wirksame Synergien. Sie können nach SCHARLEMANN in die Kategorien *Veränderung der Risikopositionen*, der *Kapitalkosten* und der *Finanzkraft* sowie in *steuerliche Effekte* eingeteilt werden (Scharlemann 1996). Diese Potentialart ist für den Maschinenbau ebenfalls von Bedeutung, wird aber hier in der Methodikentwicklung nicht weiter berücksichtigt, da der Fokus der Arbeit auf leistungswirtschaftliche Potentiale gerichtet ist. Zur Analyse und Bewertung dieser Potentialart sei auf die Arbeit von SCHARLEMANN (Scharlemann 1996) verwiesen, der eine umfangreiche Untersuchung aus finanzwirtschaftlicher Sicht durchgeführt hat.

5. Reflexion bestehender Ansätze zur Synergiebewertung

NACHDEM IN DEN vorangegangenen Kapiteln die Grundlagen der Arbeit ausgeführt wurden, werden im Folgenden zur Vorbereitung der Entwicklung einer Methodik zur Bewertung von Synergiepotentialen im Maschinenbau bestehende Bewertungsansätze analysiert. Zunächst werden Anforderungen an eine Methodik des Bewertens entwickelt. Weitere Ansätze zur Bewertung von Synergien werden erläutert und abschließend gemeinsam mit den in Kap. 4 bereits vorgestellten Ansätzen aus Sicht der aufgestellten Anforderungen beurteilt. Zusammenfassend werden die Defizite bestehender Ansätze aufgezeigt und die Schwerpunkte der eigenen Methodikentwicklung definiert.

5.1. Anforderungen an eine Methodik zur Bewertung von Synergien im Maschinenbau

Im Folgenden werden inhaltliche Anforderungen aus den Objekt-Bereichen:

- Branche Maschinenbau,
- Unternehmensverbindungen und
- Synergie

abgeleitet. Es wird ein Anforderungsprofil entwickelt, mit dessen Hilfe die Eignung bestehender Ansätze zur Bewertung von Synergiepotentialen im Maschinenbau beurteilt werden kann (Abb. 5.1).

In Kapitel 2 wurden die Eigenschaften und Besonderheiten der Branche Maschinenbau dargestellt. Die Anforderungen dieses Bereichs berücksichtigen Branchen-, Produkt- und Wertschöpfungsspezifika. Der Maschinenbau zeichnet sich z. B. durch ein breites Spektrum unterschiedlicher Kompetenzen aus, die je nach Produkt verschiedenartig

Anforderungen an eine Methodik zur Bewertung von Synergien im Maschinenbau

Anforderungen resultierend aus...

...der Branche Maschinenbau	...der Betrachtung von Unternehmensverbindungen	...dem Themenkomplex der Synergie
· *Berücksichtigung von Branchenspezifika (z.B. stark unterschiedliche Unternehmensgrößen oder Markt- und Kundenstrukturen*	· *Berücksichtigung der relevanten Kennzeichen unterschiedlicher Verbindungsarten (z.B. Bindungsintensität oder Dauer)*	· *Berücksichtigung der Synergiedichotomien (z.B. Zeitpunkt oder Wirkung)*
· *Beachtung von Produktspezifika (z.B. relevante Kompetenzen)*	· *Berücksichtigung des Fit (z.B. kultureller Fit)*	· *ex-ante-Bewertung der Synergiepotentiale*
· *Berücksichtigung der Wertschöpfungsspezifika (z.B Wertschöpfungstiefe und -breite sowie Wertschöpfungsstufe)*		· *Bewertung auf Basis frei verfügbarer Unternehmensdaten*
		· *Bewertung unterschiedlicher Synergiearten:*
		- *Rationalisierungssynergien*
		- *Technologiesynergien*
		- *Innovationssynergien*
		- *Marktsynergien*
		- *Finanzsynergien*

Abbildung 5.1.: Anforderungsprofil

kombiniert werden. Jedes Unternehmen im Maschinenbau besitzt ein spezifisches Kompetenzprofil, mit Schwerpunkten z. B. im Bereich Mechanik, Verfahrenstechnik oder Steuerungstechnik. Durch Unternehmensverbindungen werden unterschiedliche Kompetenzprofile zusammengeführt, wodurch neuartige Kombinationsmöglichkeiten der Kompetenzen geschaffen werden können. Da sich hierdurch unter anderem Innovationssynergiepotentiale ergeben, ist die Berücksichtigung der Kompetenzen notwendiger Bestandteil eines Bewertungsansatzes.

Die relevanten Aspekte von Unternehmensverbindungen wurden in Kapitel 3 ausgearbeitet. Dementsprechend ergibt sich zum einen die Anforderung, dass bei der Bewertung von Synergien unterschiedliche Arten von Unternehmensverbindungen berücksichtigt werden sollten. Zum anderen wäre die Betrachtung der Unternehmensverbindung nicht vollständig, würde man die Fit-Faktoren vernachlässigen. Um die Kompatibilität der Partnerunternehmen, die die Synergiepotentiale maßgeblich beeinflusst, zu erfassen, sollte darüber hinaus der Fit auf unterschiedlichen Ebenen berücksichtigt werden.

Die Grundlagen zum Thema Synergie wurden in Kapitel 4 dargestellt. Ausgehend von der gewählten Arbeitsdefinition für Synergie wurden Synergiedichotomien abgeleitet, die ebenfalls in einer Methode zu berücksichtigen sind. So ist es z. B. relevant, wann und wie häufig eine Synergie zu erwarten ist. Des Weiteren sollten Synergiepotentiale systematisiert bewertet werden, d. h. eine geeignete Methodik sollte ex ante eingesetzt werden können. Ferner sollte die Methodik »outside in« eingesetzt werden können, da zur Vorbereitung von Unternehmensverbindungen häufig nur frei verfügbare Unternehmensdaten (z. B. aus Geschäftsberichten oder Broker-Reports) zur Verfügung stehen. Es wird darüber hinaus gefordert, dass unterschiedliche Synergiearten berücksichtigt werden. Diese sollten im Bereich der abgeleiteten Arten liegen:

- Rationalisierungssynergien,
- Technologiesynergien,
- Innovationssynergien,
- Marktsynergien und
- Finanzsynergien.

5.2. Ansätze zur Bewertung von Synergien

Im Folgenden werden zu den bereits vorgestellten Ansätzen von AN-SOFF und PORTER ergänzend weitere analysiert. Es handelt sich hierbei um die Arbeiten von RODERMANN, BREZINA, EBERT, LARSSON und PAPROTTKA. Des Weiteren werden Arbeiten von Autoren vorgestellt, die sich mit der Bewertung des Fit in Unternehmensverbindungen auseinandergesetzt haben. Hier sind die Arbeiten von BLEICHER, LUCZAK, HOFSTEDE sowie von BRONDER und PRITZL besonders hervorzuheben.

5.2.1. Bewertung von Synergiepotentialen

RODERMANN nutzt die Ansätze von ANSOFF und PORTER als Basis für seine Überlegungen. Insbesondere die Synergiekategorien ähneln denen PORTERS. Thema der Dissertation ist die Entwicklung eines strategischen Synergiekonzepts, das es ermöglicht, Synergiepotentiale als

Grundlage strategischer Unternehmensentscheidungen zu verwenden. Nach RODERMANN tritt Synergie nur beim Zusammenwirken paralleler Wertketten, nicht jedoch vor oder nachgelagerter Wertketten auf. Damit grenzt er vertikale Zusammenschlüsse aus seiner Betrachtung aus. Mit Synergien sind in erster Linie operative Effizienzsteigerungen gemeint. Explizit trennt RODERMANN den Effekt der Kapazitätsauslastung und die Lernkurveneffekte von den Synergieeffekten, da sie in seiner Sichtweise nur in Einproduktunternehmen existieren. In diesem Fall kann es jedoch in Anlehnung an ANSOFF und PORTER per definitionem keine Synergieproblematik geben. Der Kapazitätsauslastungseffekt besagt, dass mit wachsender Ausbringungsmenge die Kapazitäten eines Unternehmens besser ausgelastet sind und in Folge dessen die Kosten pro erzeugter Einheit fallen. Ein synonymer Begriff ist die Fixkostendegression. Handelt es sich um einen Mehrproduktfall, bezeichnen Economies of scope und Synergie den gleichen Sachverhalt. Grundlage für diese Überlegung ist die Tatsache, dass beide Konzepte von der gemeinsamen Nutzung von Ressourcen ausgehen, was ein charakteristisches Merkmal von Synergie ist (vgl. Rodermann 1999).

Zur Bestimmung der Synergiepotentiale finden sich keine formalen Ansätze. Mit der Kapitalwertmethode wird ein quantitatives Verfahren genannt, mit dessen Hilfe Ein und Auszahlungen addiert und abgezinst werden. Damit werden lediglich die Auswirkungen von Synergie sichtbar gemacht. Des Weiteren werden einige qualitative Methoden, wie Scoringmodelle, Checklisten und Fragenkataloge, genannt, mit denen Synergien identifiziert und bewertet werden. Die Beschränkung der Methode auf horizontale Zusammenschlüsse, der fehlende Fokus auf den Maschinenbau und den Bereich der Technologien sowie fehlende methodische Formalismen lassen auch diesen Ansatz nicht ausreichend erscheinen, um sichere Aussagen über Synergiepotentiale im Maschinenbau zu treffen.

Das Synergiemodell nach BREZINA ist ein Entscheidungsmodell, dessen Zweck die Planung künftiger Maßnahmen im F&E-Bereich ist. BREZINA fokussiert in seiner Arbeit auf Synergien, die innerhalb eines Unternehmens, z.B. zwischen strategischen Geschäftseinheiten entstehen. Dabei gilt es, diejenigen Innovationsvorhaben auszuwählen, die bezogen auf die Ziele der strategischen Geschäftseinheiten einen maximalen

Nutzen erbringen. Synergistische Beziehungen sind darauf zurückzuführen, dass die einzelnen Innovationsideen eine zumindest teilweise gemeinsame technologische Basis besitzen. Zerlegt man komplexe
Innovationsvorhaben in F&E-Aktivitäten, lassen sich Elemente identifizieren, die für die Realisierung mehrerer Innovationen erforderlich
sind. Aus dem Umfang der Mehrfachnutzung von F&E-Aktivitäten leitet sich demnach das angestrebte Synergiepotential ab. Zwischen den
F&E-Aktivitäten liegt insofern eine hierarchische Ordnung vor, als bestimmte Aktivitäten erst dann durchgeführt werden können, wenn die
Ergebnisse von anderen F&E-Aktivitäten bereits vorliegen. Im nächsten Schritt werden die einzelnen Innovationsvorhaben separat bewertet. Dazu wird zunächst die Bedeutung der einzelnen Innovationsvorhaben für die Geschäftseinheiten des Unternehmens ermittelt. Die Geschäftseinheiten werden wiederum nach ihrer Bedeutung für das gesamte Unternehmen bewertet. Einzelne Innovationsvorhaben werden
schließlich zu Vorhabenprogrammen aggregiert, wobei Interdependen-
zen zwischen den Innovationsvorhaben sowie Unsicherheiten und zeitliche Realisierungszeitpunkte der Innovationen berücksichtigt werden
(vgl. Brezina 1991).

Das Modell nach BREZINA entspricht einem Entscheidungsmodell zur
Unterstützung strategischer Innovationsentscheidungen. Im Rahmen
des gesamten Entscheidungsmodells stellt das Synergiemodell ein Par-
tialmodell dar, mit dem Synergien innerhalb des F&E-Bereichs beurteilt
werden können. Der Fokus liegt dabei auf der Nutzung einzelner F&E-
Aktivitäten für mehrere Innovationsvorhaben und kann nicht für die
ganzheitliche Bewertung von Synergiepotentialen im Maschinenbau genutzt werden.

Der Ansatz von EBERT basiert auf der Bildung sog. *Synergieindikatoren*. Die Synergieindikatoren werden aus Kennzahlen gebildet, mit denen sich Wertveränderungen im Unternehmen abbilden lassen, z. B. Produktivität oder relativer Marktanteil. Der Synergieindikator vergleicht
die relative Entwicklung der für das Unternehmen vor und nach dem
Zusammenschlusszeitpunkt gewählten Kennzahl mit einer in gleicher
Weise, z. B. für die Branche, gebildeten Kennzahl. Der Vergleichsmaß-
stab wird also aus einer oder mehreren Geschäftseinheiten gewonnen,
die nicht von den synergistischen Wirkungen betroffen sind. Um Grö-

ßenunterschiede auszublenden, kommen relative Kennzahlen zum Einsatz. Abhängig von der Kennzahl, die man für die Bildung eines Synergieindikators heranzieht, wird ein bestimmter Synergieeffekt (Kostenveränderung, Wachstumsveränderung) gemessen. Mit Hilfe des Synergieindikators lässt sich letztendlich die relativierte Entwicklung einer Kennzahl im Zeitraum vor und nach dem Zusammenschluss abbilden. Während vor dem Zusammenschluss die Kennzahlenwerte der Partnerunternehmen additiv zusammengefasst werden, repräsentiert die Kennzahl nach dem Zusammenschluss die Unternehmensverbindung. Das Synergiemodell nach EBERT kann sowohl für die »ex post«-Analyse von Synergien als auch für die ex ante-Beurteilung von synergistischen Wirkungen eingesetzt werden. Im letzteren Fall sind die zukünftigen Kennzahlenwerte der Unternehmensverbindung und des Vergleichsmaßstabs zu schätzen. Die Gesamtheit aller ermittelten Synergieindikatoren fasst EBERT schließlich in einer sog. Indikatormatrix zusammen, deren zwei Dimensionen die Synergieindikatoren und die dazugehörigen Zeiträume darstellen (vgl. Ebert 1998).

EBERT berücksichtigt nicht die speziellen Anforderungen des Maschinenbaus, insbesondere die der Wertschöpfungskette. Ferner werden keine genauen Angaben über die Evaluation von Synergiepotentialen gemacht. Der Bezug zu Kooperationen und zu Technologie- sowie Innovationssynergien ist ebenfalls nicht gegeben.

LARSSON gründet seinen Ansatz auf den Zusammenhang zwischen Synergiepotential und Synergierealisierung. Das Synergiepotential korreliert darin positiv mit der Realisierung der Synergieeffekte. Zunehmende Markt- und Produktionsähnlichkeit der Verbindungspartner erhöhen das Synergiepotential, während Größenunterschiede einen negativen Einfluss auf das Synergiepotential ausüben. Der Umfang der realisierten Synergieeffekte korreliert positiv mit zunehmenden Interaktionen sowie koordinativen Handlungen zwischen den Partnerunternehmen. Widerstände der Belegschaft reduzieren dagegen den Umfang der realisierten Synergieeffekte. Diese Widerstände werden wiederum verstärkt durch asymmetrische Machtverhältnisse und Feindseligkeiten innerhalb der verbundenen Unternehmen. Maßnahmen zur kulturellen Integration und gute berufliche Entwicklungschancen auch für Mitarbeiter des übernommenen Unternehmens verringern Widerstände bei den Mitarbeitern. LARSSON testet sein Modell im Rahmen einer Studie, in der es grundsätzlich bestätigt, jedoch keine signifikante Wirkung der von ihm definierten Einflussfaktoren »interaction« und »asymmetric control« festgestellt wird (vgl. Larsson 1990).

Der Ansatz von LARSSON ist ähnlich zu bewerten wie der von EBERT. Allerdings wird der Fit-Problematik durch LARSSON höhere Beachtung geschenkt.

Die Arbeit von PAPROTTKA lehnt sich in Aufbau und Begriffsbildung, insbesondere beim Synergiebegriff, eng an den Ansatz von ANSOFF an. Ziel ist es, im Vorfeld von Zusammenschlüssen Aussagen über Synergiepotentiale treffen zu können. Dabei werden sowohl Fusionen und Akquisitionen wie auch Kooperationen, z. B. in Form von Strategischen Allianzen, betrachtet. Die ökonomische Wirkung von Synergie besteht nach PAPROTTKA in Kosteneinsparung, Erlössteigerung oder verminderten Investitionen. Auch die Veränderung des Unternehmensrisikos ist ein Synergieeffekt. PAPROTTKA baut zur Bewertung der Synergiepotentiale auf sog. Zielfunktionen auf. Diese ermöglichen die Bestimmung des maximalen Synergieerwartungswerts der verbundenen Unternehmen durch Variation des Integrationsgrades. Dazu werden zunächst Zielfunktionen für den Synergieerwartungswert der einzelnen Partnerunternehmen aufgestellt. Diese Zielfunktionen werden schließlich zu einer neuen Zielfunktion zusammengeführt, um die Summe der Synergieerwartungswerte beider Partnerunternehmen in einer Unternehmensverbindung maximieren zu können. Die Zielfunktion der Unternehmensverbindung umfasst sowohl positive als auch negative Synergiewirkungen, die jeweils für alle Stufen des Integrationsprozesses ermittelt werden. Synergiewirkungen ergeben sich aus den verbindungsinduzierten Kosten-Erlös-Differenzen. Die Synergiewirkungen werden funktionsbereichsbezogen ermittelt, wobei jeweils der synergiebezogen optimale Integrationsgrad bestimmt wird. Zur Berücksichtigung der Unsicherheit wird die Berechnung der Synergieeffekte für unterschiedliche mögliche Datensituationen wiederholt. Versieht man die Ergebnisse dieser Menge an Zielfunktionen jeweils mit einer Eintrittswahrscheinlichkeit, lässt sich durch Addition der Synergieerwartungswert ermitteln (vgl. Paprottka 1996).

Unklar bleibt dabei allerdings, wie die Parameter und Kurvensteigungen der Berechnungsformeln ermittelt werden. Die genannten Formeln sind generisch gehalten und können nur als Anleitung zur Erstellung eigener Bewertungssysteme dienen. Des Weiteren ist in diesem Zusammenhang die fehlende Fokussierung auf die Branche Maschinenbau und ihren besonderen Bezug zu Technologie und Innovation zu nennen.

Neben den genannten finden sich in der Literatur weitere Arbeiten deutscher und internationaler Autoren, die nicht näher erläutert werden. Dies sind u. a. die Arbeiten von ROPELLA, GROTE, BÜHNER, DAVIS und THOMAS, NAYYAR sowie COMMENT und JARRELL (vgl. Ropella 1989, Grote 1991, Bühner 1989, 1990, 1991, Davis und Thomas 1993, Nayyar 1993, Comment und Jarrell 1995). Die meisten Autoren befassen sich mit den Auswirkungen von Fusionen und Akquisitionen. Viele Arbeiten betrachten kapitalmarktrelevante Aspekte aus der Perspektive der Wirtschaftswissenschaft und beschränken sich deshalb auf börsennotierte Unternehmen. Oft findet sich auch eine sehr spezielle Ausrichtung auf eine Branche. Aus den genannten Gründen eignen sich die meisten Arbeiten kaum oder nur sehr eingeschränkt für die Bewertung von Synergiepotentialen in der Branche Maschinenbau.

5.2.2. Bewertung des Fit in Unternehmensverbindungen

Ansätze zur Bewertung des Fit in Unternehmensverbindungen können in ganzheitliche und spezifische Ansätze unterteilt werden. Wichtige Vertreter der ganzheitlichen Ansätze sind BLEICHER, LUCZAK sowie BRONDER und PRITZL. Methoden zur Bewertung des kulturellen Fit wurden u. a. von HOFSTEDE entwickelt.

BLEICHER setzt sich mit dem Fit der die Unternehmensverbindungen eingehenden Partner auseinander. Eine grundlegende Voraussetzung für das Gelingen einer strategischen Partnerschaft ist ein weitgehender »Fit« zwischen den Absichten und dem Verhalten der kooperierenden Partner. »Misfits« in den Bereichen der Strategie, der Kultur und der Strukturen der Partnerunternehmen erzeugen potentielle Konfliktfelder. Dies gilt in gleicher Weise für unterschiedliche Erwartungshaltungen der Partner im Hinblick auf das Ausmaß des Erfolgs und des zeitlichen Horizonts. Aus diesem Grund fordert BLEICHER, dass dem Abstimmen unternehmenspolitischer Missionen und strategischer Programme im Sinne eines Interessenabgleichs besondere Bedeutung zukommt. Diesen Abgleich bezeichnet er als strategischen »Fit«. Es schließen sich Ausführungen zum sachlichen und zeitlichen »Fit« an. Nach BLEICHER führt der sachliche Fit zu einer Symmetrie der Interessen. Der sachliche Fit resultiert aus einem Vergleich der strategischen Interessen der Partner. Hinzu kommt der zeitliche Fit der Entwicklung der Partnerschaft. Dieser beschreibt die Notwendigkeit, als Unternehmen die in die Verbindung eingebrachten kritischen strategischen Ressourcen zunächst weiterhin unter Kontrolle zu behalten. Der Strukturfit wird durch Vergleich der verfassungsmäßigen Ausgestaltung, der Organisationsstrukturen und -kulturen sowie der Managementsysteme ermittelt. Da durch die Art der organisatorischen Strukturierung und der Gestaltung von Managementsystemen das Verhalten der Mitarbeiter im Umgang miteinander kanalisiert und gratifiziert wird, ist nach BLEICHER der Strukturfit als besonders wichtig anzusehen. Strategische Allianzen weisen fast immer eine Asymmetrie zwischen den gewachsenen Kulturen der Partnerfirmen auf. Daher ist bei strategischen Allianzen die Frage nach dem wert- und normgeleiteten Problemverhalten der Mitarbeiter von entscheidender Bedeutung für den Erfolg. Hierzu fordert BLEICHER (ähnlich wie BRONDER/PRITZL) einen Kulturprofilvergleich. Auf der Managementebene empfiehlt BLEICHER die Erstellung sogenannter Kongruenzprofile (Bleicher 1995).

Nach LUCZAK wird die erfolgreiche Suche nach dem richtigen Partner durch das Vorhandensein überbetrieblicher Kooperationspotentiale beeinflusst. Seiner Meinung nach ist nicht jedes Unternehmen und jeder Partner gleichermaßen für eine zwischenbetriebliche Zusammenarbeit geeignet. Das von ihm entwickelte Modell dient der Ermittlung von Kooperationspotentialen. Teil des Ansatzes bildet das Partnerkonzept und das Partnerwunschprofil. Letzteres ist die Grundlage für die Partnersuche und -auswahl. Die konkreten Vorstellungen des zukünftigen Kooperationspartners werden aus der Zielsetzung bzw. der unternehmensspezifischen Problemsituation abgeleitet. Nach Festlegung des Anforderungsprofils werden die Eigenschaften der potentiellen Partner durch Befragung ermittelt. Das Wunschprofil wird mit den erfassten Eigenschaften abgeglichen, und die potentiellen Partner bewertet. Die Methode sieht vor, bei mehreren möglichen Partnern die Entscheidung zugunsten desjenigen zu fällen, bei dem die größte mathematische Übereinstimmung vorhanden ist (Luczak und Schenk 1999).

Die Autoren BRONDER und PRITZL legen einen konzeptionellen Ansatz zur Bestimmung des richtigen Partners im Vorfeld einer einzugehenden Kooperation vor. Auch sie verweisen auf die Notwendigkeit der drei häufig genannten Grundbausteine, fundamentaler, strategischer und kultureller Fit (siehe Kap. 3.5). Sie erstellen ein Kulturprofil der beiden Kandidaten und leiten anhand dieser Grafik den kulturellen Fit ab. Wie allerdings die Stärke der einzelnen Ausprägungen ermittelt wird und wie die Auswertung des erhobenen Materials aussieht, bleiben die Autoren schuldig. Ebenso wird nicht erläutert, ob und wie sie die verbleibenden Fit-Faktoren (fundamentaler und strategischer Fit) behandeln (Bronder und Pritzl 1992).

Es gibt eine Reihe spezifischer Unternehmenskulturmodelle, die eine eher interne bzw. externe Betrachtungsweise vertreten. Als wichtigster Vertreter der externen Sichtweise sei hier HOFSTEDE genannt. HOFSTEDE bewertet die nationale Kultur anhand der Dimensionen Power Distance, Uncertainty Avoidance, Individualism und Masculinity (Hofstede 1980, Hofstede u. a. 1990), die wie folgt charakterisiert werden:

Power Distance »The power distance between a boss B and a subordinate S in a hierarchy is the difference between the extent to which B can determine the behavior of S and the extent to which S can determine the behavior of B.«

Uncertainty Avoidance »Uncertainty about the future is a basic fact of human life with which we try to cope through the domains of technology, law and religion. In organizations these take the form of technology, rules and rituals.« Die Vermeidung von Unsicherheit variiert beträchtlich zwischen den Bevölkerungen unterschiedlicher Länder.

Individualism Individualismus beschreibt die Beziehung zwischen dem Individuum und der Gemeinschaft, die typisch für eine bestimmte Kulturregion ist. Individualismus äußert sich z. B. in der Art des Zusammenlebens, die durch die Familiengröße bzw. -art bestimmt sein kann. Je stärker ein Individuum in eine Gemeinschaft eingebunden ist, desto geringer ist sein Individualismus.

Masculinity Die Art und Weise, wie mit dem Dualismus der Geschlechter umgegangen wird, ist abhängig von der Kulturregion. Spezifisch ist für jede Region, inwieweit das Geschlecht maßgeblich für die Rolle der Person in der Gesellschaft ist. Je ausgeprägter die geschlechtsabhängigen Unterschiede sind, desto höher ist die Maskulinität der Kultur.

Der Ansatz von HOFSTEDE wird von SPECTOR um die fünfte Dimension der »langfristigen Ausrichtung« erweitert (Spector u. a. 1994). Eine weitere Ergänzung des Modells schlägt STROHSCHNEIDER (Strohschneider 2001) vor.

Es gibt zudem zahlreiche Ansätze, die die Unternehmenskultur als eine interne Variable betrachten. Im Folgenden wird ein Überblick über diese Ansätze gegeben:

Die Untersuchungen von DEAL und KENNEDY gelten als frühe Arbeiten auf dem Gebiet der internen Unternehmenskultur. Die Arbeiten konzentrieren sich im Kern auf Organisationstypen, die als Aushängeschild eines erfolgreichen Unternehmens gelten. Es wird zwischen Typen wie »tough-guy, macho« (z. B. Medien und Computerfirmen), »work hard, play hard« (z. B. Kfz-Verkäufer), »bet your company« (z. B. Luftfahrt, Ölindustrie) und »process culture« (z. B. pharmazeutische Industrie, Banken) unterschieden. Die genannten Typen sind integrale Bestandteile der Bewertung von Unternehmenskulturen (Deal und Kennedy 1982).

Zu den am ausgiebigsten getesteten und validierten Ansätzen zählen zwei Methoden, die kulturelle Variationen messen, die im »Competing Values Model« (CVM) niedergelegt worden sind. Nach diesem Modell variieren kulturelle Werte und Annahmen entlang zweier Dimensionen. In der ersten Dimension wird die »interne Erhaltung« gegen die »externe Erhaltung« bzw. die »Wettbewerbsposition« abgewogen. In der zweiten Dimension werden »Stabilität, Kontrolle und Ordnung« mit »Veränderlichkeit und Flexibilität« verglichen. Das Inbeziehungsetzen der beiden Dimensionen führt zu einer Typologie idealer Unternehmenstypen. Sie werden als »the team«, »the adhocracy«, »the hierarchy« sowie »the firm« bezeichnet. Das CVM-Grundgerüst basiert auf einer Meta-Theorie, die ursprünglich für die Erklärung kultureller Werteunterschiede entwickelt wurde. Unterlegt wird diese mit verschiedenen Modellen, die auf organisatorische Effektivität fokussieren (Kluge 2001).

ZAMMUNTO und KRAKOWER entwickelten den Ansatz »Institutional Performance Survey« (IPS), der ähnlich wie das CVM-Modell die zwei Dimensionen »interne/externe Erhaltung«, »Wettbewerbsposition« und »Stabilität, Kontrolle und Ordnung«, »Veränderlichkeit und Flexibilität« nutzt. Die zu bewertenden Unternehmen werden aufgefordert, ihr Unternehmen anhand der in den vier Quadranten des Modells beschriebenen Idealtypen einzuschätzen. Je nach Ähnlichkeit können insgesamt 100 Punkte auf die vier Felder verteilt werden. Im Gegensatz zum IPS messen QUINN und SPREITZER die Quadranten des CVM unabhängig voneinander. Die Messung erfolgt durch eine Faktoranalyse (Kluge 2001).

5.3. Zwischenfazit

Eine Bewertung der bestehenden Ansätze anhand der in Kapitel 5.1 genannten Anforderungen zeigt, dass bislang kein wirksames Hilfsmittel zur Identifizierung, Analyse und Bewertung von Synergien im Vorfeld von Unternehmensverbindungen im Maschinenbau vorliegt (Abb. 5.2).

Die Grafik lässt erkennen, dass keiner der betrachteten Ansätze explizit die Branche Maschinenbau adressiert. Der Einfluss von Produkt- und Wertschöpfungsspezifika bei der Bewertung von Synergien wird nur von ANSOFF und PORTER detailliert behandelt, jedoch sind diese Arbeiten nicht für die hier als relevant betrachteten Synergiearten nutzbar. Da den in Kapitel 5.1 genannten Spezifika in einem stark segmentierten Objektbereich wie dem Maschinenbau eine hohe Bedeutung zukommt, sind die vorliegenden Ansätze hier nur bedingt einsatztauglich. Des Weiteren fokussieren die bestehenden Ansätze Unternehmenszusammenschlüsse. Kooperationen, die im Maschinenbau die häufigste Verbindungsform repräsentieren, werden nicht ausreichend in die Betrachtungen einbezogen. Hinzu kommt, dass sämtliche Ansätze konzeptioneller Art sind und meist keine Methoden bzw. Hilfsmittel anbieten. Der Fit in Unternehmensverbindungen wird von Ansätzen zur

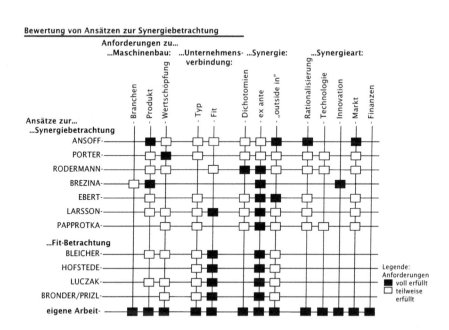

Abbildung 5.2.: Bewertungsmatrix

Synergiebetrachtung nicht ausreichend berücksichtigt. Modelle zur Beschreibung und Ermittlung von Synergien finden keine ausreichende Anwendung. Dies führt zu unspezifizierten, qualitativen Aussagen und in Einzelfällen zu quantitativen Berechnungen, die allerdings mögliche Unsicherheiten vernachlässigen. Alle Ansätze unterstützen eine ex ante Ermittlung der Synergien. Abgesehen von RODERMANN werden den Bewertungsmechanismen keine empirischen Analysen zugrunde gelegt. Ferner ist festzustellen, dass relevante Synergiearten von keinem der Ansätze ganzheitlich erfasst werden.

Die geschilderte Ausgangssituation in Theorie und Praxis bestätigt den eingangs postulierten Bedarf nach Methodiken zur Bewertung von Synergien im Maschinenbau. Die Entwicklung einer solchen ist Gegenstand der folgenden Kapitel.

6. Generisches Synergiemodell

AUSGEHEND VON DEN in Kapitel 5.1 beschriebenen Anforderungen wird in Auseinandersetzung mit vorhandenen Ansätzen im Folgenden eine Methodik zur Bewertung von Synergiepotentialen im Maschinenbau entwickelt. In einem ersten Schritt werden die Vorgehensweise und die Elemente der Methodik erläutert. Im Anschluss wird das Basiselement der Methodik, ein generisches Synergiemodell, beschrieben.

6.1. Entwicklungschritte der Methodik

Der Begriff *Methodik* wird in Anlehnung an LAUFENBERG wie folgt definiert (Laufenberg 1996):

> »Eine Methodik ist ein System von zusammengehörenden Modellen, Methoden und Hilfsmitteln, das zur Lösung einer theoretischen und/oder praktischen Problem- bzw. Aufgabenstellung genutzt werden kann.«

Modelle sind mathematische, symbolische oder sprachliche Abbildungen realer Systeme. Sie repräsentieren das Verständnis eines Systems oder einer Situation sowie der relevanten Systemelemente und ihrer Relationen (ISO 14258 1997). Modelle von Originalen werden mit der Intention konstruiert, ein unübersichtliches und verwickeltes Geschehen zu verdeutlichen, zu vereinfachen oder zu konkretisieren. Eigenschaften werden auf wesentliche Grundzusammenhänge reduziert und diese für Erklärungen und Vorhersagen verwendet (Stachowiak 1973, Rivett 1972). Eine wesentliche Forderung an das Modell bzw. an die Modellbildung ist die Ähnlichkeit des Modells mit der abzubildenden Wirklichkeit, als Voraussetzung für den Rückschluss von Untersuchungsergebnissen auf die abzubildende Wirklichkeit. Aus dem Rückschluss resultiert der eigentliche Nutzen des Modells (Katzy 1996). Modelle sind in diesem Sinne Hilfsmittel, die es erlauben, komplexe Systeme hinsichtlich einer relevanten Problemstellung vereinfacht darzustellen (Meyer und Warner 1997).

In einer grundlegenden Analyse der Modelltheorie erläutert und systematisiert STACHOWIAK mit dem Abbildungsmerkmal, dem Verkürzungsmerkmal und dem pragmatischen Merkmal drei Aspekte der Modellbildung und Abstraktion vom Original (Abb. 6.1). Entsprechend dem *Abbildungsmerkmal* sind Modelle »[...] Abbildungen, Repräsentationen natürlicher oder künstlicher Originale, die selbst wieder Modelle sein können« (Stachowiak 1973). Abbildungsmerkmale kennzeichnen das Modell als Bild eines realen Systems (Krah 1999). Das *Verkürzungsmerkmal* besagt: Modelle erfassen »im allgemeinen nicht alle Attribute der durch sie repräsentierten Originale, sondern nur solche, die den jeweiligen Modellerschaffern und/oder Modellbenutzern relevant scheinen« (Stachowiak 1973). Das Verkürzungsmerkmal beschreibt die vom Modellierer und seinem speziellen Abbildungsinteresse abhängige Ersetzungsfunktion, die das Modell bezüglich des Originals einnimmt (Krah 1999). Entsprechend dem *pragmatischen Merkmal* sind »Modelle [...] ihren Originalen nicht per se eindeutig zugeordnet. Sie erfüllen ihre Ersetzungsfunktion für bestimmte [...] Subjekte, innerhalb bestimmter Zeitintervalle und unter Einschränkung auf bestimmte gedankliche oder tatsächliche Operationen« (Stachowiak 1973). Das pragmatische Merkmal bezieht Ziel und Zweck der Modellbildung in die Betrachtungen ein. Es führt über die Beschränkung auf einzelne Aspekte des Originals (Verkürzungsmerkmal) zu einer Vereinfachung des Modells gegenüber der Realität und einer problemspezifischen Darstellung der Beschreibungsinhalte (Krah 1999).

Der Begriff *Methode* stammt aus dem Griechischen (»méthodos«) und bedeutet »Weg zu etwas hin« (Meyer 1979). Methoden werden genutzt, um Erkenntnisse systematisch zu gewinnen bzw. darzustellen. Dabei wird ein zielgerichtetes, planmäßiges und methodisches Vorgehen bzw. Verfahren zum Erlangen wissenschaftlicher Erkenntnisse oder praktischer Ergebnisse verfolgt (Duden 1996). *Hilfsmittel* werden zur Unterstützung von Methoden und Modellen genutzt. Darunter fallen sowohl EDV-technisch als auch konventionell unterstützte Hilfen. Diese können Matrizen, Formeln oder auch Prototypen (physische oder virtuelle) sowie Software sein.

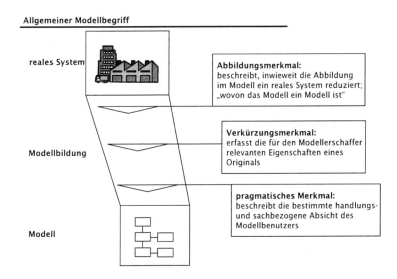

Abbildung 6.1.: Allgemeiner Modellbegriff, nach Stachowiak (1973)

Die im Folgenden zu beschreibende Methodik zur Bewertung von Synergien umfasst mehrere Komponenten (Abb. 6.2). Den Ausgangspunkt bildet ein generisches Synergiemodell, das eine branchenneutrale Beschreibung von Synergien erlaubt. Dieses Modell wird in einem zweiten Schritt für den Maschinenbau instanziiert: Die relevanten Synergiearten – Rationalisierung, Technologie, Innovation und Markt – werden mit Hilfe generischer Konstrukte modelliert. Im nächsten Schritt werden der Einfluss des Unternehmensverbindungsprofils auf die Synergiearten und die Relevanz des Fit untersucht und ebenfalls auf Basis des generischen Synergiemodells instanziiert. Darüber hinaus wird ein Modell zur Bewertung der strategischen Bedeutung der Synergiepotentiale entwickelt. Sämtliche instanziierten Bausteine werden im Anschluss zu einer Methodik zusammengeführt. Für die stringente Anwendung der Methodik wird abschließend ein methodisches Vorgehen aufgebaut, und es werden Fragebögen entwickelt, um sowohl die Outside-in- als auch die Inside-out-Anwendung zu unterstützen.

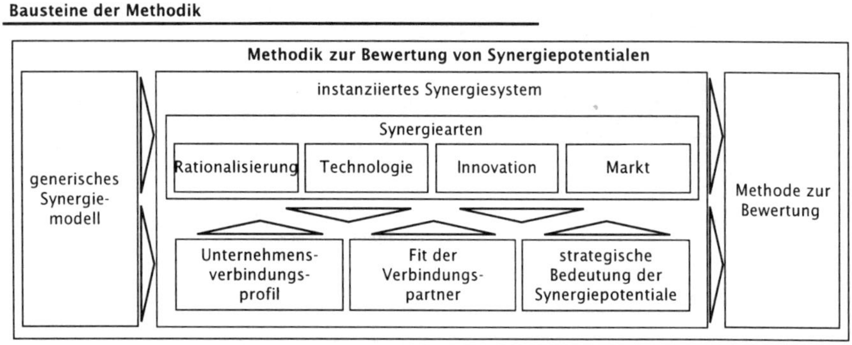

Bausteine der Methodik

	Methodik zur Bewertung von Synergiepotentialen	
generisches Synergie- modell	instanziiertes Synergiesystem	Methode zur Bewertung

Abbildung 6.2.: Aufbau der Methodik

6.2. Entwicklung eines generischen Synergiemodells

Aus der Diskussion verschiedener Modelltheorien werden Anforderungen an Modellierungsmethoden abgeleitet, Modellierungsmethoden vor dem Hintergrund dieser Anforderungen diskutiert und schließlich die für das Modell als geeignet erachtete Modellierungsmethode ausgewählt.

6.2.1. Auswahl einer Modellierungsmethode

Zur Entwicklung des generischen Synergiemodells ist eine geeignete Modellierungsmethode auszuwählen. Hierfür werden synergierelevante Anforderungen an die Modellierungsmethode abgeleitet (Tabelle 6.1) und auf Basis der Anforderungen und der verfügbaren Modellierungsmethoden ausgewählt.

6.2.1.1. Anforderungen

Die Modellierung muss alle benötigten Daten und Informationen erfassen. Darunter fallen Daten der verbundenen oder zu verbindenden Organisationseinheiten, Daten der Unternehmensverbindung sowie Informationen über die Synergiearten. Diese *Objekte* sollten mit der Mo-

Tabelle 6.1: Anforderungen an eine Modellierungsmethode und ein Synergiemodell

Anforderungen an **Modellierungsmethode**	**Synergiemodell**
Repräsentation von:	Eindeutigkeit
· Objekten	Vollständigkeit
· Attributen	Genauigkeit
· Relationen	Allgemeingültigkeit
· Kardinalitäten	Reproduzierbarkeit
Funktionale Beschreibung von Relationen	
Graphische Darstellbarkeit	
Softwareimplementierung	

dellierungsmethode als Entitäten darstellbar sein. Die Objekte können je nach Anwendungsfall unterschiedliche Inhalte haben. Daher muss im generischen Modell die Möglichkeit einer attributiven Eigenschaftszuordnung vorgesehen werden.

Erst durch die Repräsentation der *Attribute* ist das generische Modell für eine spezifische praktische Anwendung instanziierbar, wodurch sich eine weitere Anforderung ergibt. Innerhalb des generischen Modells sind die Abhängigkeiten zwischen Synergiewirkungen und Unternehmens(verbindungs-)daten abzubilden. Eine geeignete Modellierungsmethode muss daher diese *Relationen* zwischen den Entitäten erfassen können. Darüber hinaus muss festgelegt werden können, wie viele der später instanziierten Objekte in der festgelegten Relation zu einem anderen instanziierten Objekt stehen. Beispielsweise kann dies die Zahl an Produkten sein, die einer Organisationseinheit zuordenbar ist. Derartige Zusammenhänge werden durch die Zuordnung einer *Kardinalität* zur Relation hergestellt. Über die Angabe von Zusammenhängen zwischen den Entitäten hinaus ist die Art des Zusammenhangs von Bedeutung. Daraus ergibt sich die Anforderung einer *funktionalen Beschreibung* der Relationen. Ferner ist eine *graphische Darstellung* erforderlich, um das Modell leicht vermittelbar zu machen. Darüber hinaus vereinfacht sich der praktische Einsatz der Methodik, wenn das

Synergiemodell in ein Softwaretool implementierbar ist.

Das Synergiemodell selbst hat eindeutig, vollständig und genau zu sein. Die Eindeutigkeit des Modells soll eine Fehlinterpretation der Daten ausgeschließen. Die Vollständigkeit ist eine Voraussetzung für die Zielerreichung der Methodik, die Genauigkeit der Daten bestimmt maßgeblich die Qualität des erreichbaren Ergebnisses (vgl. Krah 1999). Der Bezeichnung *generisch* ist bereits die Forderung nach Allgemeingültigkeit inhärent, die auf eine Anwendung auf alle Synergiearten, Unternehmensverbindungen und Branchen abzielt. Aus der Forderung nach Reproduzierbarkeit leitet sich ein notwendigerweise transparentes und nachvollziehbares Regelwerk ab. Verschiedene Betrachter sollten zu gleichen bzw. zu ähnlichen Ergebnissen kommen.

6.2.1.2. Modellierungsmethoden

Für die Modellierung von Unternehmen und unternehmensbezogenen Abläufen sind verschiedene Methoden wie die CIM Open Systems Architecture (CIMOSA), die Integrierte Unternehmensmodellierung (IUM), Petri-Netze oder die Beschreibungssprache der ARIS-Architektur entwickelt worden (AMICE 1993, Petrie jr. 1992, Mertins u. a. 1994, Desel 1998, Scheer 1992). Bei diesen Methoden ist die Informationsmodellierung häufig Randaspekt und erfolgt meist in Bezug auf Informationsblöcke. Zur strukturellen Beschreibung eines Datenmodells sind sie nur bedingt geeignet (Walz 1999).

Gleiches gilt für die Structured Analysis (SA), die Structured Analysis/Design Technique (SA/DT) und die Entity-Relationship-Methode. Diese Methoden wurden zur Systemanalyse und zum Systementwurf entwickelt und lassen sich in erster Linie zur Spezifikation von Schnittstellen einsetzen (Eversheim und Schuh 1996, Mertins u. a. 1994, Grabowski 1996).

Da für die bisher genannten Ansätze keine speziellen Modellierungsmethoden festgelegt sind, empfiehlt GRABOWSKI folgende Methoden, die in erster Linie zur Produktmodellierung im CAD/CAM-Umfeld eingesetzt werden (Grabowski 1996):

- NIAM,

- IDEF1X,
- ERA sowie
- EXPRESS und EXPRESS-G.

NIAM

NIAM (Nijssens Information Analysis Methodology) ist eine implementierungsunabhängige, graphische Beschreibungssprache. Die Spezifikation umfasst vier Elemente (Grabowski u. a. 1993, Schenck und Wilson 1994, Mertins u. a. 1994):

- Als *Objects* werden Elemente mit gleichen Eigenschaften bezeichnet.
- Mit *Facts* werden Verbindungen zwischen den Objekten hergestellt und deren Eigenschaften repräsentiert.
- *Constraints* sind Bedingungen für die Ausprägungen der Objekte.
- *Derivation Rules* erlauben es, aus gespeicherten Informationen durch Funktionen und Regeln weitere Informationen zu ermitteln.

Die Objekte und ihre Abhängigkeiten werden in einem sog. Conceptual Schema Design grafisch abgebildet. Dabei wird nicht zwischen Attributen und Relationen zwischen Objekten unterschieden.

IDEF1X

Im Programm »Integrated Computer Aided Manufacturing (ICAM)« der US Air Force wurden verschiedene Modellierungsmethoden entwickelt (Grabowski u. a. 1993, Mertins u. a. 1994). Die Methode besteht aus den drei Bestandteilen IDEF0 zur Modellierung funktioneller Abläufe, IDEF1 zur Abbildung von Informationsstrukturen und IDEF2 zur Modellierung dynamischer Sachverhalte. IDEF1 (ICAM Definition Method 1) ist eine rein grafische Beschreibungssprache und umfasst folgende Konstrukte (Schenck und Wilson 1994):

- Entity,
- Attribute und
- Relationship.

Attribute dienen zur Beschreibung von Sachverhalten und umfassen nur einfache Beschreibungen. Komplexe Sachverhalte müssen durch Relationen beschrieben werden. Entitäten können zu Klassen zusammengefasst werden. Jede Instanz einer übergeordneten Entität kann dabei mit höchstens einer Instanz der untergeordneten Entität verbunden werden.

ERA

Die ERA-Methode (Entity Relation Attribute) wurde von CHEN als generalisierter Ansatz zur Darstellung von Netzwerkmodellen und relationalen Datenmodellen für den Systementwurf vorgestellt (Chen 1976). Mit Hilfe der ERA-Methode wird das zu modellierende System durch Entitäten und Relationen grafisch abgebildet (Chen 1980). Die Entitäten können durch Merkmale bzw. Attribute beschrieben werden. Ferner lassen sich Kardinalitäten als Beziehungen der Form »1:1«, »1:n« und »n:m« in eingeschränkter Form darstellen (Henning und Kutscha 1994, Moron 1998). Eine Darstellung funktionaler Zusammenhänge ist jedoch nicht vorgesehen. Auch eine Softwareimplementierung ist nicht möglich (Schenck und Wilson 1994).

EXPRESS/EXPRESS-G

Für STEP (Standard for the Exchange of Product Model Data) wurde 1990 das Hilfsmittel EXPRESS entworfen, um die benötigten Datenmodelle und Produktinformationen abzubilden (Moron 1998). EXPRESS ist in der ISO-Norm 10303 beschrieben.

Zielsetzung der Entwicklung von STEP war es, eine konzeptionelle Modellierungssprache zur Verfügung zu stellen, die eine direkte rechnerunterstützte Weiterverarbeitung der formal spezifizierten Informationsmodelle erlaubt Schenck und Wilson (1994). EXPRESS ist eine solche objektorientierte Modellierungssprache. Es stehen folgende Sprachkonstrukte zur Verfügung (Grabowski u. a. 1993):

- Ein *Schema* erlaubt die Bündelung semantisch zusammengehöriger Informationseinheiten. Dabei wird der Gestaltungsbereich verschiedener Deklarationen weiterer EXPRESS-Konstrukte (Konstanten und Funktionen etc.) auf das Schema eingegrenzt.

- Sachverhalte werden auf der Basis von *Entities* abgebildet. Eine Entity wird durch die Zuweisung eines Namens und Zwangsbedingungen definiert. Oberklassen werden als Supertypen, Unterklassen als Subtypen bezeichnet. Entities dürfen mehrere Sub- und Supertypen besitzen, wodurch Mehrfach-Vererbung möglich wird.
- In EXPRESS sind *Integer, Real, Number, String, Boolean* und *Logical* als Datentypen vordefiniert. Als Aggregationsdatentypen stehen *Array, Bag, Set* und *List* zur Verfügung. Weitere Datentypen können mit Hilfe des Konstrukts *Type* definiert werden.
- *Attribute* sind Eigenschaften oder Beziehungen von Entities. Attributwerte können durch das Konstrukt *Derive* Funktionen oder Prozeduren abgeleitet werden. Dadurch wird eine attributive Beschreibung der funktionalen Zusammenhänge ermöglicht (Cremer 1992). Die Darstellung von Kardinalitäten ist möglich.
- *Rules* erlauben die Formulierung von Zwangsbedingungen für die Instanzen der Entities. *Global Rules* gelten innerhalb eines Schemas, *Local Rules* innerhalb einer Entity. Durch *Functions* und *Procedures* können Algorithmen zur Berechnung der Attribute oder zur Auswertung der Regeln spezifiziert werden.
- Die Konstruktionen *Use From* und *Reference From* erlauben die Nutzung außerhalb eines Schemas definierter Konstrukte. Dadurch können komplexe Datenmodelle aus mehreren Schemata aufgebaut werden.

EXPRESS-G dient der grafischen Repräsentation von in EXPRESS spezifizierten Informationsmodellen. EXPRESS-G ist eine Untermenge von EXPRESS. Rules, Functions und Procedures werden von dieser Untermenge nicht erfasst (Schenck und Wilson 1994). Ebenso ist es nicht möglich, die Ausprägungen für die Datentypen Enumeration und Select darzustellen. Ein Auszug aus der Notation von EXPRESS-G ist im Anhang D dargestellt.

Insgesamt kann festgestellt werden, dass EXPRESS und EXPRESS-G den umfassensten Modellierungsansatz darstellen und die vollständige Abbildung des Modells erlauben. EXPRESS unterstützt die Bildung von Klassenhierarchien und bietet die Möglichkeit der Definition zusätzlicher Datentypen. Weitere Vorteile des Einsatzes der genannten Methoden liegen im Konzept der Schemata, das es ermöglicht, komplexe Modelle übersichtlich in Einzelmodule zu strukturieren. Für die Spezifikation des generischen Synergiemodells wird daher im Folgenden EXPRESS bzw. EXPRESS-G eingesetzt. Um die Übersichtlichkeit zu verbessern, wird EXPRESS-G um Darstellungen für Ausprägungen der Datentypen Enumeration und Function erweitert (siehe Anhang D). Die Verwendung von EXPRESS/EXPRESS-G gestattet unter anderem die Benutzung von Hilfsmodellen, die im Sonderforschungsbereich 361 »Modelle und Methoden zur integrierten Produkt- und Prozeßgestaltung« entwickelt wurden. In diesem Projekt wurde ein »Integriertes Produkt- und Prozessmodell« (IPPM) ausgearbeitet, das einen umfangreichen Ansatz zur Abbildung unternehmensbezogener Informationen darstellt (vgl. SFB 361 1998).

6.2.2. Aufbau des generischen Modells

Eine zentrale Anforderung an die Modellierung der generischen Modells ist die einfache Erweiterbarkeit des Modells, etwa um es neuen Anwendungsbereichen anzupassen zu können. Aus diesem Grund erfolgt die Spezifikation des Modells als Referenzmodell. Es wird auf die Bereitstellung solider Strukturen Wert gelegt, die auf einem möglichst hohen Abstraktionsniveau eine stabile Implementierung erlauben.

Das Modell ist auf die Erfordernisse der Branche Maschinenbau zugeschnitten. Die zweistufige Anlage des Modells erlaubt jedoch, Strukturen branchenunabhängig zu nutzen. Metamodelle mit zwei Metaebenen erfordern eine zweistufige Instanziierung, um von der zweiten Metaebene auf den Einsatzbereich (erste Metaebene) angepasst zu werden und dann in einem zweiten Schritt für einen konkreten Anwendungsfall instanziiert zu werden (Objektebene) (Stachowiak 1973).

Das hier vorliegende Modell setzt auf der zweiten Metaebene auf und wird für den Einsatzbereich, hier die Branche Maschinenbau, instanziiert. Der Instanziierungsvorgang umfasst die Integration sämtlicher Daten, die zur Berechnung der Ergebnisse notwendig sind.

Das Modell nutzt die Möglichkeiten von EXPRESS, Modelle in Untermodelle zu zerlegen, um diese dann als Ganzes oder in einzelnen Elementen zu referenzieren. Dadurch wird zum einen die Übersichtlichkeit erhöht. Zum anderen ist es auf diese Weise leicht möglich, Teile des

Bausteine des generischen Synergiemodells

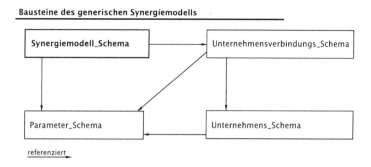

Abbildung 6.3.: Elemente des generischen Synergiemodells

Modells zu verändern oder zu erweitern, ohne die Gültigkeit des gesamten Modells zu beeinträchtigen oder andere Modellteile ebenfalls ändern zu müssen.

Das zentrale Schema des Modells ist das *Synergie_Schema* (Abb. 6.3). Dieses Schema wird ergänzt durch weitere Teilmodelle, in denen die Bereiche Unternehmen und Unternehmensverbindungen abgebildet werden. Durch die Möglichkeiten von EXPRESS-G können diese Teilmodelle miteinander verknüpft werden. Dabei können sowohl ganze Teilmodelle als auch einzelne Entitäten der Teilmodelle referenziert werden.

Eine Sonderstellung nimmt das Schema *Parameter_Schema* ein, das als übergeordnete Instanz ausschließlich für die konsistente Erfassung von Daten verantwortlich ist und von allen Teilmodellen referenziert wird.

6.2.2.1. Schema Synergiemodell_Schema

Das Schema *Synergiemodell_Schema* (Abb. 6.4) visualisiert die hier vertretene definitorische Festlegung des Begriffs Synergie.

Der Entität »Synergie« werden Synergiearten zugewiesen. Das können z. B. Innovations- oder Technologiesynergien sein. Jede der Arten hat spezifische Ursachen (z. B. Größendegressionseffekte) und Wirkungen (Kostensenkung). Synergie enthält die Konzepte Effekt und Potential, beschrieben durch Parameter des Schemas *Parameter_Schema*.

Synergiemodell_Schema

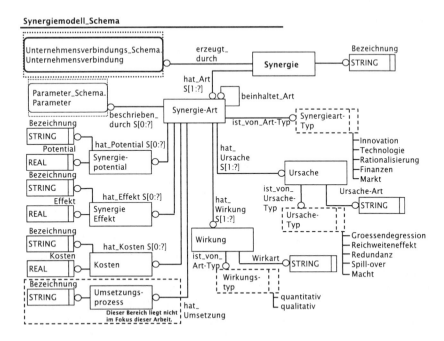

Abbildung 6.4.: Schema Synergie_Schema

Synergie tritt hier im Zusammenhang mit Unternehmensverbindungen auf. Die dafür benötigten Daten stammen aus dem Schema *Unternehmensverbindungs_Schema*. Um Synergien zu realisieren, ist eine Umsetzung der Potentiale zum Effekt nötig, wodurch Kosten entstehen. Die Synergieeffizienz ergibt sich aus dem Quotienten von Synergieeffekt und den bei der Umsetzung entstandenen Kosten. Diese Beziehungen sind der Vollständigkeit halber mit der Entität »Umsetzung_Synergie« aufgenommen worden und werden später nicht in die Instanziierung bzw. Berechnung mit einbezogen.

6.2.2.2. Schema Unternehmens_Schema

Unternehmensverbindungen werden von Unternehmen oder von Teilbereichen dieser Unternehmen eingegangen. Alle relevanten Beziehun-

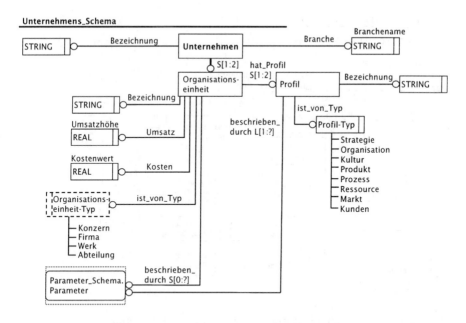

Abbildung 6.5.: Schema Unternehmens_Schema

gen zu Unternehmen sind im Schema *Unternehmens_Schema* (Abb. 6.5) zusammengefasst. Dabei steht die Entität »Unternehmen« für jede Stufe der Entität »Organisationseinheit«.

6.2.2.3. Schema Unternehmensverbindungs_Schema

Die Verbindungen von Unternehmen oder Teilbereichen von Unternehmen sind im Schema *Unternehmensverbindungs_Schema* (Abb. 6.6) modelliert. Zentrale Relation ist die Beschreibung einer Unternehmensverbindung als Relation mindestens zweier Entitäten des Schemas *Unternehmens_Schema*. Neben einer Bezeichnung hat die Unternehmensverbindung einen Fit, der beschreibt, wie gut zwei Organisationseinheiten zueinander passen.

Eine Unternehmensverbindung hat beschreibende Merkmale, die aus einem Merkmalstyp und einer entsprechenden Ausprägung bestehen.

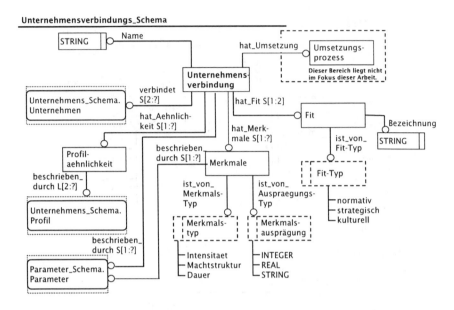

Abbildung 6.6.: Schema Unternehmensverbindungs_Schema

Diese Merkmale sind je nach Typ der Verbindung verschieden. Einer Fusion zum Beispiel kann das Merkmal »Dauer« mit der Ausprägung »unbefristet« zugeordnet werden. Die Entität »Profil_Ähnlichkeit« beschreibt die Übereinstimmung der Profile der Organisationseinheiten aus dem Schema Unternehmens_Schema. Als weitere Entität ist »Umsetzung_Verbindung« in das Schema aufgenommen worden. Im Gegensatz zur Entität »Umsetzung_Synergie« behandelt diese Umsetzung alle organisatorischen Maßnahmen zur Gestaltung der Unternehmensverbindung.

Wie bei den vorangegangenen Schemata werden die nötigen Datenstrukturen im Schema *Parameter_Schema* verankert.

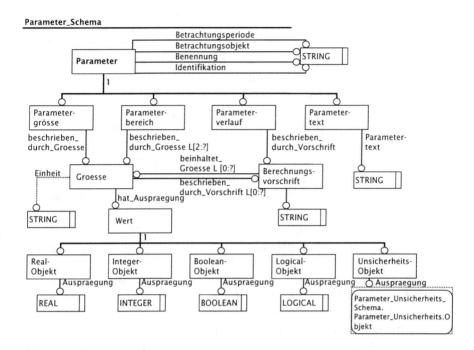

Abbildung 6.7.: Schema Parameter_Schema, nach SFB 361 (1998)

6.2.2.4. Schema Parameter_Schema

Um innerhalb des Synergiemodells die Menge der benötigten Daten und Informationen konsistent zu verankern, ist ein Datenmodell erforderlich, das sowohl robust als auch erweiterbar ist. Robustheit wird dann gefordert, wenn sich die Daten der Teilmodelle ändern, aber trotzdem noch im Datenmodell abgelegt werden können. Erweiterbarkeit bedeutet eine einfache Ergänzung von neuen Datentypen.

Für die Zwecke dieser Arbeit wurde das zu entwerfende Datenmodell an dem Produktmodell des SFB 361 (SFB 361 1998) angelehnt, das die für die Darstellung der Daten geforderten Eigenschaften besitzt. Es beinhaltet bereits Strukturen, die es erlauben, verschiedenste Parameter zu beschreiben und abzulegen (Abb. 6.7).

Jeder Parameter verfügt über Inhalt und Metainformationen, z. B. Name, Angeben zur Betrachtungsperiode u. a. Die Beschreibung der Parameter erfolgt mit Hilfe der abstrakten Supertype »Parameter«. Ein Parameter kann eine einzelne Größe sein, ein Bereich, ein Verlauf oder ein Text. Die Entität »Parameterverlauf« ermöglicht die Koppelung unterschiedlicher Parameter durch Gleichungen, so dass sich mit diesem Element die Abhängigkeit eines Parameters von einem anderen darstellen lässt. Jede der numerischen Entitäten hat eine Größe oder eine Berechnungsvorschrift, die Größen verbindet. Eine Größe ist in diesem Modell ein Wert gepaart mit einer optionalen Einheit. Der Wert der Größe kann ein Real-, ein Integer-, ein Boolean- oder ein Logical-Objekt sein (SFB 361 1998).

Für die Entität »Berechnungsvorschrift« existiert im IPPM ein Schema *Gleichungs_Schema*, das eine ähnlich ausführliche Beschreibung von Gleichungen bietet (vgl. SFB 361 1998).

Eine wichtige Anforderung an das Synergiemodell ist die Berücksichtigung unscharfer Informationen. Das Produktmodell des SFB 361 sieht diesbezüglich eine Entität »Unsicherheitsobjekt« vor. Darin können alle unscharfen Werte und Informationen abgelegt werden. Da im Kontext dieser Arbeit nicht mit linguistischen Variablen, Fuzzy-Zahlen und -Mengen gearbeitet wird, werden die Unsicherheiten bei der Modellierung in der Methode berücksichtigt, indem die unscharfen Informationen mit Faktoren versehen werden. Das Modell bietet jedoch alle Möglichkeiten der Berücksichtigung von Fuzzy-Daten (vgl. SFB 361 1998).

Mit dem Aufbau des generischen Synergiemodells ist die Grundlage geschaffen, um Synergiepotentiale bei Unternehmensverbindungen zu ermitteln und zu bewerten. Dazu werden alle erforderlichen Entitäten und Daten in EXPRESS-G modelliert. Die Methode erfüllt alle Anforderungen an eine Abbildung des Modells und bietet den Vorteil eines auf mehrere Schemata aufgeteilten Modells. Teile des Integrierten Produkt- und Prozessmodells des SFB 361 integriert sind. Das generische Synergiemodell wird im Folgenden für die Branche Maschinenbau instanziiert.

7. Instanziierung der Synergiearten

DAS GENERISCHE SYNERGIEMODELL wird im folgenden für die Branche Maschinenbau instanziiert. Die Instanziierung erfolgt für die relevanten Synergiearten: Rationalisierung, Technologie, Innovation und Markt.

7.1. Instanziierung der Synergieart Rationalisierung

Im Bereich der Rationalisierung werden Synergien ermittelt, die einen direkten Einfluss auf die Kostensituation der beteiligten Partner haben. Im Fokus stehen hier die Synergiemechanismen Größendegression und Reichweiteneffekt sowie Redundanzmechanismen. In Abgrenzung zum Bereich Technologie werden Wirkungen analysiert, die unabhängig vom jeweiligen Technologiewissen sind. Die Vorgehensweise ist in Abbildung 7.1 dargestellt.

Die Synergiepotentiale werden in Anlehnung an PORTER entlang der Wertkette des Maschinenbaus ermittelt (Porter 1985). Die direkt wertschöpfenden Bereiche sind in Forschung & Entwicklung, Beschaffung, Fertigung und Montage sowie Vertrieb und Service unterteilt. Die indirekten Bereiche, wie z. B. Finanzbuchhaltung oder Administration der EDV-Anlagen, werden zusammengefasst behandelt. Für die jeweiligen Bereiche werden die relevanten Synergiemechanismen identifiziert und deren Ursachen über Ähnlichkeiten der Verbindungspartner analysiert. Anhand eines Profilvergleichs werden relevante Ähnlichkeiten ermittelt. Hierzu wird für alle zu ermittelnden Ähnlichkeitswerte die in Abbildung 7.2 gezeigte Berechnungsvorschrift genutzt. Es existieren zahlreiche Möglichkeiten, um Ähnlichkeitswerte von Profilen zu ermitteln (Hartung u. a. 2002). Die dargestellte Berechnungsvorschrift hat den Vorteil, dass Ähnlichkeiten in Bereichen hoher Ausprägung der Verteilung stärker den Ähnlichkeitswert beeinflussen als in Bereichen niedriger Ausprägung.

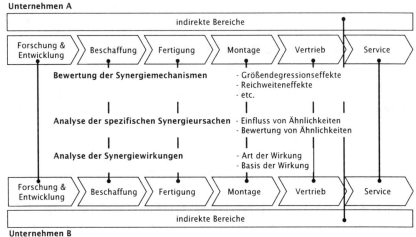

Abbildung 7.1.: Struktur des Instanziierungsprozesses im Bereich der
Rationalisierung

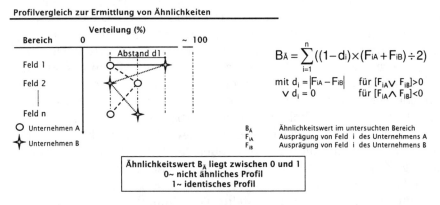

Abbildung 7.2.: Berechnungsvorschrift zur Ermittlung von Ähnlichkeiten
durch Profilvergleiche

Die Basis der Synergieberechnung sowie die Auswirkung der Synergiemechanismen werden untersucht, um die Höhe des jeweiligen Synergiepotentials zu ermitteln. Sämtliche im Folgenden dargestellten prozentualen Einsparungen aufgrund von Synergiemechanismen wurden im Rahmen der in Kap. 1.4 beschriebenen Untersuchung in Expertengesprächen ermittelt. Die Kosten werden in den jeweiligen Bereichen nach Personal-, Kapital-, Fremdleistungs- und sonstige Kosten unterschieden. Die Materialkosten werden komplett der Beschaffung zugerechnet.

7.1.1. Forschung und Entwicklung

Zum Bereich der Forschung und Entwicklung (F&E) werden sämtliche Aktivitäten der Planung, Detaillierung und Erprobung neuer bzw. optimierter Produkte sowie die kundenspezifische Anpassung der Produkte in der Auftragsabwicklung gezählt. Laut VDMA liegt der durchschnittliche Kostenanteil dieses Bereichs an den Gesamtkosten eines Maschinenbauunternehmens bei 6,5 Prozent (VDMA 2001).

Bei der Integration zweier Entwicklungsabteilungen kommen die in Abbildung 7.3 dargestellten Synergiemechanismen zum Tragen. Das größte Synergiepotential kann hier durch die *Vermeidung von Redundanz* erwartet werden. Bestenfalls sind sämtliche Aktivitäten des kleineren Partners redundant. Dies bedeutet, dass ca. 80 Prozent der Gesamtkosten des kleineren Bereichs eingespart werden können. Die verbleibenden 20 Prozent können nicht eingespart werden, da diese Kosten für auftragsspezifische Anpassungskonstruktionen anfallen. Doppelarbeit liegt im F&E-Bereich vor, wenn beide Partner mit gleicher Kompetenz an gleichen Produkten arbeiten. Die Bezeichnung Kompetenz bezieht sich hierbei auf die im Maschinenbau relevanten Fachdisziplinen Mechanik, Elektrotechnik, Software und Verfahrenstechnik in den F&E-Bereichen.

Vertikale Integration führt zur Reduzierung der Fremdleistungskosten der Partner. Entwickeln die Partner die gleichen Produkte mit unterschiedlichen Kompetenzen, können die Partner wechselseitig kostenfrei auf das aufgebaute Wissen (Organisationskosten werden hier vernachlässigt) zugreifen. Im Idealfall können sämtliche Fremdleistungs-

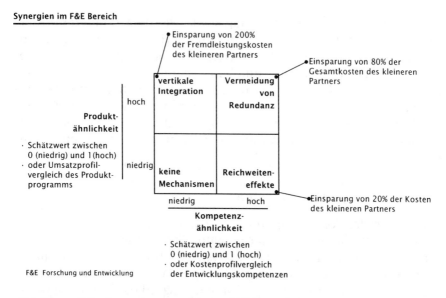

Abbildung 7.3.: Synergiepotentiale im F&E-Bereich

kosten des kleineren Partners sowie zusätzlich Fremdleistungskosten im gleichen Umfang des größeren Partner eingespart werden.

Bei gleicher Kompetenz, jedoch in unterschiedlichen Produkten können Reichweiteneffekte der öffentlichen Produktionsfaktoren in jeweils identischen Kompetenzfeldern erzielt werden. Diese können durch organisatorische Maßnahmen sowie durch technologieunabhängigen Erfahrungsaustausch in den jeweiligen Fachdisziplinen aktiviert werden. Der Extrempunkt dieser Einsparungsart liegt bei 20 Prozent der Gesamtentwicklungskosten des kleineren Partners. Diese 20 Prozent setzen sich aus 10 Prozent Einsparung beim kleineren Partner und der gleichen absoluten Einsparung beim größeren Partner zusammen.

Die zur Bestimmung der Synergien notwendigen Ähnlichkeiten können durch Experten in einer Outside-in-Analyse geschätzt oder detailliert durch Profilvergleiche ermittelt werden. Die Kompetenzähnlichkeit wird über den Vergleich der Kostenprofile bezogen auf die Ausgaben für die jeweiligen Fachdisziplinen abgeleitet (Abb. 7.4).

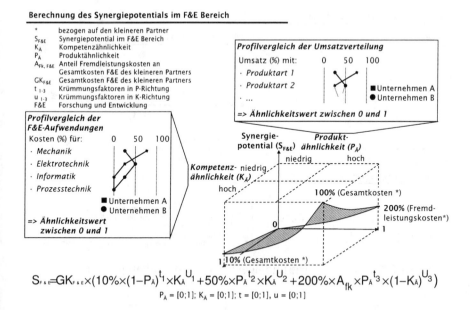

$$S_{F\&E}=GK_{F\&E}\times(10\%\times(1-P_{A})^{t_1}\times K_{A}^{U_1}+50\%\times P_{A}^{t_2}\times K_{A}^{U_2}+200\%\times A_{fk}\times P_{A}^{t_3}\times(1-K_{A})^{U_3})$$

$P_A = [0;1]; K_A = [0;1]; t = [0;1], u = [0;1]$

Abbildung 7.4.: Berechnungsgrundlage des Synergiepotentials im F&E-Bereich

Die Produktähnlichkeit kann bei ähnlichen Produktprogrammen über einen Vergleich der Umsatzprofile der Partner ermittelt werden.

Mit Hilfe der so ermittelten Ähnlichkeitswerte kann die Höhe des Synergiepotentials bestimmt werden. Hierzu wird die in Abbildung 7.4 dargestellte Funktion genutzt. Die Fläche ergibt sich aus den Extrempunkten und der Überlagerung der Synergiemechanismen. Die Art der Krümmung der Fläche ist anhand von Parametern in der Flächenfunktion beeinflussbar und kann zur Optimierung der Synergieberechnung anhand von Ex-post-Analysen genutzt werden.

7.1.2. Beschaffung

Im Bereich der Beschaffung fallen durchschnittlich 44 Prozent der Gesamtkosten eines Maschinenbauunternehmens an: 43 Prozent sind Material- und ca. 1 Prozent Personal- und Kapitalkosten (VDMA 2001).

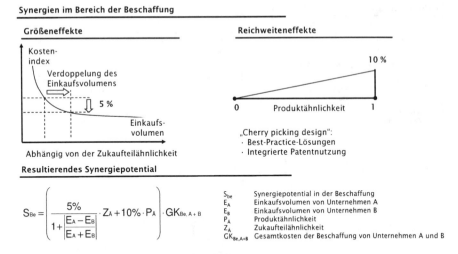

Abbildung 7.5.: Berechnungsgrundlage des Synergiepotentials in der Beschaffung

In Unternehmensverbindungen führen in der Beschaffung *Größen- und Reichweiteneffekte* zu Einsparungen. Bei einer Verdoppelung des Einkaufsvolumens können die Gesamtkosten um max. 15 Prozent reduziert werden.

Durch Größeneffekte können dabei bei hoher *Beschaffungsteilähnlichkeit* 5 Prozent der Kosten eingespart werden (Abb. 7.5).

Die Beschaffungsteilähnlichkeit kann über einen Profilvergleich der Kostenanteile von Komponentenarten ermittelt werden. Die Komponenten werden nach VDMA-Standard in 14 Kategorien unterteilt (vgl. Anhang F). Größeneffekte kommen im Vergleich zu anderen Branchen im Beschaffungsbereich des Maschinenbaus nicht so stark zum Tragen. Dies hängt mit der Variantenvielfalt, den meist geringen Stückzahlen und dem hohen Anteil an Sonderanfertigungen – Komponenten, die durch den Zulieferer spezifisch anzupassen sind – zusammen.

Reichweiteneffekte hingegen können bei hoher Produktähnlichkeit zu einer Kostenreduzierung von zehn Prozent führen. Diese kann durch sog. »Cherry Picking Design« realisiert werden. Darunter wird ein Vergleich aller Komponenten hinsichtlich Qualitäts- und Kostenaspekten und die Auswahl der optimalen Lösungen verstanden. Häufig ist es möglich, wechselseitig patentierte Lösungen – insbesondere bei der Verbindung ehemaliger Wettbewerber – zu nutzen und sog. »Best-Practice«-Lösungen zu adaptieren.

7.1.3. Fertigung

Durchschnittlich 30 Prozent der Gesamtkosten eines Maschinenbauunternehmens fallen in der Fertigung an (VDMA 2001). In Unternehmensverbindungen können diese Kosten durch organisatorische und technologische Maßnahmen Kosten reduziert werden. Die Technologiepotentiale werden in Kapitel 7.2 detailliert beschrieben. Zu den Rationalisierungspotentialen werden hier deshalb nur die Synergiemechanismen gezählt, die zu Synergien aufgrund von Restrukturierungsmaßnahmen und Wissenstransfer führen.

Bei niedriger Fertigungsaufgaben- und hoher Fertigungsprinzipähnlichkeit kommen *Reichweiteneffekte* öffentlicher Produktionsfaktoren z. B. im Bereich der Fertigungsplanung zum Tragen (Abb. 7.6).

Durch die gemeinsame Nutzung von Wissen in den indirekten Bereichen der Fertigung sind hier Einsparungen in Höhe von zehn Prozent der Gesamtfertigungskosten des kleineren Partners möglich (Breit 1999, Ebert 1998, Paprottka 1996). Die Fertigungsaufgabenähnlichkeit wird durch einen Vergleich der Kostenverteilung anhand von Kriterien wie geforderte Qualitäten oder zu bearbeitende Materialien ermittelt. Die Fertigungsprinzipähnlichkeit wird über einen Vergleich der Kostenverteilung anhand der nach DIN klassifizierten Fertigungsprinzipien ermittelt (siehe Anhang F).

Eine hohe Fertigungsaufgabenähnlichkeit bei niedriger Fertigungsprinzipähnlichkeit eröffnet die Möglichkeit, *Reichweiteneffekte* im Bereich der quasi-öffentlichen Produktionsfaktoren zu nutzen. Diese können z. B. durch eine Segmentierung der Fertigung oder durch eine Verflechtung der Logistiksysteme realisiert werden. Auf diese Weise können bis zu 10 Prozent der Gesamtkosten des kleineren Partners reduziert werden (Breit 1999, Ebert 1998, Paprottka 1996). Sind sowohl die Fertigungsaufgabe als auch das Fertigungsprinzip von hoher Ähnlich-

Synergien im Bereich der Fertigung

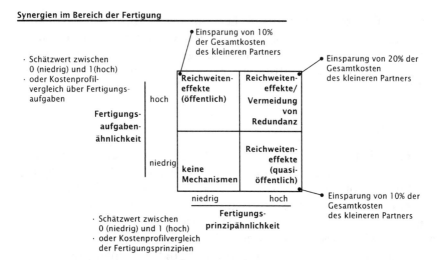

Abbildung 7.6.: Ursache und Wirkung von Synergiemechanismen in der Fertigung

keit, greifen beide Synergiemechanismen. Des Weiteren ist eine *Vermeidung von Redundanz* zu erwarten. Durch diese Mechanismen ist eine Reduzierung der Gesamtkosten um 20 Prozent bezogen auf den kleineren Partner möglich.

7.1.4. Montage

In der Montage werden in Maschinenbauunternehmen ca. sechs Prozent der Gesamtkosten verursacht (VDMA 2001). Je nach Produkt und Stückzahl werden unterschiedliche Montageprinzipien verfolgt. So haben z. B. Anlagenbauer meist einen hohen Anteil an Baustellenmontage, während Komponentenhersteller (z. B. Getriebe) häufig hoch automatisierte Taktstraßen- oder Fließmontage einsetzen.

Relevante Synergiemechanismen in der Montage sind ähnlich wie in der Fertigung *Reichweiteneffekte* und *Vermeidung von Redundanz*. In Abbildung 7.7 sind die Ursachen und Wirkungen dieser Mechanismen dargestellt. Neben der *Ähnlichkeit des Montageprinzips* ist hier die *Ähn-*

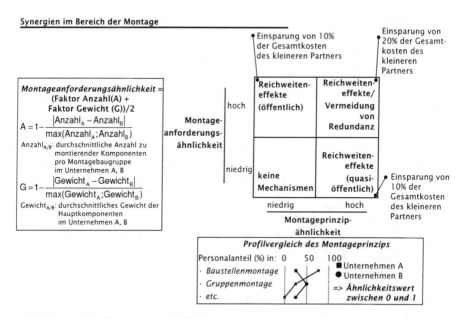

Abbildung 7.7.: Ursache und Wirkung von Synergiemechanismen in der
Montage

lichkeit der Montageanforderungen von Bedeutung. Diese wird über die
durchschnittliche Anzahl der zu montierenden Bauteile je Hauptbau-
gruppe und über das durchschnittliche Gewicht der Hauptkomponenten ermittelt. Die Anzahl der Bauteile gibt einen Hinweis auf die Komplexität der Montageaufgabe, während das Gewicht der Komponenten
auf die Auslegung der Infrastruktur (z. B. Transportsysteme) schließen
lässt. Die Ähnlichkeit des Montageprinzips kann über einen Vergleich
des Personaleinsatzes in den jeweiligen Prinzipien festgestellt werden.

Die Auswirkungen der Synergiemechanismen sind vergleichbar mit
denen in der Fertigung. So können durch Reichweiteneffekte öffentlicher Produktionsfaktoren in indirekten Bereichen wie der Planung
Kosten um 10 Prozent reduziert werden; durch Reichweiteneffekte in
quasi-öffentlichen Bereichen kann aufgrund von Restrukturierungen eine Einsparung von maximal 10 Prozent erwartet werden. Bei hoher Ähn-

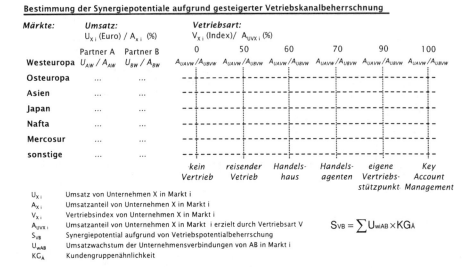

Bestimmung der Synergiepotentiale aufgrund gesteigerter Vetriebskanalbeherrschnung

Märkte:	Umsatz: $U_{X\,i}$ (Euro) / $A_{X\,i}$ (%)		Vetriebsart: $V_{X\,i}$ (Index)/ $A_{UVX\,i}$ (%)					
	Partner A	Partner B	0	50	60	70	90	100
Westeuropa	U_{AW} / A_{AW}	U_{BW} / A_{BW}	A_{UAVW}/A_{UBVW}	A_{UAVW}/A_{UBVW}	A_{UAVW}/A_{UBVW}	A_{UAVW}/A_{UBVW}	A_{UAVW}/A_{UBVW}	A_{UAVW}/A_{UBVW}
Osteuropa	...	...						
Asien	...	...						
Japan	...	...						
Nafta	...	...						
Mercosur	...	...						
sonstige	...	...	kein Vertrieb	reisender Vetrieb	Handels- haus	Handels- agenten	eigene Vertriebs- stützpunkt	Key Account Management

$U_{X\,i}$	Umsatz von Unternehmen X in Markt i
$A_{X\,i}$	Umsatzanteil von Unternehmen X in Markt i
$V_{X\,i}$	Vertriebsindex von Unternehmen X in Markt i
$A_{UVX\,i}$	Umsatzanteil von Unternehmen X in Markt i erzielt durch Vertriebsart V
S_{VB}	Synergiepotential aufgrund von Vetriebspotentialbeherrschung
U_{wAB}	Umsatzwachstum der Unternehmensverbindungen von AB in Markt i
KG_A	Kundengruppenähnlichkeit

$$S_{VB} = \sum U_{wiAB} \times KG_Ä$$

Abbildung 7.8.: Ursache und Wirkung von Synergiemechanismen im Vertrieb

lichkeit von Prinzip und Anforderung ist ein maximales Synergiepotential von 20 Prozent der Gesamtkosten des kleineren Partners möglich.

7.1.5. Vertrieb

Auf den Vertrieb entfallen in Maschinenbauunternehmen durchschnittlich 4,5 Prozent der Gesamtkosten (VDMA 2001). Die relevanten Synergiemechanismen sind hier *Reichweiteneffekte* und die *Vermeidung von Redundanz* (Abb. 7.8).

Die Reichweiteneffekte der öffentlichen Produktionsfaktoren kommen zum Tragen, wenn die *Ähnlichkeit der belieferten Kundengruppen* hoch und die *Ähnlichkeit der belieferten geografischen Märkte* niedrig sind. Aufgrund gegenseitiger Nutzung von Wissen über Kunden können hier Einsparungen von bis zu zehn Prozent bezogen auf die Gesamtvertriebskosten des kleineren Partners erzielt werden (McKinsey 2001).

Die Ähnlichkeit der Kundengruppen wird in einem Profilvergleich der Umsatzverteilung entlang der Kundengruppen ermittelt. Die Kundengruppen sind in Anlehnung an die Kategorien des VDMA eingeteilt (VD-MA 2001). Die Ähnlichkeit der Märkte wird ebenfalls durch einen Profilvergleich der Umsatzverteilung über die Hauptregionen bzw. Wirtschaftsräume bestimmt.

Sind die Märkte identisch und die Kundengruppen verschieden, können aufgrund von Reichweiteneffekten der quasi-öffentlichen Produktionsfaktoren Einsparungen von bis zu 100 Prozent bezogen auf die Kapitalkosten des kleineren Partners realisiert werden. Sind belieferte Kunden und Märkte der Verbindungspartner identisch, können bis zu 80 Prozent der Vertriebskosten des kleineren Partners aufgrund der *Vermeidung von Redundanz* eingespart werden. Dabei wird davon ausgegangen, dass ca. 20 Prozent der Gesamtkosten im Vertrieb eines Maschinen- und Anlagenbauers aufgrund von Projektmanagement-Aktivitäten entstehen, die nicht in den Bereich der Doppelarbeit fallen. Alle anderen Aktivitäten im Vertrieb können in diesem Fall als redundant angesehen werden und sind somit potentiell vermeidbar. Dies ist unabhängig von der Produktähnlichkeit, da die Vertriebsmitarbeiter bei gleichen Kunden und Märkten auch unterschiedliche Produkte mit vergleichbarem Aufwand vertreiben können.

7.1.6. Service

Der Kostenanteil des Servicebereichs an den Gesamtkosten eines Maschinenbauers liegt durchschnittlich bei vier Prozent (VDMA 2001). In Unternehmensverbindungen entstehen im Servicebereich Synergiepotentiale durch *Reichweiten- und Größendegressionsmechanismen*. Die Höhe des Synergiepotentials hängt von den Ähnlichkeiten der von den Verbindungspartnern angebotenen Serviceleistungen und der Überdeckung des Servicenetzes ab (Abb. 7.9).

Die Ähnlichkeit der Serviceleistungen wird durch einen Vergleich der Umsatzanteile in unterschiedlichen Leistungsarten ermittelt. Es wird dabei zwischen Standardservice (Wartung, Instandhaltung und Reparatur), Ersatzteilverkauf, Finanzdienstleistung (Leasing, Finanzierung) und sonstigem Service (Beratung, Schulung etc.) unterschieden.

Bei hoher Service-Ähnlichkeit und niedriger Marktüberdeckung kommen Größeneffekte zum Tragen. Diese führen zu Einsparungen, die bis

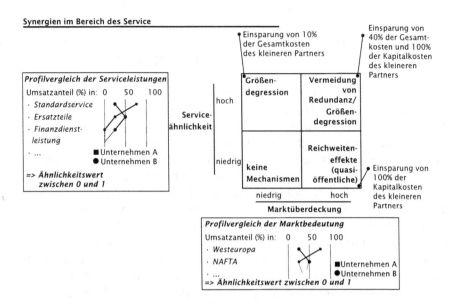

Abbildung 7.9.: Ursache und Wirkung von Synergiemechanismen im Service

zu 10 Prozent der Gesamtservicekosten des kleineren Verbindungspartners ausmachen können. Ist die Service-Ähnlichkeit niedrig und
die Marktüberdeckung hoch, sind Reichweiteneffekte der quasi-öffentlichen Produktionsfaktoren zu erwarten. Diese führen zu einer Kostenreduzierung von bis zu 100 Prozent bezogen auf die Kapitalkosten des kleineren Verbindungspartners. Bei Serviceleistung und Markt
identischen Bereichen kommen beide Effekte zum Tragen; es ist eine
Einsparung von 40 Prozent der Gesamtkosten und 100 Prozent der Kapitalkosten des kleineren Partners realisierbar.

7.1.7. Indirekte Bereiche

Indirekte Bereiche, die Aufgaben wie Personalverwaltung oder Administration der EDV-Anlagen erledigen, verursachen durchschnittlich 5 Prozent der Gesamtkosten von Unternehmen der Maschinenbaubranche
(VDMA 2001). In der oben erwähnten Umfrage gaben die befragten Ex-

perten an, dass bei einer Verdopplung des Umsatzes eine Reduzierung der Kosten in indirekten Bereichen um 20 Prozent zu erwarten sei. Dies lässt sich auf Größendegressions- und Reichweiteneffekte sowie auf die Vermeidung von Redundanz zurückführen. Zur Ermittlung der Synergiepotentiale wird dieser Wert zugrunde gelegt. Da die Tätigkeiten in den indirekten Bereich unabhängig von Ähnlichkeiten im Produkt- oder Ressourcenbereich sind, wird das Synergiepotential in indirekten Bereichen ($S_{i\mathrm{B}}$) über folgende Formel berechnet:

$$S_{i\mathrm{B}} = 0{,}1 \times 2 \times GK_{i\mathrm{B}} \tag{7.1}$$

Die Basis der Berechnung bilden hierbei die Gesamtkosten des kleineren Partners in den indirekten Bereichen ($GK_{i\mathrm{B}}$).

In Abbildung 7.10 sind die maximalen Synergiepotentiale, die bei einer Verbindung identischer Unternehmen (Verdopplung eines Unternehmens) im Bereich der Rationalisierung entstehen würden, zur Veranschaulichung zusammengefasst.

Dieser Fall stellt den Idealfall einer Verbindung aus Sicht der Rationalisierungspotentiale dar, da hier hohe Ähnlichkeiten zu maximalen Einsparungen führen. In der Darstellung wurde zwischen den Potentialen bezogen auf die Kosten des jeweiligen Bereichs und bezogen auf die Gesamtkosten nach der Verbindung unterschieden. Es zeigt sich, dass in den Bereichen Forschung & Entwicklung und Vertrieb sowie im Service relativ gesehen die größten Potentiale zu erwarten sind. Aus absoluter Sicht können in der Beschaffung und in der Fertigung die größten Potentiale erschlossen werden. Die Gesamtsumme der absoluten Potentiale liegt bei 15,9 Prozent, d. h. bei einer Verdopplung eines Unternehmens sind nach dem vorgestellten Modell durch Rationalisierungsmaßnahmen Kosteneinsparungen von ca. 16 Prozent zu erwarten.

Sämtliche Synergiepotentiale sind bei guter Integration bzw. Vernetzung und bei hohem Fit der Partner innerhalb von 18 Monaten verfügbar, da die Synergiemechanismen nach einer kurzen Konzeptphase aktiviert werden können. Dies deckt sich auch mit den Untersuchungen von BREIT, der für Rationalisierungprojekte eine mittlere Umsetzungsgeschwindigkeit von 0,8 %–2,1 % Kosteneinsparung pro Monat bestimmt hat (Breit 1999). Daraus folgt bei 15,9 Prozent Einsparung eine Umsetzungsdauer, die zwischen 8–20 Monaten liegt.

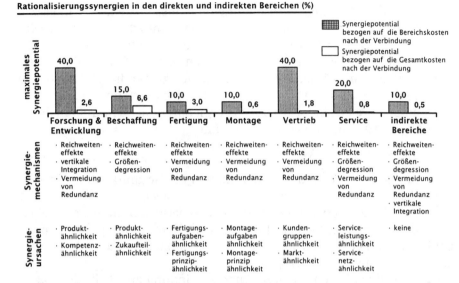

Abbildung 7.10.: Zusammenfassung der Ursachen und Wirkungen von Rationalisierungssynergien

7.2. Instanziierung der Synergieart Technologie

Die Ermittlung der Synergien im Bereich der Technologie wird mit dem bereits in Kap. 4.4.2 erläuterten Konzept der Erfahrungskurven unterstützt. Zunächst werden Methoden zur Identifizierung der relevanten Technologien und zur Bestimmung der Arten von und Positionen auf Erfahrungskurven vorgestellt. Es wird gezeigt, wie die Synergiepotentiale systematisch ermittelt und bewertet werden können.

Die Ermittlung von Kurvenverläufen für Erfahrungskurven erfordert umfangreiche empirische Untersuchungen. Selbst bei sehr sorgfältiger Durchführung der Analyse können Erfahrungskurven keine exakten Ergebnisse liefern, da die Randbedingungen und Einflüsse zu vielfältig sind. Um das Konzept in dieser Arbeit einsetzen zu können, wurden deshalb drei Typen von Erfahrungskurven aus der Literatur ermittelt (vgl. Hieber 1991), mit denen sich drei unterschiedliche Typen von

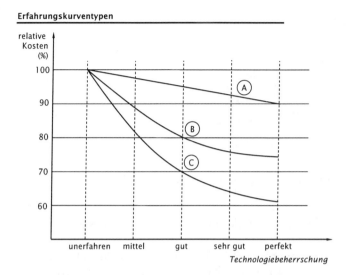

Abbildung 7.11.: Erfahrungskurvenarten

Technologien bewerten lassen (Abb. 7.11).

Technologien, die aus Anwendersicht nicht sehr anspruchsvoll sind, werden mit dem Erfahrungskurventyp A bewertet. Die Lerneffekte bei der Anwendung dieser Technologie sind nicht von gefertigten Stückzahlen abhängig. Das bedeutet, dass sowohl bei hoher als auch bei niedriger Auslastung der Technologie die Lerneffekte gering sind. Bei diesen Technologien handelt es sich in der Regel um Commodity-Technologien (vgl. Anhang B), die mit geringem Know-how betrieben werden können. Dazu zählen Basistechnologien wie z. B. das Rapid-Prototyping mittels Stereolithografie in der Entwicklung. Ein hoher Automatisierungsgrad führt hier zur Verringerung des Stückzahleinflusses auf die Fertigungskosten. Die leichten Kostensenkungen werden aus der besseren Integration der Technologie in Unternehmensprozesse erreicht.

Technologien mit dem Erfahrungskurventyp B sind technisch bereits anspruchsvoller. Zu ihrem wirtschaftlichen Einsatz müssen Know-how und Erfahrung aufgebaut werden. Das gelingt nur über die kumulierte Produktionsmenge. Deshalb reduzieren sich bei diesen Technologien

Synergien erster und zweiter Ordnung

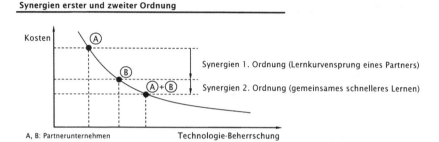

Abbildung 7.12.: Synergien erster und zweiter Ordnung

die Kosten mit der gefertigten Stückzahl. Die Form der Kurve entspricht etwa einer 80%-Lernkurve.

Die technisch anspruchsvollsten Technologien werden mit dem Kurventyp C bewertet. Dieser Kurvenverlauf berücksichtigt die große Bedeutung des Know-how-Aufbaus. Technologien dieses Typs sind der Gruppe der »High-End«-Technologien zuzuordnen. Diese sind in der Regel schlecht automatisierbar, und der Anwender bestimmt viele Prozessparameter selbst. Die Form der Kurve entspricht etwa einer 70%-Lernkurve. Als Bewertungsgrundlage wurde die Beherrschung der Technologie gewählt, die nach dem Prinzip der Erfahrungskurve mit der Produktionsmenge steigt. Es wurde eine lineare Skala verwendet, um die Kurven verständlicher gestalten zu können.

Die Lern- und Erfahrungskurven stellen eine Methode dar, die hier zur besseren Abschätzung von technischen Fortschritten verwendet wird. Der Unsicherheit bei der Betrachtung wird durch die geringe Zahl der Kurventypen sowie durch eine Festlegung konkreter Erfahrungskurvensprünge Rechnung getragen. Die Lern- und Erfahrungskurven beschreiben keinen formalen Zusammenhang, sondern sind als Verdeutlichung von Erfahrungen zu werten.

Neben der Art der Lernkurve ist für die Betrachtung von Technologiesynergien die Art des Voranschreitens der Partner auf der Lernkurve in einer Unternehmensverbindung von Interesse (Abb. 7.12). Hier kann zwischen Synergien 1. und 2. Ordnung unterschieden werden.

Synergien 1. Ordnung entstehen, wenn ein Partner durch das Wissen des anderen Partners einen Sprung auf der Erfahrungskurve machen kann, der ohne den Partner wesentlich später möglich wäre. Diese Synergien können sofort bzw. nach kurzer Zeit genutzt werden.

Synergien 2. Ordnung entstehen, wenn Partner gemeinsam schneller auf der Erfahrungskurve voranschreiten können. Dieser Effekt wird z. B. erreicht durch das Zusammenlegen von Produktionseinheiten, in denen ähnliche Teile gefertigt werden. Da für die Nutzung dieser Effekte gemeinsames Lernen Voraussetzung ist, können Synergien 2. Ordnung erst nach einem mittleren Zeitraum genutzt werden.

Zusätzlich sind Synergien zu berücksichtigen, die durch sog. mutative Betriebsgrößenvariationen entstehen können. Diese Effekte treten bei Ersatz von Technologien auf, die für mindestens einen Partner neu sind. Synergieeffekte treten dabei auch bei dem Partner auf, der die Technologie bereits nutzt, da dieser Größendegressions- und Reichweiteneffekte nutzen kann.

Ist die Technologie für beide Partner vollkommen neu, treten keine Synergien durch Technologienutzung auf. Eine Technologiesubstitution kann auch von beiden Partnern alleine durchgeführt werden. Einen möglichen Sonderfall stellen Technologien dar, die eine hohe Einstiegsbarriere haben. Das können z. B. Technologien sein, die zwar mit hohen Investitionen verbunden, aber vergleichsweise leicht zu betreiben sind. Ein Beispiel ist eine Virtual-Reality-Anlage in der Produktentwicklung. Zwei Partner können ggf. durch gemeinsame Nutzung eine Anlage auslasten. Diese Synergien werden im Folgenden als Synergien durch mutative Betriebsgrößenvariation bezeichnet.

7.2.1. Technologieprofile der Partner

Für die Bewertung der technologiegetriebenen Synergiepotentiale werden umfassende Technologieprofile der beteiligten Unternehmen aufgebaut. Es werden alle relevanten Technologien erfasst, die in den Unternehmen bzw. in den beteiligten Bereichen der Unternehmen eingesetzt werden. Zusätzlich wird ermittelt, wie gut diese Technologien beherrscht werden und welche strategische Rolle sie im jeweiligen Unternehmen spielen. In der oben erwähnten Expertenbefragung wurden die am häufigsten verwendeten Technologien der Branche Maschinenbau ermittelt und diesen jeweils eine von drei Erfahrungskurventypen zugeordnet. Eine Liste aller Zuordnungen findet sich im Anhang B.

7.2.1.1. Auswahl der relevanten Technologien

Die Liste der im Maschinenbau relevanten Technologien bildet die Basis der Kostenanalyse. Kern der Analyse ist eine Erhebung der Kostenanteile, die die jeweilige Technologie an den Gesamtkosten des jeweiligen Bereichs verursacht. Sind die Anteile bestimmt, wird eine ABC-Analyse durchgeführt. Dabei werden in jedem Unternehmensbereich die Technologien bestimmt, deren kumulierte Kosten 80 Prozent der Technologiekosten in diesem Bereich verursachen. Der herkömmlichen ABC-Analyse folgend werden diese Technologien als A-Technologien bezeichnet. Nur die A-Technologien werden zur Potentialanalyse weiter betrachtet.

7.2.1.2. Bestimmung der Erfahrungskurvenpositionen für Technologien

Die beteiligten Partner bewerten die Beherrschung jeder A-Technologie. Die Einteilung der Beherrschung erfolgt über die fünf Attribute neu, mittel, gut, sehr gut und perfekt. Die Einschätzung soll bezogen auf die eigenen Erfordernisse getroffen werden. Fertigt ein Unternehmen mit einer Technologie zum Beispiel nur einfache Werkstücke, kann es die gleiche Einschätzung abgeben wie ein zweites Unternehmen, das den Prozess besser beherrscht, aber auch höhere Anforderungen hat. Die Vergleichbarkeit wird dadurch gewährleistet, dass die Schwierigkeiten der Anwendung zum einen bereits in der Kategorisierung der Technologien erfasst werden und in einem weiteren Schritt die Anwendung der Technologie bewertet wird. Die Verwendung konkreter Punkte anstelle beliebiger Werte berücksichtigt Unsicherheiten in der Bewertung und reduziert die Komplexität erheblich. Die senkrechte Achse wird im Folgenden zur Bestimmung der Synergiepotentiale verwendet und hat bei diesem Schritt noch keine Bedeutung. Auf ihr sind relative Kosten abgebildet. Dies ermöglicht später Aussagen über relative Kosteneinsparungen durch Lerneffekte.

7.2.1.3. Bewertung der strategischen Bedeutung der Technologien

Nicht allen Technologien kommt im Unternehmen die gleiche Bedeutung zu. Es kann zwischen folgenden Einstufungen unterschieden werden:

Eine *Basistechnologie* sollte beherrscht werden, das nötige Know-how kann leicht erworben werden. Zu den Basistechnologien gehören u. a. typische »Commodity«-Technologien, wie 3-Achs-Fräsen. Auch Technologien, die einfach in der Anwendung, aber teuer im Betrieb sind, werden zu diesen Technologien gezählt.

Ein hohes Wissen über *Schlüsseltechnologien* führt direkt zu Wettbewerbsvorsprüngen. Technologien dieser Kategorie werden oft mit Partnern gemeinsam entwickelt.

Die *Schrittmachertechnologien* leisten einen konkreten Beitrag zum Unternehmenserfolg. Sie werden in der Regel selbst entwickelt, da es häufig keine Anbieter gibt.

Zur Beantwortung der Frage, welche A-Technologien von den Partnern als strategisch wichtigste angesehen werden, werden die identifizierten A-Technologien in die oben genannten Kategorien aufgeteilt. Auf Basis der Bewertung der A-Technologien wird für alle beteiligten Unternehmensbereiche ein so genanntes Attraktivitätsportfolio angelegt (Abb. 7.13). Im Portfolio wird die Attraktivität einer Technologie über ihre Beherrschung aufgetragen.

Mit dem Hilfsmittel des Attraktivitätsportfolios können gezielt diejenigen Technologien ermittelt werden, die dem Unternehmen einen strategischen Vorteil verschaffen können und die zukünftige, wichtige Investitionsfelder darstellen. In Abbildung 7.13 sind beispielhaft einige Technologien eingetragen.

Liegen Einträge im rechten oberen Quadranten, wie das Beispiel ⒟, dann bedeutet dies, dass die Beherrschung dieser Technologien überdurchschnittlich gut ist und zudem eine hohe strategische Bedeutung für das Unternehmen hat (»Leader«).

Für die Synergiebewertung besonders interessant sind die Einträge oberhalb der Diagonalen im linken oberen Quadranten. Diese Technologien stellen nach Meinung des jeweiligen Partners Zukunftstechnologien dar und sind bevorzugt zu verfolgen. Es besteht ein Defizit an

Attraktivitätsportfolio

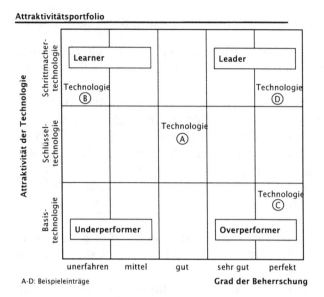

Abbildung 7.13.: Attraktivitätsportfolio

Know-how, um diese Technologie einzusetzen (siehe Beispiel Ⓑ). Die Technologiefelder werden von »Learnern« besetzt.

Einträge im linken unteren Quadranten kennzeichnen Basistechnologien, die nicht ausreichend beherrscht werden. Da sie Voraussetzung für den Unternehmenserfolg und deshalb zu beherrschen sind, werden die dort positionierten Technologien als »Underperformer« bezeichnet.

Synergiepotentiale sind bei allen Partnern zu suchen, wenn die Einträge relativ weit links im Diagramm liegen. Die Potentiale entstehen hier durch Lerneffekte und führen zu Kostenreduktionen. Einträge im unteren rechten Quadranten (Beispiel Ⓒ) kennzeichnen Technologien, die zu den Basistechnologien gehören und sehr gut bis perfekt beherrscht werden (sog. »Overperformer«). Weitere Investitionen in die Qualifizierung sind nicht sinnvoll. Synergien können für den Betreiber kaum entstehen, da die Erfahrungskurve in diesem Bereich bereits sehr flach ist. Lediglich ein Partner, der den Prozess nicht so gut beherrscht, kann Potentiale sowohl durch einen Sprung auf der Erfahrungskurve als auch durch Größeneffekte nutzen.

Der Abstand der Einträge zweier Partner für dieselbe Technologie gibt einen ersten Anhaltspunkt für die Höhe und Art der möglichen Synergiepotentiale. Wichtig ist hierfür der Abstand auf der horizontalen Achse. Ist er gross, kann der Partner mit dem kleineren Know-how (links) besonders gut vom Wissensvorsprung seines Partners profitieren, für den sich lediglich Größeneffekte einstellen können. Die tatsächliche Höhe hängt stark vom jeweiligen Anwendungsfall ab.

Der Abstand auf der vertikalen Achse liefert erste Hinweise auf die strategische Bedeutung, die eine Technologie im Unternehmen hat. Die Technologiesynergien können so später hinsichtlich ihrer Bedeutung gewichtet werden.

7.2.2. Anwendungsprofile der Partner

In vielen Fällen werden sich die Anwendungen der Technologien bei Verbindungspartnern stark unterscheiden. Die Bewertung einer Technologiebeherrschung reicht deshalb nicht aus, um mögliche Synergiepotentiale zu ermitteln. Die Unterschiede können sich im Produktionsbereich aus den bearbeiteten Werkstoffen oder aus der Größe der Teile ergeben, in der Entwicklung können unterschiedliche Kompetenzen wie Mechanik, Elektronik etc. vorkommen. Um die Höhe der realisierbaren Synergiepotentiale zu bestimmen, ist deshalb ein Anwendungsprofil der Verbindungspartner zu erstellen und über einen Ähnlichkeitskoeffizienten zu vergleichen. Der Ähnlichkeitkoeffizient wird wie in Kap. 7.1 beschrieben über den Profilvergleich ermittelt.

Der Umfang des Anwendungsprofils und die ordnenden Kriterien sind für jeden Unternehmensbereich stark unterschiedlich. Während es in den meisten Unternehmensbereichen genügt, ein Anwendungsprofil für den Bereich selber zu erstellen, sind in technologieintensiven Bereichen wie der Fertigung Anwendungsfälle für jede Technologie gesondert zu vergleichen.

Im Bereich der Forschung & Entwicklung wird die in Anlehnung an Kapitel 7.1.1 ermittelte Kompetenzähnlichkeit ($K_{\ddot{A}}$) genutzt, um den Anwendungsbezug herzustellen. In der Beschaffung wird die in Kap. 7.1.2

beschriebene Zukaufteilähnlichkeit ($Z_\text{Ä}$) zugrunde gelegt. Die Fertigung bietet die größte Anwendungsvielfalt für Technologien. Aus diesem Grund werden die Ähnlichkeitskoeffizienten für die sechs Haupttechnologiegruppen nach DIN 8580 bestimmt:

- Umformen,
- Urformen,
- Trennen,
- Beschichten,
- Fügen und
- Stoffeigenschaften ändern.

Zur besseren Gliederung des Anwendungsprofils werden vier Kriterien bestimmt: Material, Geometrie, Qualität und Größe. Während für Material sechs Ausprägungen unterschieden werden, haben die anderen Kriterien jeweils nur drei (Tabelle 7.1). Die Koeffizienten für die Materialeigenschaften (K_mat) errechnen sich aus der Härte (in Rockwell C) und Zugfestigkeit für Stähle und aus Härte (Vickers HV 30) und Druckfestigkeit für Karbide. Die Werte lassen sich über ein Nomogramm verbinden und in einen Koeffizienten umwandeln (siehe Anhang B). Aluminium, Keramik und Kunststoffe stellen aufgrund spezieller Eigenschaften (z. B. das Bruchverhalten der Keramik) besondere Anforderungen und bilden deshalb eigene Kategorien.

Die Geometrie beschreibt die Komplexität der Anwendung. Komplexe Bauteile enthalten dreidimensionale Formfeatures und erfordern zusätzliche Bearbeitungsrichtungen. Zur Bewertung der Qualität werden die Qualitätsanforderungen unterschieden. Die Bemessung erfolgt in IT-Qualitätsstufen. Die Größe von Bauteilen bestimmt maßgeblich die Maschinengröße. Um Produktionsumfänge des Partners bearbeiten zu können, müssen die Teilgrößen übereinstimmen.

Es wird über einen Vergleich der Kostenprofile bezogen auf die anwendungsbeschreibenden Kriterien ein Koeffizient $F_{\text{Ä}i,K}$ für jede Technologieklasse i ermittelt.

Zum Vergleich der Anwendungsprofile im Montagebereich wird die Infrastruktur herangezogen. Dazu wird die in Kapitel 7.1.4 beschriebene Montageanforderungsähnlichkeit ($M_\text{Ä}$) genutzt.

Tabelle 7.1: Merkmale zur Klassifizierung von Anwendungsfällen in der Fertigung

Kriterium	Ausprägung	Grenzwerte
Material	Met. I	$k_{mat} < 2,5$
	Met. II	$k_{mat} < 4$
	Karbide	$k_{mat} > 4$
	Aluminium	
	Keramik	
	Kunststoffe	
Geometrie	einfach	einseitige Bearbeitung, keine Formfeatures
	mittel	einseitige Bearbeitung, einige Formfeatures
	komplex	mehrseitige Bearbeitung, viele 3D-Features
Qualität	gering	IT 8
	mittel	IT 6–7
	hoch	IT 5
Größe	klein	Volumen: $V < 10\,cm^3$, Fläche: $A < 10\,cm^2$
	mittel	Volumen: $V < 0,5\,m^3$, Fläche: $A < 1\,m^2$
	groß	Volumen: $V > 0,5\,m^3$, Fläche: $A > 1\,m^2$

k_{mat}: Materialkoeffizient aus Härte und Zugfestigkeit bzw. Druckfestigkeit (siehe Abb. B.7)

Für das Vertriebsprofil wird die Produktähnlichkeit ($P_{\ddot{A}}$) herangezogen (siehe Kap. 7.1.1). Im Service werden die Serviceleistungen, wie Standardservice oder Finanzdienstleistungen, zur Beurteilung genutzt. Es wird die in Kap. 7.1.6 erläuterte Serviceähnlichkeit ($S_{\ddot{A}}$) als Koeffizient für den gesamten Bereich genutzt.

Die ermittelten Koeffizienten beschreiben die Ähnlichkeit der Anwendungsprofile der Partner. Sie sind spezifisch für einen Unternehmensbereich und deshalb für jeden Bereich gesondert zu bestimmen. Ein hoher Wert bedeutet eine gute Übereinstimmung und deshalb gute Voraussetzungen, um Synergiepotentiale im Technologiebereich zu erzielen. Ein kleiner Wert deutet an, dass sich das Anwendungsfeld eines Bereiches bzw. einer Technologie zu sehr unterscheidet, um Wissen zwischen den Partnern austauschen zu können. Im Folgenden geht dieser Koeffizient in die Berechnung aller errechneten Synergiepotentiale auf Technologieebene ein.

7.2.3. Bestimmung der Synergiepotentiale

Nachdem die verschiedenen Einflussfaktoren auf technologiegetriebene Synergiepotentiale bewertet wurden, können diese Potentiale nun quantitativ bestimmt werden. Die Berechnung erfolgt wie die Ermittlung der Profile getrennt nach Unternehmensbereichen. Die Synergiepotentiale setzen sich sämtlich aus mehreren einzelnen Werten zusammen. Durch den Aufbau der Methode können diese zunächst getrennt ermittelt und dann addiert werden. Die Ermittlung erfolgt nach Bereichen der Wertschöpfungskette und dort für jede verwendete Technologie.

7.2.3.1. Synergiepotentiale durch Erfahrungskurveneffekte

Die Bestimmung der Synergiepotentiale, die sich aus Erfahrungskurvensprüngen ergeben, erfolgt auf der Ebene der Unternehmensbereiche für jede Technologie. Zusätzlich ist zu prüfen, ob sich durch den Zusammenschluss mit einem Partner die Möglichkeit ergibt, einen Technologiesprung zu machen, und damit eine mutative Betriebsgrößenvariation möglich wird.

Der Sprung auf der Erfahrungskurve äußert sich darin, dass ein Partner mit wenig Know-how dieses verbessert. Er kann in der Regel direkt vom Wissen des Partners profitieren, um seine eigenen Prozesse zu verbessern. Bei diesen Effekten handelt es sich um Reichweiteneffekte. Die Synergien treten nur bei einem der Partner auf und werden als Synergien erster Ordnung bezeichnet.

Die senkrechte Achse des Erfahrungskurvendiagramms bildet die relativen Aufwendungen ab, die beim Einsatz einer Technologie entstehen (Abb. 7.14). Es wird davon ausgegangen, dass bei einem unerfahrenen Partner 100 Prozent der Betriebskosten anfallen. Je nach technischer Schwierigkeit, die sich im Erfahrungskurventyp niederschlägt,

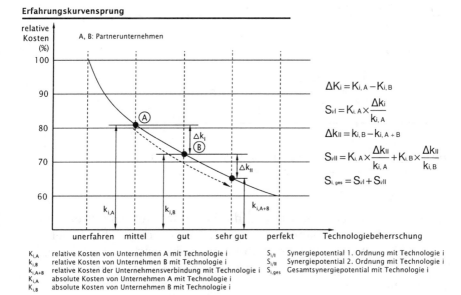

Abbildung 7.14.: Berechnung der Synergien aufgrund von
Erfahrungskurvensprüngen

kann mit der kumulierten Produktionsmenge das Wissen um den Prozess verbessert und die Abläufe beim Einsatz optimiert werden, weshalb ein erfahrener Anwender nur einen Teil dieser Kosten zu tragen hat.

Die sich daraus ergebenden Kostensprünge müssen auf die momentanen Kosten des Partners bezogen werden. Ein Sprung von der 80%-Marke zur 60%-Marke bedeutet eine Kosteneinsparung von 25 Prozent für den betreffenden Partner. Die Synergien sind sofort realisierbar. Der Wert des Synergiepotentials $S_{Ti/I}$ für die Technologie i durch Synergien der 1. Ordnung berechnet sich wie oben dargestellt.

Mittelfristig ergibt sich durch die erhöhte kumulierte Produktionsmenge ein weiterer Kostensenkungseffekt, den beide Partner nutzen können. Er entspricht einem weiteren Sprung auf der Erfahrungskurve, z. B. durch Optimierung von Losgrößen. Da die Erfahrungskurve im

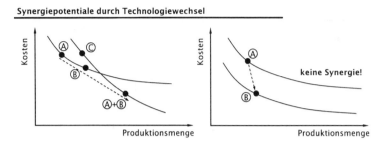

Abbildung 7.15.: Verschiebung der Kostenkurve durch mutative
Betriebsgrößenvariation

rechten Teil flacher verläuft, sind die Synergiepotentiale zweiter Ordnung kleiner als die erster Ordnung. Da in der hier beschriebenen Methode nicht mit expliziten Produktionsmengen gearbeitet wird, soll für
den Lerneffekt ein Sprung in die nächsthöhere Beherrschungsstufe angenommen werden.

Der Wert des Synergiepotentials $S_{Ti/II}$ für die Technologie i berechnet sich bei beiden Partnern aus den bisherigen Kosten für die Technologie sowie dem Startwert auf der Erfahrungskurve und den prozentualen Einsparungen aus der Erfahrungskurve. Synergiepotentiale aus
Erfahrungskurveneffekten setzen sich somit aus den Synergien erster
und zweiter Ordnung zusammen. Dabei wirkt das Potential 1. Ordnung
kurzfristig und das Potential 2. Ordnung mittelfristig.

7.2.3.2. Synergiepotentiale durch mutative
Betriebsgrößenvariation

Der Potentialtyp entsteht durch Größendegression. Für diesen Syner-
gietyp gibt es zwei Voraussetzungen. Zum einen muss der betrachtete Prozess vor einem Zusammenschluss optimal konfiguriert sein.
Zum anderen muss eine Einstiegsbarriere vorhanden gewesen sein, die
ein Partner allein nicht überwinden kann. Nur in diesem Fall kann es
zu sog. mutativen Betriebsgrößenvariationen durch Skaleneffekte kommen (Abb. 7.15).

Diese äußern sich in einer Verschiebung der Kostenkurven (Paprottka 1996). Die in Abbildung 7.15 links dargestellte Situation beschreibt den Fall, dass sowohl Partner Ⓐ als auch Partner Ⓑ nicht auf eine neue Technologie wechseln können, da sie allein nicht wirtschaftlich zu betreiben wäre. Erst gemeinsam erreichen sie nach einer Verbindung eine ausreichende Produktionsmenge (im Bild als der Schnittpunkt der Erfahrungskurven dargestellt), die es erlaubt, die neue Technologie gemeinsam zu betreiben. Dieser Fall ist den Synergien zuzurechnen und entsteht aufgrund von Größendegression. Parallel zu dieser Situation ist der Fall denkbar, dass ein weiterer Partner Ⓒ die Technologie bereits beherrscht und nun zusammen mit Ⓐ Fortschritte auf der Erfahrungskurve macht.

Das rechte Diagramm zeigt einen Fall, in dem keine offensichtliche Barriere für den Einsatz der neuen Technologie besteht. Der Wechsel von Partner Ⓐ zur Technologie des Partners Ⓑ beinhaltet keinen synergistischen Effekt, da er der Annahme widerspricht, dass die eigenen Prozesse ideal konfiguriert sind.

In den Fragebögen zur Technologieverwendung ist vorgesehen, dass die Unternehmen angeben, welche möglichen Nachfolgetechnologien und welche Grenzen für ihren Einsatz es gibt. Ein Beispiel ist der Einsatz von Massivumformverfahren als Ersatz für die Zerspanung.

Zur Bestimmung der Synergiepotentiale sind zwei Fälle zu unterscheiden:

- Partner Ⓑ oder Ⓐ beherrscht die Technologie bereits,
- die Technologie ist für beide Partner Ⓐ und Ⓑ neu.

Das Vorgehen im ersten Fall verspricht für den Betreiber der Technologie die Ermittlung von direkten Synergiepotentialen 2. Ordnung, siehe Abbildung 7.14. Dieses Potential ist kurzfristig zu aktivieren. Zusätzlich kann auch der neue Partner Synergiepotentiale 1. und 2. Ordnung nutzen, die Berechnung entspricht der Gleichung in Abbildung 7.14.

Im zweiten Fall besteht das Synergiepotential aus den von den Unternehmen erwarteten Einsparungen. Es entspricht einem Synergiepotential 2. Ordnung. Da zur Aktivierung des Potentials der neuen Technologie eine gewisse Lernzeit erforderlich ist, wird dieses Potential als mittelfristig eingestuft. Synergiepotentiale aufgrund von Betriebsgrößenvariationen $S_{Ti/Be}$ setzen sich demnach ebenfalls aus Synergien 1. und 2. Ordnung zusammen.

7.2.3.3. Gesamtsynergiepotential

Um das Gesamtsynergiepotential zu bestimmen, müssen zunächst die Teilpotentiale jeder Technologie bestimmt werden. Diese setzen sich aus denjenigen Teilpotentialen zusammen, die über Erfahrungskurveneffekte und aufgrund von Betriebsgrößenvariationen erzielt werden. Sie werden verringert durch den Ähnlichkeitskoeffizienten $Ko_{\ddot{A}}$ der Anwendungsprofile (vgl. Kap. 7.2.2):

$$S_{i,\text{ges}} = Ko_{\ddot{A}} \times (S_{i,\text{Ee}} + S_{i,\text{Bv}}) \tag{7.2}$$

Die nächsthöhere Ebene ist die des Unternehmensbereichs, z. B. die Fertigung. Das Synergiepotential eines jeden Bereichs j berechnet sich aus der Summe der Synergiepotentiale S_{ij} jeder der in diesem Bereich betrachteten Technologien i. Schließlich ergibt sich das gesamte technologiegetriebene Synergiepotential aus der Summe aller Synergiepotentiale der beteiligten Unternehmensbereiche.

Die errechneten Synergiepotentiale können nach dem Zeitpunkt des Auftretens getrennt werden, indem Potentiale 1. Ordnung (kurzfristig) und 2. Ordnung (mittelfristig) singulär betrachtet werden.

7.2.3.4. Bewertung der Synergiepotentiale

Es ist notwendig, die errechneten Potentiale aufzubereiten, um die Ergebnisse besser interpretieren zu können. Ein wichtiges Hilfsmittel ist das Attraktivitätsportfolio, das Informationen über die strategische Bedeutung der Ergebnisse enthält.

Ein Resultat der Potentialanalyse ist das Gesamtsynergiepotential für jedes Unternehmen. Diese monetäre Größe drückt den Wert der Synergiepotentiale aus, die in einer Unternehmensverbindung maximal zu realisieren sind. Darüber hinaus gibt es weitere Ergebnisse.

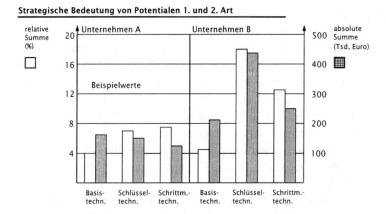

Abbildung 7.16.: Bewertung der Potentiale im Bereich der Technologie

So ist es sinnvoll, den Wert in Relation zu anderen Unternehmensgrößen zu setzen. In Anlehnung an die Synergiepotentiale der Rationalisierung sollte auch hier das Gesamtpotential bezogen auf den Umsatz
des Unternehmens betrachtet und die Potentiale eines Bereichs an dessen Kosten aufgezeigt werden. Auf diese Weise erhält man Aufschluss
über die Relevanz des Ergebnisses für die Kostenstruktur des Unternehmens.

Des Weiteren ist zu klären, welchen Beitrag die Unternehmensverbindung zu den eigenen Unternehmenszielen leistet. Um diese Frage zu
beantworten, wird das Attraktivitätsportfolio (siehe Kap. 7.2.1.3) herangezogen.

Bei der Erstellung des Portfolios, das die Beherrschung von Technologien mit ihren strategischen Bedeutungen verknüpft, wurde bereits
die Möglichkeit vorgesehen, die strategische Relevanz von Synergiepotentialen zu bewerten. Dabei sind die einzelnen Potentiale besonders
hoch zu bewerten, wenn sie in Schrittmachertechnologien erzielt wurden, und niedrig, wenn sie in Basistechnologien auftraten. Nachdem
alle Einzelpotentiale ermittelt sind, können die Gewichtungen der Potentiale in Bezug auf ihre strategische Bedeutung dargestellt werden
(Abb. 7.16).

Dabei werden zunächst die Potentiale 1. Ordnung gewichtet, die ein Partner allein realisiert. Der jeweils linke Balken zeigt die kumulierten prozentualen Einsparungen in allen Technologien. Diese Darstellung erlaubt Rückschlüsse darüber, ob in strategisch wichtigen Bereichen besonders hohe Potentiale erzielt wurden. Da es sich um relative Angaben handelt, die nichts über die tatsächliche Höhe der Potentiale aussagen, wird jeweils im rechten Balken die absolute Höhe der Potentiale gegenübergestellt, berechnet aus der Summe der Produkte der Technologiepotentiale und dem jeweiligen Kostenanteil sowie den Gesamtkosten. Diese Auswertung kann für das Gesamtunternehmen oder für einen bestimmten Bereich erfolgen.

Der Vergleich der Balkenhöhen zeigt, ob die strategische Bedeutung der Potentiale mit der tatsächlichen Höhe übereinstimmt. Ein hohes absolutes Potential ist zwar immer von Vorteil, jedoch bedeutender ist ein hoher Anteil strategisch wichtiger Potentiale. Sind die strategisch wichtigen Potentiale zu niedrig, ist der Sinn der Unternehmensverbindung zu hinterfragen. Neben den Potentialen 1. Ordnung können die Potentiale 2. Ordnung bewertet werden. Die Bewertung wird analog der strategischen Gewichtung der Potentiale 1. Ordnung durchgeführt. Ergibt sich beim Vergleich beider Unternehmen ein hoher Wert bei den strategisch wichtigen Potentialen, deutet das eine gute Übereinstimmung der strategischen Bedeutung der verwendeten Technologien an.

7.3. Instanziierung der Synergieart Innovation

Das Innovationssynergiepotential soll bei der Instanziierung möglichst vollständig erfasst werden. Ein Ansatz hierfür ist eine ressourcenorientierte Sicht der Innovation auf den Ebenen Innovationspotential und -management (vgl. Prahalad und Hamel 1990, Javidan 1998).

Die erste Ebene stellt das Innovationspotential dar. Das Innovationspotential steht für die Möglichkeiten eines Unternehmens, innovativ zu sein. Aus dem Zusammenführen zweier Unternehmen resultieren im Idealfall Steigerungen des gemeinsamen Innovationspotentials, das höher ist als die Summe der Einzelpotentiale.

Die zweite Ebene umfasst das Innovationsmanagement. Aufgabe des

Innovationsmanagements ist die Aktivierung des Innovationspotentials durch Koordination. Das Ergebnis der Managementaktivitäten, der Output in Form von Innovationen, hängt somit neben dem Innovationspotential des Unternehmens von der Güte des Innovationsmanagements ab. Durch die Verbindung zweier Unternehmen kann der Grad an Effizienz gegenüber den unverbundenen Unternehmen gesteigert werden.

Aus dem Innovationsmodell lassen sich die Schritte ableiten, die bei der Instanziierung durchzuführen sind. Zuerst wird das Innovationspotential der Unternehmensverbindung bestimmt. Im zweiten Schritt wird die Effizienz des Innovationsmanagements ermittelt. Schließlich werden die Teilsynergiepotentiale zusammengeführt und die Wirkung auf das Umsatzwachstum ermittelt.

7.3.1. Innovationspotential

Im folgenden Abschnitt wird eine Vorgehensweise zur Ermittlung des Potentials für Produkt-, Prozess- und Geschäftsinnovationen aufgezeigt (vgl. Anhang C). Dabei wird das System Unternehmen in die Teilsysteme Mensch, Technik und Organisation aufgeteilt. Diese Strukturierung entstammt dem MTO-Konzept, einem soziotechnischen Ansatz, der davon ausgeht, dass Mensch, Technik und Organisation in ihrer gegenseitigen Abhängigkeit und ihrem optimalen Zusammenwirken verstanden werden müssen (Ulich 1998).

Die Projektion des MTO-Konzepts auf den Anwendungsfall verdeutlicht, dass Innovationspotential nur ganzheitlich unter Einbezug der Menschen im Unternehmen, der technischen Systeme und des organisationalen Rahmens erfasst und bewertet werden kann. So wird das Innovationspotential des Teilsystems Mensch entscheidend von der Unterstützung der technischen Systeme, beispielsweise Informations- und Kommunikationssysteme, geprägt. Gleichzeitig hängt das Innovationspotential bei den Mitarbeitern davon ab, ob die organisationalen Rahmenbedingungen genügend Freiräume für Kreativität lassen, was in flachen Hierarchien gegeben ist, oder sogar Kreativität fördern, z. B. durch Anreizsysteme.

In den Abbildungen 7.17 bis 7.19 wird ein Überblick über wichtige Elemente des Innovationspotentials im Unternehmen gegeben. Das Ergebnis wird in Form eines Ursache-Wirkungs-Diagramms, nach seinem Erfinder auch Ishikawa-Diagramm oder aufgrund seiner Struktur Fischgrätendiagramm genannt, dargestellt. Bei dieser Darstellungsform stellt der Hauptast die Wirkung dar, die auf verschiedene Ursachen, die Verästelungen, zurückgeführt wird. Den Ursachen können wiederum Unterursachen zugeordnet werden (vgl. Pfeifer 1996). Im Ishikawa-Diagramm wirken die Teilsysteme Mensch, Technik und Organisation jeweils auf das Produkt-, Prozess- und Geschäftsinnovationspotential.

7.3.1.1. Produktinnovationspotential

Die relevante Wirkung des Teilsystems Mensch auf Innovationspotentiale hängt vom produktbezogenen Wissen der Mitarbeiter ab (Asenkerschbaumer 1987), außerdem von der Kenntnis der offenen und latenten Marktbedürfnisse (Brankamp 1971, Prahalad und Hamel 1990) (Abb. 7.17). Wissen wird durch eine Analyse der Aktivitäten der Wettbewerber (Bullinger 1996, Johne 1999) und durch Kommunikation mit Zulieferern gefördert (Hauschildt 1997). Daneben wirken eine hohe Qualifikation der F&E-Mitarbeiter und ein hoher Anteil an der Gesamtbelegschaft sowie eine externe Unterstützung innovationsförderlich. Das gleiche gilt für den Einsatz von Methoden zum Umsetzen von Produktinnovationen (FHG 1998). Die Kenntnis der offenen Bedürfnisse der Kunden bzw. Endkunden wird maßgeblich durch Marktforschung und Entwicklungsteams mit dem Kunden gefördert (Gerpott 1999, FHG 1998). Die Kenntnis der offenen und latenten Marktbedürfnisse hängt entscheidend vom Methodeneinsatz zur Generierung und -auswahl von Ideen ab (Specht u. a. 2000). Speziell bezüglich der latenten Marktbedürfnisse werden Trends durch die Beobachtung der Marktentwicklung evident (Johne 1999, FHG 1998).

Die innovationspotentialrelevante Wirkung des Teilsystems Technik lässt sich im Wesentlichen auf Supportsysteme, auf wissensfördernde Systeme und auf die F&E-Ausstattung zurückführen. Unter Supportsysteme fallen z. B. Groupware oder Arbeitskoordinationssysteme, Kommunikationssysteme, CAD-, CAE-, FEM-Systeme und Virtual Reality- oder

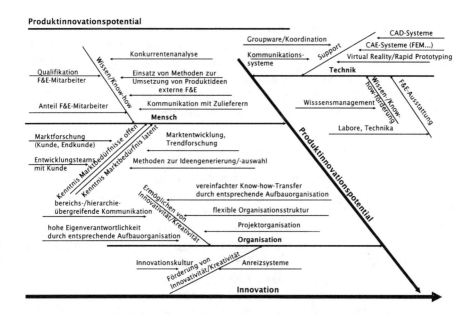

Abbildung 7.17.: Ursachen des Produktinnovationspotentials

Rapid Prototyping- Systeme (FHG 1998). Die Förderung und Verfügbarkeit von Wissen werden maßgeblich durch innovative Wissensmanagementsysteme ermöglicht. Geeignete Informationssysteme können Wissen benutzerspezifisch darstellen sowie eine Unterstützung leisten, personelle Wissensträger zu identifizieren und einen Informationsaustausch mit diesen durchzuführen (Eversheim u. a. 2000b).

Die innovationspotentialrelevante Wirkung des Teilsystems Organisation besteht aus dem Ermöglichen und aktiven Fördern von Innovativität und Kreativität. Den passiven Rahmen für Produktinnovationen liefert eine Aufbauorganisation, die dem einzelnen Mitarbeiter ein hochgradig eigenverantwortliches Arbeiten ermöglicht (FHG 1998). Die Aufbauorganisation sollte zum anderen den Know-how- und Wissenstransfer innerhalb des Unternehmens vereinfachen, was bei einer flachen Hierarchie der Fall ist (Witt 1996). Weitere Einflussgrößen sind eine Organisationsstruktur, die flexibel an neuartige Problemstellungen anpassbar ist (Witt 1996) sowie eine Projektorganisation (FHG 1998). Darüber hinaus ist eine bereichs- und hierarchieübergreifende Kommunikation ein wesentlicher Wirkfaktor auf die Innovativität (FHG 1998). Kreativität und Innovativität werden von der Organisation aktiv durch Anreizsysteme (Gerpott 1999) und eine Unternehmenskultur, in der Innovation als Unternehmensziel verankert ist, unterstützt (FHG 1998).

7.3.1.2. Prozessinnovationspotential

Die Wirkung des Teilsystems Mensch auf die Prozessinnovativität wird im Wesentlichen auf das technische und organisationale Wissen sowie die Kenntnis der offenen und latenten Marktbedürfnisse zurückgeführt (Abb. 7.18). Die Einflussfaktoren auf das Wissen und Know-how entsprechen weitgehend denen auf das Produktinnovationspotential. Der Einsatz von Methoden wie dem Technologiekalender (vgl. Eversheim u. a. 1993a, b) hat jedoch prozessbezogene Ziele. Darüber hinaus sind Schulungen, z. B. für Kaizen oder Anlagenbedienung zu ergänzen. Die Kenntnis der Marktbedürfnisse, die einen wesentlichen Anteil bei der Prozessgestaltung besitzt, hängt von vergleichbaren Faktoren ab, wie beim Produktinnovationspotential.

Die innovationspotentialrelevante Wirkung des Teilsystems Technik lässt sich im wesentlichen auf Supportsysteme, auf die Ausstattung der F&E-Abteilung und auf die Wissens- und Know-how-Förderung zurückführen. Unter Supportsysteme werden CAD-, CAM-, CAS- (Simulation) und PPS-Systeme subsumiert. Einen weiteren Teil des technikgetriebenen Prozessinnovationspotentials stellen Workflowmanagementsysteme, Systeme zum Engineering Data Management (EDM) und Product Data Management (PDM) ebenso wie Systeme für Projektmanagement und zur Geschäftsprozessmodellierung dar (FHG 1998). Für einen Datenaustausch mit dem Partner bzw. Kunden sind B2B- bzw. B2C-Systeme von Bedeutung. Die Äste F&E-Ausstattung und Wissens-Förderung gleichen denen beim Produktinnovationspotential.

Die Elemente der innovationspotentialrelevanten Wirkung des Teilsystems Organisation entsprechen weitestgehend denen des Produktinnovationspotentials. Nur der Kontinuierliche Verbesserungs-Prozess (KVP) ist zur Förderung von Innovativität hinzuzufügen (FHG 1998).

Prozeßinnovationspotential

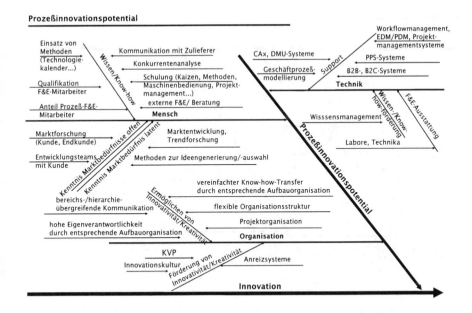

Abbildung 7.18.: Ursachen des Prozessinnovationspotentials

7.3.1.3. Geschäftsprozessinnovationspotential

Das Geschäftsinnovationspotential kann über das Teilsystem Mensch zunächst auf die Kenntnis und das Verständnis der Branche, des Marktes und der Wertschöpfung zurückgeführt werden (Abb. 7.19). Dies wird u. a. maßgeblich durch Lernlabore (Zahn und Weidler 1995) oder externe Beratung gefördert. Weitere Wirkgrößen auf das Teilsystem Mensch sind, wie beim Produkt- und Prozessinnovationspotential, die Kenntnis der offenen und latenten Marktbedürfnisse. Die Beobachtung der Marktentwicklung und Trendforschung (Johne 1999) beeinflussen die Kenntnis der latenten Marktbedürfnisse ebenso wie der Einsatz von Methoden zur Ideengenerierung und-auswahl (FHG 1998). Letzterer Aspekt wirkt sich auch auf die Kenntnis der offenen Bedürfnisse der Kunden und Endkunden aus, wobei zusätzlich eine leistungsfähige Marktforschung (FHG 1998) und die Kommunikation mit den Kunden

Geschäftsinnovationspotential

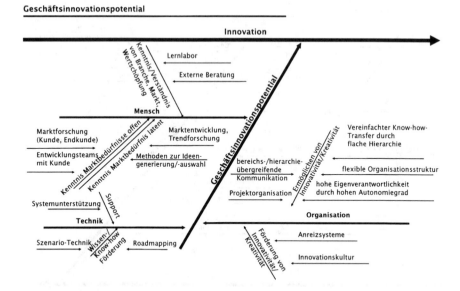

Abbildung 7.19.: Ursachen des Geschäftsinnovationspotentials

anzuführen sind (Gerpott 1999).

Technische Systeme, die ein Geschäftsinnovationspotential darstellen, sind im Wesentlichen auf die Förderung von Wissen und Know-how ausgerichtet. Eine Unterstützung der zukunftsbezogenen Planung ist die systemunterstützte Szenariotechnik (Möhrle 2000). Roadmapping ist ein Analyseverfahren, mit dem die Entwicklungspfade von Produkten, Dienstleistungen und Technologien in die Zukunft hinein prognostiziert, analysiert und visualisiert werden (Specht u. a. 2000). Des Weiteren ist eine allgemeine Systemunterstützung als Supporthilfsmittel zu nennen.

Die einzelnen Bestandteile des organisationsbezogenen Geschäftsinnovationspotentials entsprechen im Wesentlichen denen des Produktinnovationspotentials.

Zusammenfassend kann festgehalten werden, dass die Innovationspotentiale bezogen auf Produkt-, Prozess- und Geschäftsinnovationen sehr ähnlich sind. Im Fortgang wird daher mit einem aggregierten Innovationspotential für alle Innovationsarten gearbeitet.

7.3.1.4. Bestimmung des Innovationssynergiepotentials auf Potentialebene

Zunächst wird das Innovationspotential beider Partnerunternehmen bestimmt, indem mit Hilfe einer Checkliste überprüft wird, in welchem Umfang die im vorangegangenen Abschnitt vorgestellten Potentialelemente vorhanden sind (vgl. Fragebogen im Anhang E). Dabei werden auch Kennzahlen wie die Innovations- bzw. F&E-Intensität oder die F&E-Ausgaben pro Mitarbeiter genutzt, die mittelbar den Aufbau oder Erhalt des Innovationspotentials abbilden (vgl. Felder u. a. 1994). Das Innovationspotential in den Teilsystemen Mensch, Technik und Organisation beider Partnerunternehmen wird auf einer Skala zwischen »0« und »1« eingeordnet, wobei »0« eine sehr schwache und »1« eine optimale Ausprägung kennzeichnet (Abb. 7.20). Die Berechnung der resultierenden Gesamtposition des Unternehmens erfolgt nach der Systematik eines Scoring-Modells. Dabei werden die drei Teilbereiche gegeneinander nach ihrer Bedeutung gewichtet. Die Summe der gewichteten Punktzahlen ergibt dann einen Wert, der das Innovationspotential des Unternehmens widerspiegelt.

Es wird angenommen, dass das Innovationspotential der Unternehmensverbindung im Idealfall, d. h. bei optimalem Fit und geeigneter Unternehmensverbindungskonfiguration, einem Best-Practice-Mix der Innovationspotentiale der Partner entspricht. Dies ist darauf zurückzuführen, dass der schlechter aufgestellte Partner das Potential des besser aufgestellten Partners übernehmen kann. Das Innovationspotential der Unternehmensverbindung übertrifft damit die mittlere Potentialhöhe der unverbundenen Partner.

Die zeitlichen Dimensionen der Synergiepotentiale in den Teilsystemen Mensch, Technik und Organisation sind unterschiedlich. Der Wissensaustausch und der Transfer von Methoden sind insgesamt kurzfristig durchführbar. Dagegen benötigt die Implementierung von technischen Systemen eine mittelfristige Zusammenarbeit, die ungefähr auf die durchschnittliche Dauer eines Entwicklungsprojektes im Maschi-

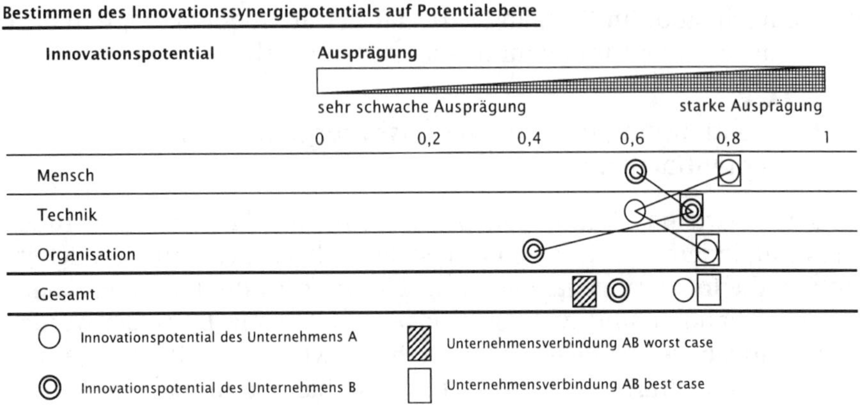

Bestimmen des Innovationssynergiepotentials auf Potentialebene

Innovationspotential	Ausprägung

sehr schwache Ausprägung   starke Ausprägung

	0	0,2	0,4	0,6	0,8	1
Mensch						
Technik						
Organisation						
Gesamt						

○ Innovationspotential des Unternehmens A   ▨ Unternehmensverbindung AB worst case

◎ Innovationspotential des Unternehmens B   ☐ Unternehmensverbindung AB best case

Abbildung 7.20.: Bestimmung des Innovationssynergiepotentials auf
            Potentialebene

nenbau (etwa 14 Monate) ausgelegt ist. Organisatorische Strukturen
und Innovationskultur können nur langfristig aufgebaut werden. Das
Synergiepotential auf Innovationspotentialebene ist somit nur in langfristigen Verbindungen vollständig verfügbar.

7.3.2. Innovationsmanagement

Innovationen benötigen über das Innovationspotential hinaus dessen
Aktivierung durch das Innovationsmanagement. Die Effizienz des Innovationsmanagements entspricht dem Wirkungsgrad, mit dem ein Unternehmen sein Innovationspotential aktiviert. Bevor die Effizienz des
Innovationsmanagements der Unternehmensverbindung ermittelt werden kann, werden die Wirkungsgrade der unverbundenen Verbindungspartner beurteilt. Da eine direkte Messung des Wirkungsgrades nur
schwer möglich ist, erfolgt eine indirekte Messung über das Verhältnis
der Innovativität des Unternehmens mit dessen Innovationspotential.

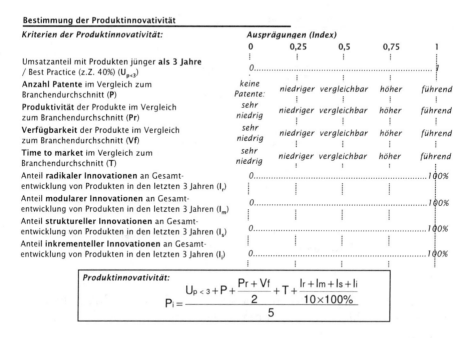

Abbildung 7.21.: Bestimmung der Produktinnovativität von Unternehmen

7.3.2.1. Bestimmung der Produktinnovativität

Beim Bestimmen der Produktinnovativität eines Unternehmens werden der Markterfolg, die Leistungsfähigkeit, der Neuigkeits- und Innovationsgrad sowie die Entwicklungsdauer der Produkte in die Bewertung mit einbezogen (vgl. Felder u. a. 1994, Gentner 1994, Gerpott 1999, Schwitalla 1992, Stratmann 1998). In Abbildung 7.21 sind die gewählten Kriterien zur Bewertung der Produktinnovativität dargestellt.

Der Markterfolg neuer Produkte wird über den Anteil der Produkte, die jünger als drei Jahre sind, am produktgetriebenen Gesamtumsatz bewertet. Die Anzahl der Patente im Vergleich zum Branchendurchschnitt gibt einen Hinweis auf den Neuigkeitsgrad der Produkte. Die Verfügbarkeit und die Produktivität der Produkte wird ebenfalls in Bezug zum Branchendurchschnitt betrachtet und erlaubt die Bewertung

Zweidimensionale Skala des Innovationsgrades (Module-Produktstruktur)

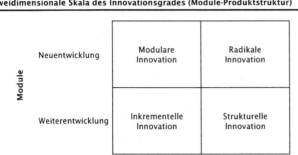

Abbildung 7.22.: Zweidimensionale Skala des Innovationsgrads, nach
HENDERSON/CLARK in Gausemeier und Riepe (2000)

der Leistungsfähigkeit der angebotenen Maschinen und Anlagen. Die
beiden Kennzahlen werden in der Berechnung der Produktinnovativi-
tätskennzahl zusammengefasst.

Unternehmen können außerdem nach dem Zeitpunkt der Markteinführung von Innovationen in Pioniere, frühe Folger oder Nachzügler
unterschieden werden, je nachdem ob sie mit einer Innovation als erster am Markt auftreten oder erst später. Zum Erreichen einer Pionier-
stellung ist eine kurze Time to Market ein wichtiger Erfolgsfaktor, der
in die Bewertung mit einfliesst. Der Innovationsgrad eines neuen Produktes steigt an, wenn statt der reinen Verbesserung bestehender Produktfunktionen oder -eigenschaften neue Funktionen oder Eigenschaften entwickelt werden. Den höchsten Innovationsgrad erreicht nach der
technisch orientierten Klassifizierung von HENDERSON/CLARK die radikale Innovation. Der Innovationsgrad leitet sich hierbei an Neuerungen
der Module bzw. Produktstruktur eines Produktes ab (Henderson und
Clark 1990) (Abb. 7.22).

In Anlehnung an diese Klassifizierung wird der Innovationsgrad über
die Anteile der Innovationsarten an der Gesamtentwicklung von Produkten in den letzten drei Jahren bestimmt.

7.3.2.2. Bestimmung der Prozessinnovativität

Zur Bestimmung der Prozessinnovativität wird sowohl der Neuheitsgrad des Prozesses selbst, als auch der Vorsprung an Effektivität und Effizienz im Vergleich zu den Wettbewerbern bewertet. Dies setzt jedoch voraus, dass ein innovativer Prozess tatsächlich die Effektivität und Effizienz des Unternehmens steigert. Eine Aussage darüber kann nicht auf einer isolierten Betrachtung des neuen Prozesses beruhen. Vielmehr ist eine Analyse der unternehmensweiten Auswirkungen des neuen Prozesses durchzuführen, welche die betroffenen Produkte, das bestehende Prozessgefüge und eventuell die Schnittstellen zum Kunden und Lieferanten mit einbezieht (vgl. Eversheim u.a. 1993c).

Der Innovationsgrad von Prozessen kann indirekt über Leistungskenngrößen von Prozessen bestimmt werden (vgl. Felder u.a. 1994, Gentner 1994, Gerpott 1999, Schwitalla 1992, Stratmann 1998). Die Bewertung bezieht sich dabei auf die Effektivität und Effizienz von Prozessen. Dabei werden Kennzahlen ermittelt, die Aussagen über die Intensität, die Produktivität, die Flexibilität und die Termintreue sowie über die Durchlaufzeit von Prozessen zulassen (Abb. 7.23).

Die Auftragsintensität wird über das Verhältnis der durchschnittlichen Wertschöpfungszeit zur durchschnittlichen Durchlaufzeit eines Auftrages bestimmt. Unter Aufträgen werden hier alle kundenbezogenen Auftragsarten (z.B. die Lieferung von Neuprodukten, Ersatzteilen oder die Durchführung von Reparaturen) verstanden. Prozessinnovationen haben häufig zum Ziel, dieses Verhältnis möglichst ausgeglichen zu gestalten. Die Produktivität eines Unternehmens im Maschinen- und Anlagenbau wird maßgeblich durch die Produktivität der Mitarbeiter bestimmt. Diese kann über die Kennzahl Wertschöpfung pro Mitarbeiter bestimmt werden. Eine hohe Mitarbeiterproduktivität im Vergleich zum Branchendurchschnitt lässt auf eine innovative Prozessgestaltung schliessen. Die Flexibilität von Prozessen zeigt sich insbesondere bei der Reaktion auf kundeninduzierte Änderungen. Um alle Änderungswünsche zu erfüllen, ist ebenfalls eine innovative Prozessgestaltung notwendig. Dies gilt auch für die Termintreue. Des Weiteren ist ein wichtiger Indikator für Prozessinnovativität die Durchlaufzeit von Aufträgen im Vergleich zur Branche. Hier zeigt sich, ob Prozessinnovatio-

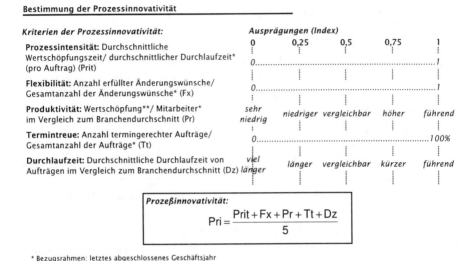

Abbildung 7.23.: Bestimmung der Prozessinnovativität von Unternehmen

nen zum wesentlichen Ziel, der Reduzierung der Durchlaufzeit, führen (Hauschildt 1997, Tschirky 1998).

Auf Basis der einzelnen Indizes kann für die Prozessinnovativität ein Gesamtkennwert gebildet werden. Dieser spiegelt als Gesamtheit den Grad an prozessbezogener Innovativität eines Unternehmens wider (Abb. 7.23).

7.3.2.3. Bestimmung der Geschäftsinnovativität

Geschäftsinnovationen zielen auf die Erneuerung der »Spielregeln« in der Branche ab und gehen dabei über klassische Kooperations- und Integrationsmaßnahmen hinaus. Innovative Problemlösungen, neue Formen der Zusammenarbeit innerhalb der Branche und die Suche nach neuen Partnern in der Wertkette führen zu einer Neuerfindung der Wertschöpfung (Zahn und Weidler 1995).

Im Bereich des Maschinenbaus können in Anlehnung an die wert-

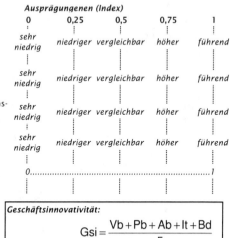

Bestimmung der Geschäftsinnovativität

Kriterien der Geschäftsinnovativität:

Verfügbarkeitsbeitrag: Umsatzanteil* von verfügbarkeitsorientierten Leistungssystemen im Vergleich zum Brachendurchschnitt **(Vb)**

Produktivitätsbeitrag: Umsatzanteil* mit produktivitätsorientierten Leistungssystemen im Vergleich zum Brachendurchschnitt **(Pb)**

Applikationsbeitrag: Umsatzanteil* mit applikationsorientierten Leistungssystemen im Vergleich zum Brachendurchschnitt **(Ab)**

Intensität: Anzahl der Geschäftsinnovationen im Vergleich zum Branchendurchschnitt** **(It)**

Bedeutung: durchschnittliche Anzahl der Adaptierer von Geschäftsinnovationen/ Anzahl Wettbewerber** **(Bd)**

* Bezugsrahmen: letztes abgeschlossenes Geschäftsjahr
** Bezugsrahmen: die letzten 5 Geschäftsjahre

Ausprägungenen (Index)

0	0,25	0,5	0,75	1
sehr niedrig	*niedriger*	*vergleichbar*	*höher*	*führend*

Geschäftsinnovativität:

$$Gsi = \frac{Vb + Pb + Ab + It + Bd}{5}$$

Abbildung 7.24.: Bestimmung der Geschäftsinnovativität eines Unternehmens

schöpfungsorientierte Strategien (siehe Kap. 2.3) Kennzahlen zur Bestimmung der Geschäftsinnovativität abgeleitet werden (Abb. 7.24). Es werden weiterhin Kennzahlen zur Beschreibung der Intensität und Bedeutung der Geschäftsinnovationen herangezogen. Über den Vergleich der Umsatzanteile mit wertschöpfungsorientierten Leistungssystemen mit dem Branchendurchschnitt werden Kennwerte bestimmt, die eine Aussage über den Stellenwert von Geschäftsinnovationen innerhalb eines Unternehmens zulassen. Die Intensität, d. h. die Häufigkeit von Geschäftsinnovationen wird über den Vergleich der Anzahl der eigenen Geschäftsinnovationen mit dem Branchendurchschnitt ermittelt. Die Bedeutung der entwickelten Geschäftsinnovationen wird über das Verhältnis der Adaptierer der Geschäftsinnovationen zu der Anzahl der Wettbewerber ermittelt. Die verschiedenen Kennzahlen werden gemittelt und geben so die Geschäftsinnovativität eines Partnerunternehmens wieder.

Bestimmung des Innovationssynergiepotentials auf Innovationsmanagementebene

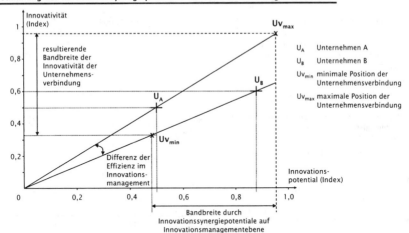

Abbildung 7.25.: Bestimmung des Innovationssynergiepotentials auf
Innovationsmanagementebene

7.3.2.4. Bestimmung des Innovationssynergiepotentials auf Innovationsmanagementebene

Mit den ermittelten Eingangsgrößen lassen sich die Effizienz des Innovationsmanagements der Unternehmensverbindung und damit die überadditiven Anteile als Innovationssynergiepotentiale auf Innovationsmanagementebene bestimmen. Dazu werden die Innovativitätsindizes aus den Bereichen Produkt, Prozess und Geschäft gemittelt und für die Verbindungspartner jeweils mit den gemittelten Innovationspotentialen mit Hilfe des sog. Innovationsportfolios in Relation gesetzt. Das Verhältnis aus Innovativitätsindex und Innovationspotential steht für die Effizienz des Innovationsmanagements. In Abbildung 7.25 sind exemplarisch die Effizienzwerte zweier Unternehmen dargestellt.

Die Entstehung von Innovationssynergiepotentialen auf Innovationsmanagementebene beruht auf Lerneffekten hervorgerufen durch Reichweiteneffekte beim weniger effizienten Partner. Durch den Transfer von Innovationsmanagement-Know-how wird im Idealfall eine Effizienz des

Innovationsmanagements in der Verbindung erzielt, die der des effizienteren Partners entspricht. Im schlechtesten Fall wird das Innovationsmanagement des ineffizienteren Partners auf die Verbindung übertragen.

Aus der Kenntnis der Bandbreite des Innovationspotentials der Verbindung, die in Kapitel 7.3.1.4 bestimmt wurde, und der Effizienzwerte der einzelnen Partnerunternehmen kann nun die Bandbreite der möglichen Innovativität der Unternehmensverbindung abgeleitet werden. Im optimalen Fall wird das Innovationspotential der Verbindung durch das Innovationsmanagement des effizienteren, im schlechtesten Fall des ineffizienteren Partners aktiviert. Daraus ergibt sich, wie in Abbildung 7.25 dargestellt, die Bandbreite der Innovativität der Unternehmensverbindung.

Die Höhe des Innovationssynergiepotentials ist vom Fit der Partner und von der Konfiguration der Unternehmensverbindung abhängig. Ein ungünstiges Verhältnis von Fit und Konfiguration führt zu einem Verlust an Innovativität und Innovationspotential durch die Verbindung, während im optimalen Zustand positive synergistische Potentiale entstehen. Ferner ist zu berücksichtigen, dass aufgrund der Unschärfe der Eingangsgrößen und des zukunftsorientierten Charakters das Innovationssynergiepotential nur als Ergebniskorridor angegeben werden kann, in denen das Ergebnis mit einer definierten Wahrscheinlichkeit liegt.

Innovationssynergiepotentiale auf der Managementebene entstehen nur mittelfristig. Der Aufbau der Fähigkeiten des Managements und der Akzeptanz neuartiger Führungsstile bei den Mitarbeitern bedarf eines Zeitraumes, der etwa der durchschnittlichen Dauer eines Entwicklungsprojektes in der Branche Maschinenbau (etwa 14 Monate) entspricht.

7.3.3. Quantitative Bewertung

In den vergangenen Abschnitten wurden das Innovationspotential und die Innovativität einer Unternehmensverbindung aufgrund emergenter Innovationssynergiepotentiale ermittelt. Im Folgenden werden die Auswirkungen auf das Umsatzwachstum untersucht. Dies ist notwendig, um Innovationssynergien in Unternehmensverbindungen monetär zu quantifizieren.

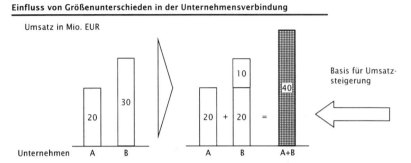

Abbildung 7.26.: Einfluss von Größenunterschieden in der
Unternehmensverbindung

Bei der Angabe von Wachstumsraten der *absoluten* Kennzahl *Umsatz* sind Größenunterschiede zwischen den Verbindungspartnern zu berücksichtigen (Abb. 7.26).

Bei relativen Größenunterschieden wird davon ausgegangen, dass Innovationssynergiepotentiale nur in dem Teil des größeren Partners entstehen können, der der Größe des kleineren Partners entspricht. Somit wird als Basis für den Prozentsatz der Umsatzsteigerung der zweifache Umsatz des kleineren Partners herangezogen.

In den bisherigen Ausführungen wurde gezeigt, dass Innovationssynergiepotentiale sich sowohl auf das Innovationspotential der Unternehmensverbindung als auch auf deren Innovativität überadditiv steigernd auswirken können. Es ist zu erwarten, dass die Veränderung der Innovativität sich in erster Linie auf das Umsatzwachstum (somit indirekt auf die Rentabilität) der Unternehmensverbindung auswirkt.

Die im Folgenden konstatierten Veränderungen des Umsatzwachstums gelten unter der Annahme der »ceteris paribus«-Bedingung, d. h. außer den variablen Größen *Innovationspotential* und *Innovativität* werden alle weiteren erfolgsrelevanten Faktoren (Marktmacht, Marketingmaßnahmen etc.) als konstant angesehen. Die angegebenen Änderungsraten des Umsatzwachstums sind damit ausschließlich auf Innovationssynergiepotentiale zurückzuführen.

Der Zusammenhang zwischen Innovativität und Umsatzwachstum

Umsatzsynergien durch Innovativität

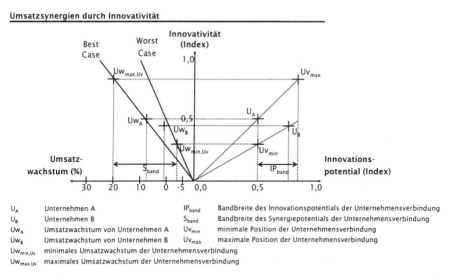

U_A	Unternehmen A	IP_{band} Bandbreite des Innovationspotentials der Unternehmensverbindung
U_B	Unternehmen B	S_{band} Bandbreite des Synergiepotentials der Unternehmensverbindung
Uw_A	Umsatzwachstum von Unternehmen A	Uv_{min} minimale Position der Unternehmensverbindung
Uw_B	Umsatzwachstum von Unternehmen B	Uv_{max} maximale Position der Unternehmensverbindung
$Uw_{min,Uv}$	minimales Umsatzwachstum der Unternehmensverbindung	
$Uw_{max,Uv}$	maximales Umsatzwachstum der Unternehmensverbindung	

Abbildung 7.27.: Umsatzwachstum durch Synergiepotentiale im Bereich Innovation

wurde mit Hilfe der Datenbasis der in Anhang A beschriebenen Studie hergestellt. Die befragten Unternehmen der Branche Maschinenbau wurden bezüglich ihres durchschnittlichen Umsatzwachstums in den letzten drei Jahren und ihrer Innovativität zueinander in Beziehung gesetzt (Abb. 7.27).

Der Korridor der verteilten Unternehmen wurde durch einen »Best Case«- und einen »Worst Case«-Graphen im linken Quadranten eingeschlossen. Mit Hilfe der beiden Graphen ist es möglich, das zu erwartende Umsatzwachstum aufgrund von Innovativität in einer ersten Näherung zu bestimmen. Durch die Unterteilung in Best Case und Worst Case wird der Unsicherheit der Analyse Rechnung getragen.

Mit Hilfe der abgeleiteten Beziehung zwischen Innovativität und Umsatzwachstum können quantifizierbare Aussagen über die Auswirkungen emergenter Innovationssynergiepotentiale getroffen werden. Hierzu werden die Positionen der Partnerunternehmen im rechten Quadranten ermittelt. Im linken Quadranten werden die Partnerunternehmen anhand ihres Umsatzwachstums positioniert. Mit Hilfe der beschriebenen Methode wird die Bandbreite des Innovationspotentials und der Innovativität der Unternehmensverbindung prognostiziert. Mit Hilfe der beiden Graphen im linken Quadranten und der minimalen und maximalen Innovativität der Unternehmensverbindung kann die Bandbreite des zu erwartenden Umsatzwachstums bestimmt werden. Vergleicht man nun das Umsatzwachstum der Unternehmensverbindung mit dem der einzelnen Partnerunternehmen, kann die Bandbreite des Synergiepotentials im Bereich der Innovation monetär ausgewiesen werden.

Mit Hilfe der vorgestellten Methode lassen sich die Auswirkungen eines emergenten Innovationssynergiepotentials auf das Umsatzwachstum in einer Unternehmensverbindung quantifizieren. Dazu werden die Innovationspotential- und Innovativitätswerte der isolierten Verbindungspartner und des Unternehmensverbundes ermittelt. Auf Basis des empirisch festgestellten Zusammenhangs zwischen Innovativität und Umsatzwachstum ergeben sich die Umsatzwachstumskennwerte sowohl der Verbindung als auch der isolierten Partnerunternehmen. Vergleicht man nun die Höhe des Umsatzwachstums der Unternehmensverbindung mit dem Wert der Verbindungsteilnehmer im unverbundenen Zustand (Mittelwert der Umsatzwachstumswerte der einzelnen Partner), ist die Differenz gleich der wirtschaftlichen Wirkung des emergenten Innovationssynergiepotentials.

Die Qualität dieses empirischen Vorgehens hängt in erster Linie von der Genauigkeit und Sicherheit des Zusammenhangs zwischen dem Umsatzwachstum und den Innovationskennwerten ab. Die dargestellten Ergebnisse sind als Anstoss für eine umfassendere und statistisch belastbare Untersuchung anzusehen. Diese kann im Laufe der Anwendung der Methode in der Praxis durch die aufgenommenen Kennwerte unterstützt werden.

7.4. Instanziierung der Synergieart Markt

Ebenso wie die Synergieart Innovation kann auch die Synergieart Markt zu einer Umsatz- bzw. Rentabilitätssteigerung bei Unternehmensverbindungen führen. Der Großteil der Märkte, die von Maschinenbauun-

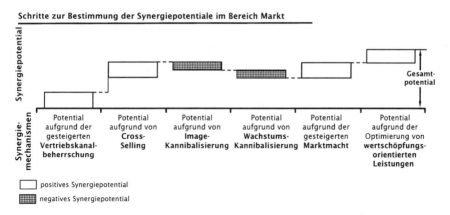

Abbildung 7.28.: Vorgehensweise zur Ermittlung der Synergien im Bereich Markt

ternehmen beliefert werden, ist gesättigt (VDMA 2000a). MATTES nennt folgende Erfolgsfaktoren in gesättigten Märkten (Hirzel, Leder & Partner 1993):

- Beherrschung der Vetriebsnäle (Kosten-/Leistungsrelation),
- Optimierung des logistischen Systems (Produktion, Distribution),
- Serviceleistungen,
- Werbekraft und
- differenzierte Leistungsangebote für verschiedene Zielgruppen.

Dies deckt sich auch mit den Resultaten der in Kapitel 2.3 beschriebenen Untersuchung zu erfolgreichen Strategien im Maschinenbau. Basierend auf dieser Untersuchung und den Arbeiten von MATTES wurde die in Abbildung 7.28 gezeigte Vorgehensweise entwickelt, um Synergiepotentiale im Bereich Markt zu ermitteln.

In einem ersten Schritt werden die positiven Synergien bestimmt. Diese sind durch gesteigerte Vertriebskanalbeherrschung und Marktmacht sowie aufgrund positiver Spill-over-Effekte, die das Cross selling der Produkte erlauben, zu erwarten (Paprottka 1996). Negative Synergien entstehen durch Kannibalisierungsmechanismen. Die sog. Image-Kannibalisierung basiert auf negativen Spill-over-Effekten und kann zu einer Reduzierung des Umsatzes beider Partner durch bewussten Markenverzicht der Kunden führen. Die Wachstums-Kannibalisierung ist auf den Wachstumsmechanismus in einem gesättigten Neuproduktmarkt zurückzuführen. Der Gewinn zusätzlicher Marktanteile des gesättigten Markts durch einen Partner der Unternehmensverbindung erfolgt immer zu Lasten der Marktanteile der Wettbewerber. Verbinden sich Wettbewerber, kann im Extremfall der Zugewinn von Marktanteilen des einen Partners zum Verlust gleichen Anteils beim anderen Partner führen. Die Optimierung ist unabhängig von Kannibalisierungseffekten der wertschöpfungsorientierten Leistungen der Partner. Es wird hier davon ausgegangen, dass in einer Unternehmensverbindung durch Größen- und Reichweiteneffekte eine Angleichung der Leistungsangebote in nicht Neuprodukt-getriebenen Bereichen stattfindet, die zu einer Umsatzsteigerung führen kann.

Nachfolgend werden die Marktmechanismen und die Berechnung der daraus resultierenden Synergiepotentiale erläutert.

7.4.1. Vertriebskanalbeherrschung

In Abbildung 7.29 sind die Auswirkungen einer besseren Vertriebskanalbeherrschung auf den Umsatz in einem Markt dargestellt. Die Daten basieren auf einer Studie von McKinsey zum Zusammenhang zwischen Vertriebsart und Umsatz. In dieser Studie wird zwischen Key-account-Management, eigenem Vertriebsstützpunkt, Handelsagenten, Handelshäusern und eigenen reisenden Vertriebsmitarbeitern unterschieden. Für die Vertriebsarten wurden Indexwerte ermittelt, die dem Vertriebspotential der jeweiligen Vertriebsart entsprechen. Als kritische Umsatzgröße für einen eigenen Vertriebsstützpunkt wurde auf Basis der in Kap. 1.4 genannten Studie 15 Mio. Euro bestimmt.

Ausgehend von der Studie wurde eine Methode entwickelt, die es erlaubt, die Umsatzsteigerung in Unternehmensverbindungen aufgrund besserer Vertriebskanalbeherrschung zu bestimmen. Hierzu wird die Verteilung des Gesamtumsatzes über die Wirtschaftsräume als Ausgangspunkt genommen. Des Weiteren wird die Verteilung des Umsatzes pro Vertriebsart und Wirtschaftsraum für jeden der Partner bestimmt. Mit Hilfe der Daten kann das mittlere Vertriebspotential pro

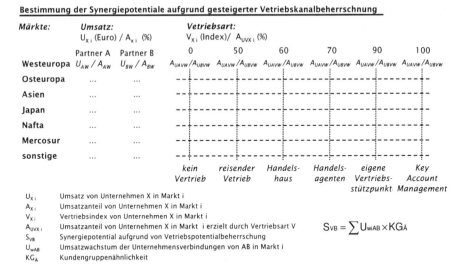

Bestimmung der Synergiepotentiale aufgrund gesteigerter Vetriebskanalbeherrschnung

Märkte:	Umsatz: $U_{x\,i}$ (Euro) / $A_{x\,i}$ (%)		Vetriebsart: $V_{x\,i}$ (Index)/ $A_{UVX\,i}$ (%)					
	Partner A	Partner B	0	50	60	70	90	100
Westeuropa	U_{AW}/A_{AW}	U_{BW}/A_{BW}	A_{UAVW}/A_{UBVW}	A_{UAVW}/A_{UBVW}	A_{UAVW}/A_{UBVW}	A_{UAVW}/A_{UBVW}	A_{UAVW}/A_{UBVW}	A_{UAVW}/A_{UBVW}
Osteuropa	...	...						
Asien	...	...						
Japan	...	...						
Nafta	...	...						
Mercosur	...	...						
sonstige	...	...						
			kein Vertrieb	reisender Vetrieb	Handels- haus	Handels- agenten	eigene Vertriebs- stützpunkt	Key Account Management

$U_{X\,i}$	Umsatz von Unternehmen X in Markt i
$A_{X\,i}$	Umsatzanteil von Unternehmen X in Markt i
$V_{X\,i}$	Vertriebsindex von Unternehmen X in Markt i
$A_{UVX\,i}$	Umsatzanteil von Unternehmen X in Markt i erzielt durch Vertriebsart V
S_{VB}	Synergiepotential aufgrund von Vetriebspotentialbeherrschung
U_{wAB}	Umsatzwachstum der Unternehmensverbindungen von AB in Markt i
KG_A	Kundengruppenähnlichkeit

$$S_{VB} = \sum U_{WiAB} \times KG_{\ddot{A}}$$

Abbildung 7.29.: Berechnung der Synergiepotentiale aufgrund besserer
Vertriebskanalbeherrschung

Partner und Wirtschaftsraum ermittelt werden. Der Vergleich der Vertriebspotentialprofile erlaubt Aussagen über die potentielle Steigerung des Umsatzes des Partners mit dem schlechteren Vertriebspotential. Es wird angenommen, dass aufgrund von Reichweiteneffekten der jeweils schlechter positionierte Partner vom besser positionierten profitieren kann. Überschreiten die Partner in einem Markt gemeinsam die Umsatzschwelle von 15 Mio. Euro, kann gemeinsam ein eigener Vertriebsstützpunkt aufgebaut und das mittlere Vertriebspotential entsprechend angepasst werden (eigene Vertriebsstützpunkte = 90). Dieser Schritt führt zu einer Umsatzsteigerung für beide Partner. Ist einer der Partner in einem Markt nicht präsent, so erfolgt die Berechnung des möglichen Umsatzes des nicht positionierten Partners anhand des Umsatzanteils und der mittleren Vertriebspotentialstärke des bereits positionierten Partners. Abschließend wird der für Märkte berechnete Umsatzzuwachs unter Beachtung der Kundengruppenähnlichkeit (siehe Kap. 7.1.5) bewertet und entsprechend reduziert.

Zusammenhang zwischen Marktanteil und Profitabilität

Marktanteil der Geschäftseinheit (Ma) (%)	durchschnittlicher Return on Invest (ROI)* (%)	Marktanteilskoeffizient (Mk)
10 - 20	9	Formel:
20 - 30	13	Mk = ROI* / Ma
30 - 40	18	Lösungsraum (Index):
40 -50	23	Mk ~ -0,16 - 0,84
> 50	30	

Abbildung 7.30.: Marktanteil und Return on Invest

7.4.2. Marktmacht

Die wirtschaftliche Marktmacht eines Unternehmens kann durch die Veränderung der Marktform bis zum Monopol ansteigen. Die Marktmacht bildet sich dabei hauptsächlich in den Bereichen Beschaffung und Absatz (Paprottka 1996) aus. Die Beschaffungsmacht wurde bereits bei der Beschreibung der Synergieart Rationalisierung berücksichtigt (siehe Kap. 7.1.2).

Die Marktmacht im Absatzbereich wird im Maschinenbau maßgeblich durch den Marktanteil des jeweiligen Unternehmens bestimmt (Wildemann 1998, 1997, Scholz 1997). In einer Studie des PIMS-Programms (PIMS: Profit Impact of Market Strategies) wurde der Zusammenhang zwischen Marktführerschaft und Return on Invest (ROI) ca. 3000 strategischer Einheiten, die zu ca. 200 Unternehmen gehören, analysiert (Abb. 7.30). Es wurde nachgewiesen, dass ein hoher Marktanteil mit einer hohen Profitabilität einhergeht. Daraus wurde der Marktanteilseffekt bzw. Marktanteilskoeffizient abgeleitet. Dieser Effekt wurde in zahlreichen weiteren Studien bestätigt. Die Höhe des Effekts als Quotient von ROI zu Marktanteil variiert zwischen 0,16 und 0,84 (Scholz 1997).

Aufgrund der Tatsache, dass ein steigender Marktanteil nicht zwingend zu höherer Profitabilität führt (Scholz 1997), wird dieser Effekt hier zwar berücksichtigt, jedoch ist die Höhe bzw. die Auftretenswahrscheinlichkeit des Effekts durch die Verbindungspartner oder durch Branchenexperten zu prüfen und ggf. anzupassen.

Bestimmung Synergiepotentiale aufgrund von gesteigerter Marktmacht

Produkte:	Umsatz: $U_{x\,i}$ (Euro)		Marktanteil: $Ma_{x\,i}$ (%)		Umsatzrentabilität* : $Ur_{x\,i}$ (%)		Umsatzzuwachs : $dU_{x\,i}$ (%)	
	Partner A	Partner B	Partner A	Partner B	Partner A	Partner B	Partner A	Partner B
Produktbereich 1	U_{Al}..	U_{Bl}	Ma_{Al}..	Ma_{Bl}	Ur_{Al}	Ur_{Bl}	dU_{Al}	dU_{Bl}
Produktbereich 2	...	...	...	...	...	...	...	...
...	...	...	...	...	...	...	...	...
Produktbereich n	...	...	...	...	...	...	dU_{An}	dU_{Bn}

gemittelter Marktanteilskoeffizient ($Mk_{AB\,i}$) (Euro):

$Mk_{ABi} = ((Ur_{A\,i} / ((1 - Ur_{A\,i}) \times Ma_{A\,i}) + (Ur_{B\,i} / ((1 - Ur_{B\,i}) \times Ma_{B\,i})) / 2$

Umsatzsteigerung von Partner A im Markt i ($dU_{A\,i}$) (Euro):

$dU_{A\,i} = ((Ma_{A\,i} + Ma_{B\,i})/ (1 / Mk_{A\,Bi} + Ma_{A\,i} + Ma_{B\,i}) - Ur_{A\,i}) \times U_{A\,i}$

Umsatzsteigerung von Partner B im Markt i (dU_{XBi}) (Euro):

$dU_{B\,i} = ((Ma_{A\,i} + Ma_{B\,i})/ (1 / Mk_{AB\,i} + Ma_{A\,i} + Ma_{B\,i}) - Ur_{B\,i}) \times U_{B\,i}$

Synergiepotential der Unternehmensverbindung aufgrund von Marktmacht ($S_{MM\,AB}$) (Euro) :

$$S_{Mm,\,AB} = \sum_{i=1}^{n} dU_{A\,i} + dU_{B\,i}$$

$U_{x\,i}$	Umsatz von Unternehmen X im Produktbereich i
$Ur_{x\,i}$	Umsatzrentabilität von Unternehmen X im Produktbereich i
$dU_{x\,i}$	Umsatzzuwachs von Unternehmen X im Produktbereich i
$Ma_{x\,i}$	Marktanteil von Unternehmen X im Produktbereich i
S_{MMAB}	Synergiepotential aufgrund erhöhter Marktmacht in einer Unternehmensverbindung von A und B

Abbildung 7.31.: Ermittlung des Synergiepotentials durch erhöhte Marktmacht

Zur Ermittlung des Umsatzzuwachses ist zunächst durch die Partner eine Auflistung vergleichbarer Produktgruppen bzw. -linien zu erstellen. Für die Produktgruppen werden der erzielte Umsatz, der Marktanteil und die Umsatzrentabilität ermittelt. Aufgrund der oben gezeigten Varianz des Marktanteilseffekts ist es erforderlich, den Effekt pro Produktgruppe neu zu berechnen. Mit Hilfe der in Abb. 7.30 gezeigten Formeln kann dann der pro Partner und Produktgruppe jeweils mögliche Umsatzzuwachs berechnet werden. Durch Addition der Werte erhält man schließlich das durch gesteigerte Marktmacht in der Unternehmensverbindung mögliche Synergiepotential (Abb. 7.31).

Die ermittelten Werte fließen – nach ihrer Prüfung und möglicherweise notwendigen Anpassung durch die Unternehmenspartner, oder Branchenexperten – als maximales durch Marktmacht erzeugtes Synergiepotential in weitere Berechnungen ein.

7.4.3. Positive Spill-over-Effekte – Cross selling

Spill-over- bzw. Ausstrahlungs-Effekte können durch das Zusammenführen von Marken- oder Produktfamilien entstehen. In Unternehmensverbindungen sind positive Spill-over-Effekte zu erwarten, wenn durch die Integration partnerspezifischer Produktgruppen *Bedarfsverbünde, Kaufverbünde* sowie *verbundene Nachfragen* ermöglicht werden (Paprottka 1996).

Ein Bedarfsverbund kann zwischen komplementären Produkten gebildet werden, die gemeinsam genutzt oder verbraucht werden (Paprottka 1996). Im Maschinenbau ist z. B. das kombinierte Angebot von Automatisierungstechnik und Werkzeugmaschinen denkbar.

Die gemeinsame Nutzung eines Goodwill-Transfers zwischen partnerspezifischen Produkten basierend auf absatzpolitischen Maßnahmen insbesondere durch Werbung und Raumpolitik ist Ziel von Kaufverbünden. In Kaufverbünden wird versucht, das positive Image der Marken- oder Produktfamilie eines Partners auf die Produkte des Partners zu übertragen, indem diese in die Marken- bzw. Produktfamilie integriert werden. Dabei können die Produkte unabhängig voneinander von den Konsumenten genutzt werden (Paprottka 1996). Als Beispiel im Maschinenbau wäre hier das Angebot von Werkzeugmaschinen und kunstoffverarbeitenden Maschinen an einen Automobilzulieferer zu nennen.

Die verbundene Nachfrage soll, dem Käufer das sog. One-stop-shopping zu ermöglichen. Viele Konsumenten möchten gern den Großteil ihrer Einkäufe bei einem Hersteller bzw. unter einem Dach (z. B. in Supermärkten oder Kaufhäusern) tätigen (Paprottka 1996). Im Maschinenbau kann dies z. B. das Angebot von Fräs-, Erodier- und Schleifmaschinen sowie Pressen an Werkzeugbaubetriebe sein, die damit einen Großteil ihres Technologiebedarfs bei einem Zulieferer decken können.

Für Unternehmensverbindungen im Maschinenbau besitzen die Ausstrahlungs-Effekte eine grosse Bedeutung. Zum einen sind aufgrund der vielfältigen Technologien zahlreiche Nachfrage- und Kaufverbünde sowie verbundene Nachfragen denkbar. Die Verbünde ermöglichen durch die Konfiguration individueller Leistungsangebote entlang der Wertschöpfungskette des Kunden sog. »Cross selling« (McKinsey 2001).

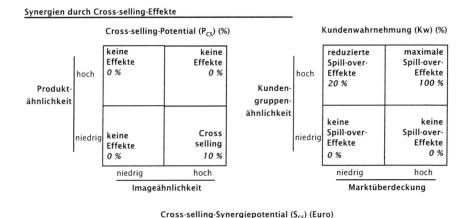

Abbildung 7.32.: Berechnung des positiven Spill-over-Potentials

Zum anderen spielen Markendenken, Prestige und Kundenwahrnehmung in vielen Segmenten des Maschinenbaus eine große Rolle (VDMA 2000a). In einem Expertenworkshop wurden Größen erhoben, die auf Cross-selling-Effekte zurückzuführen sind und sich auf das Synergiepotential auswirken (Abb. 7.32).

Die Höhe des maximal durch Cross-selling-Effekte möglichen Synergiepotentials liegt bei zehn Prozent, bezogen auf das Zweifache des Umsatzes des umsatzschwächeren Partners (McKinsey 2001). Das maximale Potential steht, wie auf der rechten Seite von Abbildung 7.32 dargestellt, zur Verfügung, wenn die Produktähnlichkeit (vgl. Kap. 7.1.1) niedrig und die Imageähnlichkeit hoch ist. Dies ist aufgrund der Kundenstruktur des Maschinenbaus einleuchtend, da Angebote aufgrund von Cross selling in dieser Branche nur mit komplementären und ähnlich positionierten Produkten erfolgversprechend sind. Die Imageähnlichkeit wird über einen Profilvergleich der imagebeschreibenden Kriterien (führend in Preis, Betriebskosten, Funktionalität, Innovation, Qualität, Service sowie hohes Prestige und Erfahrung) ermittelt. Hierzu werden die Kriterien durch die Partner bezogen auf die eigene Marktposition bewertet. Die Profile der Partner werden dann in Analogie zur Berechnung der in Kapitel 7.1 beschriebenen Vorgehensweise miteinander verglichen und so ein Ähnlichkeitswert bestimmt.

Das maximale Potential kann nur bei hoher Absatzmarktähnlichkeit aktiviert werden. Die Absatzmarktähnlichkeit hängt von der Kundengruppenähnlichkeit und der Marktüberdeckung ab (vgl. Kap. 7.1.5). Bei geringer Marktüberdeckung kann nur ein eingeschränktes Potential (ca. 20 %) aktiviert werden. Es sind zwar Cross-selling-Effekte realisierbar, die Absatzmarktähnlichkeit ist jedoch aufgrund der Unterschiede der durch die Partner bedienten geografischen Märkte eingeschränkt. Dies führt zu einer Reduzierung der Ausstrahlungs-Effekte. Im Zuge der Globalisierung und Vernetzung ist jedoch zu erwarten, dass der Einfluss der Marktüberdeckung auf das Cross-selling-Potential zukünftig weiter an Bedeutung verliert und somit nur noch die Kundengruppenähnlichkeit die Aktivierbarkeit des Potentials bestimmt.

7.4.4. Negative Spill-over-Effekte – Image-Kannibalisierung

Neben den positiven Wirkungen von Austrahlungs-Effekten sind auch negative Wirkungen in Unternehmensverbindungen zu erwarten (Paprottka 1996). Zu den negativen Auswirkungen von Ausstrahlungseffekten in Unternehmensverbindungen gehören die sog. Image-Kannibalisierungs-Effekte. Sie entstehen, wenn Wettbewerber, die vergleichbare Kunden mit vergleichbaren Produkten bedienen, eine Unternehmensverbindung eingehen. Hier sind zwei Fälle zu unterscheiden (Abb. 7.33).

Im ersten Fall besitzen die Produkte der Verbindungspartner ein vergleichbares Image. Sie sind im Markt häufig gegeneinander positioniert und die Kunden dieser Unternehmen wurden über Jahre hinweg durch den jeweiligen Vertrieb der Unternehmen auf die eigenen Produkte »eingeschworen«, die des Wettbewerbs dagegen »verteufelt«. Durch eine Unternehmensverbindung in diesem Spannungsfeld werden Kunden verunsichert; sie neigen deshalb u. U. zum Verzicht auf die jeweiligen Produkte dieser Unternehmen und wechseln zu Wettbewerbern. Durch den aktiven Markenverzicht dieser Kunden ist in Unternehmensverbindungen ein Umsatzrückgang von ca. 10 Prozent bezogen auf den zwei-

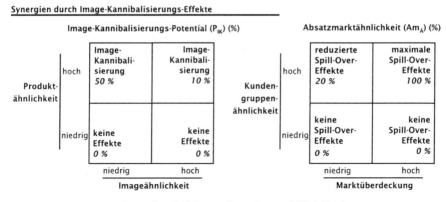

Abbildung 7.33.: Berechnung des negativen Spill-over-Potentials

fachen Umsatz des umsatzschwächeren Partners zu erwarten.

Im zweiten Fall ist das Image der Wettbewerber unterschiedlich, die Rahmenbedingungen ansonsten gleich. Die Imageunterschiede verstärken den Kundentrend zum aktiven Markenverzicht; der Markenverzicht kann im Extremfall zu einer ca. 50%igen Reduzierung des zweifachen Umsatzes des umsatzschwächeren Partners führen.

Auch hier wird das negative Potential nur aktiviert, wenn die Absatzmärkte der Partner identisch sind. Bei unterschiedlicher Marktüberdeckung, aber hoher Kundengruppenähnlichkeit ist dieses Potential auf 20 Prozent reduziert.

7.4.5. Wachstums-Kannibalisierung

Die Realisierbarkeit der bisher bestimmten umsatzwirksamen Synergien hängt im Wesentlichen von der Ähnlichkeit der belieferten Märkte und der Produktähnlichkeit ab. Es ist davon auszugehen, dass ein durch Unternehmensverbindungen erzeugtes Wachstum in den gesättigten Segmenten des Maschinenbaus nicht ausschließlich zu Lasten

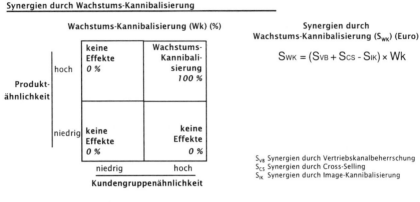

Abbildung 7.34.: Berechnung des Synergiepotentials durch
Wachstumskannibalisierung

der Wettbewerber vollzogen werden kann. Bieten die Verbindungspartner den gleichen Kunden identische Produkte an, so ist sogar zu erwarten, dass sämtliches Wachstum des einen Partners zu Lasten des anderen Partners geschieht (McKinsey 2001).

Die sog. Wachstums-Kannibalisierung in Unternehmensverbindungen wird wie in Abbildung 7.34 gezeigt, berechnet. Die positiven Synergien im Bereich der Vertriebskanalbeherrschung und die Synergien aufgrund von Spill-over-Effekten werden addiert (die Synergie der Image-Kannibalisierung fließt hierbei als negativer Wert ein). Die Summe der Synergien wird mit dem Koeffizienten der Wachstumskannibalisierung multipliziert. Dieser wird mit Hilfe des in der Abbildung gezeigten Portfolios unter Beachtung der Produkt- und Kundengruppenähnlichkeit (vgl. Kap. 7.1) bestimmt.

7.4.6. Wertschöpfungsorientierte Leistungen

Neben marktwirksamen Synergien im Neuprodukt-Geschäft sind als weiterer wichtiger Marktbereich die industriellen Dienstleistungen zu bewerten. Wie in Kapitel 2.3 gezeigt, gewinnen wertschöpfungsorientierte Strategien zunehmend an Bedeutung. Viele Maschinenbauer werden zukünftig versuchen, ihren Kunden proaktiv individuelle Dienstleistungspakete anzubieten. LEIBINGER geht davon aus, dass im Maschinenbau der durchschnittliche Umsatzanteil mit industriellen Dienstleistungen 25 Prozent betragen wird (McKinsey 2001). Die Leistungsfähigkeit der Maschinenbauunternehmen variiert z. Z. sehr stark im Service-Bereich (Eversheim u. a. 2000a). Einige Unternehmen haben bereits eigene Service-Unternehmen ausgegliedert, die professionelles Service-Engineering betreiben und so den Dienstleistungsmarkt aktiv bedienen. Ein Beispiel ist hier die Premier Group des Lackieranlagenherstellers Dürr AG (McKinsey 2001). Viele Maschinenbauer sind in der Entwicklung ihres Serviceangebot jedoch noch nicht so weit fortgeschritten. Die Hauptgründe hierfür liegen im mangelnden Verständnis der involvierten Unternehmensbereiche für das Servicegeschäft und im Fähigkeitsprofil der Servicemitarbeiter (McKinsey 2001).

In Unternehmensverbindungen ist zu erwarten, dass durch Reichweiten- und Größeneffekte Synergien erschlossen werden können. Insbesondere durch Know-how-Transfer, also Reichweiteneffekte der öffentlichen Produktionsfaktoren, können die o. g. Barrieren überwunden werden.

In Abbildung 7.35 wird die Vorgehensweise zur Ermittlung der Synergien wertschöpfungsorientierter Leistungen dargestellt. Für jeden Partner der Unternehmensverbindung wird errechnet, wie hoch der Anteil der relevanten Serviceleistungen am Gesamtumsatz ist. Aufgrund der genannten Effekte wird erwartet, dass sich die Umsatzanteile der Partner über die Serviceleistungen im Sinne eines Best-Practice-Mixes an das Idealprofil angleichen werden. Aus dem damit verbundenen Umsatzwachstum in den jeweiligen Servicearten kann das resultierende Synergiepotential wertschöpfungsorientierter Leistungen ermittelt werden. Da die Serviceleistungen nach wie vor eng an Produkte gebunden sind, wird das Gesamtpotential mit der Produktähnlichkeit (vgl. Kap 7.1.1) multipliziert und dadurch angeglichen.

Die vorgestellte Vorgehensweise ermöglicht, umsatzwirksame Synergien im Bereich Markt strukturiert zu ermitteln. Sämtliche Synergien in diesem Bereich können mittelfristig, d. h. in einem Zeitraum von ca. 12–18 Monaten erschlossen werden. Eine Ausnahme bildet hier die negative Synergie durch Image-Kannibalisierung, mit der sofort nach

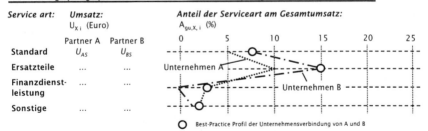

Bestimmung Synergiepotentiale im Bereich der wertschöpfungsorientierten Leistungen

Abbildung 7.35.: Berechnung der Synergiepotentiale durch Reichweiteneffekte im Bereich der wertschöpfungsorientierten Leistungen

Bekanntwerden einer Unternehmensverbindung zu rechnen ist.

Prognosen über Umsatzentwicklungen aufgrund von Unternehmensverbindungen sind grundsätzlich mit einer hohen Unsicherheit verbunden. Viele Autoren schlagen deshalb vor, umsatzwirksame Synergien nicht zu betrachten (vgl. Hovers 1973, Bierach 2000). Der Autor ist allerdings der Meinung, dass, da sich Unternehmensverbindungen zweifelsohne im Umsatz der beteiligten Partner niederschlagen, diese auch in die Betrachtung der Synergien einfliessen müssen. Mit der hier vorgeschlagenen strukturierten Vorgehensweise kann eine umfassende Analyse der Potentiale erfolgen, wobei die Höhe der genutzten Extremwerte als konservative Angaben zu verstehen sind. Trotzdem wird vorgeschlagen, die errechneten Umsatzsteigerungen mit Branchenexperten bzw. mit den beteiligten Partnern zu diskutieren und ggf. nach oben oder auch unten zu korrigieren.

8. Analyse von Synergiepotentialen

IM FOLGENDEN KAPITEL werden zunächst die synergieartübergreifen-
den Bausteine der Methodik instanziiert. Hierzu werden der Einfluss
des Fit und der Unternehmensverbindungsart untersucht. Ferner wird
eine Möglichkeit geschaffen, Synergien aus strategischer Sicht bewertbar zu machen. Abschließend werden die instanziierten Bausteine der
Methodik in eine Vorgehensweise zur Analyse von Synergien integriert.

8.1. Einfluss des Fit in Unternehmensverbindungen

Der Fit einer Unternehmensverbindung wird nach BLEICHER durch die
Symmetrie der Strategien, Strukturen und Kulturen der Partnerunternehmen beschrieben (vgl. Bleicher 1989). Wie in Kapitel 5.2.2 dargestellt, wird in der wirtschaftswissenschaftlichen Forschung der Fit in
der Regel auf drei Ebenen untersucht. Dazu gehören die fundamentale, die strategische und die kulturelle Ebene (Bronder und Pritzl 1992,
Specht und Beckmann 1996). Diese Ebenen werden im folgenden als
Struktur zur Ermittlung des Fit in Unternehmensverbindungen im Maschinenbau genutzt.

8.1.1. Fundamentaler Fit

Eine grundsätzliche Erfolgsvoraussetzung für Verbindungen von Unternehmen ist das Vorhandensein einer geeigneten Ausgangssituation.
Nach EVERSHEIM lautet die Definition des fundamentalen Fit (Eversheim
u. a. 1999):

> »Die von den Partnern eingebrachten Aktivitäten und Kompeten-
> zen ergänzen sich so, dass das angestrebte Kooperationsziel mit
> großer Sicherheit erreicht werden kann. Anders ausgedrückt liegt

ein fundamentaler Fit vor, wenn durch die unternehmensübergreifende Nutzung von Synergieeffekten mangelndes unternehmensinternes Potential ausgeglichen werden kann.«

Die Übertragung der Definition auf Unternehmensverbindungen führt zu dem Schluss, dass ein fundamentaler Fit vorliegt, wenn die realisierbaren Vorteile eines Partners der Unternehmensverbindung höher sind als die resultierenden Nachteile des anderen. Ein fundamentaler Fit entsteht, wenn zumindest ein Partner die Notwendigkeit einer Zusammenarbeit sieht, diese aus wirtschaftlicher Sicht sinnvoll ist und der Partner willens ist, eine Verbindung auch trotz vorhandener Unwegsamkeiten einzugehen. Die Beschreibung des fundamentalen Fit kann dementsprechend auch auf den Tatbestand einer feindlichen Übernahme angewendet werden.

Letztendlich ist die Prüfung des fundamentalen Fit trivial (Abb. 8.1). Es stellen sich die Fragen nach dem Willen der Partner und der Sinnhaftigkeit der Unternehmensverbindung. Eine optimale Situation liegt vor, wenn alle beteiligten Partner eine Untenehmensverbindung eingehen möchten und diese auch aus Sicht der angestrebten Unternehmensziele sinnhaft ist. Der fundamentale Fit kann dann mit 100 Prozent bewertet werden. Unterstützt die Verbindung die angestrebten Ziele der Kooperationspartner nicht ausreichend, obwohl alle Partner die Verbindung eingehen wollen, ist der fundamentale Fit mit 0 Prozent zu bewerten. Eine Verbindung unter diesen Voraussetzungen würde zu einem »Club der Verlierer« führen und keinem der beteiligten Partner weiterhelfen. Feindliche Übernahmen bzw. Kooperationen, die gegen den Willen zumindest eines Partners entstehen, sind aus fundamentaler Sicht eingeschränkt sinnvoll. Integrationsprozesse, die gegen den Willen eines Partners geschehen, sind relativ schwierig zu gestalten und können zu Konflikten bzw. Reibungsverlusten führen. Aus diesem Grund wird der fundamentale Fit in diesem Fall bei vorhandener Sinnhaftigkeit der Verbindung mit 50 Prozent bewertet. Der Fall, dass weder Sinnhaftigkeit, noch ein Einverständnis der Partner vorliegt, ist aus der Sicht des Autors hoch hypothetisch, er wird aber aus Gründen der Vollständigkeit aufgenommen und als nicht vorhandene geeignete Situation definiert und mit einem 0%igen fundamentalen Fit bewertet.

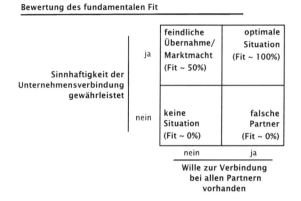

Bewertung des fundamentalen Fit

Abbildung 8.1.: Bewertung des fundamentalen Fit

Während die Frage nach dem Willen der Partner noch relativ einfach beantwortet werden kann, erfordert die Überprüfung der Sinnhaftigkeit einer Unternehmensverbindung die Analyse folgender Fragen:

- Können die Ziele der Unternehmensverbindung erreicht werden?
- Können darüber hinaus Potentiale erschlossen werden, die ein mangelndes unternehmensinternes Potential der Verbindungspartner ausgleichen können?
- Kann die Verbindung wirtschaftlich gestaltet werden?

Die Beantwortung der Fragen ist kompetenten Mitarbeitern der Partnerunternehmen zu überlassen oder bei Outside-in-Betrachtungen durch Branchenexperten zu leisten. Für den Bewertungsprozess werden weitere Unterfragen abgeleitet sowie eine Auflistung möglicher Ziele von Unternehmensverbindungen erstellt, die von den Verbindungspartnern gewichtet werden können (vgl. Anhang F).

8.1.2. Strategischer Fit

Ein strategischer Fit liegt in Unternehmensverbindungen vor, wenn die verfolgten Strategien der Verbindungspartner kompatibel sind. Strategien können nach KREIKEBAUM u. a. nach ihrem organisatorischen

Betrachtungsbereiche zur Ermittlung des strategischen Fit

Abbildung 8.2.: Ermittlung des strategischen Fit

Geltungsbereich unterschieden werden (Kreikebaum 1997). Zur Ermittlung des strategischen Fit in Unternehmensverbindungen bietet sich ein Vergleich der Gesamtunternehmensstrategie und der Bereichsstrategien an. Dies hat den Vorteil, dass bei der Verbindung einzelner Unternehmensbereiche, z. B. im Rahmen einer Entwicklungskooperation, die Bereichsstrategien explizit miteinander verglichen werden können und in die Bewertung des strategischen Fit einfliessen können. In Abbildung 8.2 sind Bewertungskriterien zur Ermittlung des strategischen Fit dargestellt.

Für die unterschiedlichen Ebenen wurden aus der Literatur beschreibende Kriterien abgeleitet. Die Ausprägungen dieser Kriterien können anhand eines Fragebogens (vgl. Anhang F) ermittelt werden.

Der Fit der Unternehmensstrategie wird anhand des Konzepts der Referenzstrategien nach SCHUH bewertet (vgl. Kapitel 2.3) (Schuh 2001). Die Verbindungspartner gewichten unabhängig voneinander vier strategische Erfolgspositionen in ihrem Markt. Der Fit ergibt sich aus dem Vergleich der Gewichtung mit der in Kapitel 7.1 vorgestellten Methode.

Im Bereich »Forschung & Entwicklung« wird die verfolgte Innovationsstrategie anhand der Strategie des »Pioniers« und des »Followers« bewertet (Mertins und Edeler 1993). Während der Pionier eigenständig neue Produkte entwickelt und diese möglichst als erster im Markt positioniert, wartet der »Follower« Fehlentwicklungen ab und steigt anschließend mit einem geringeren Risiko in Entwicklungen ein. Die

Pionierstrategie erfordert einen höheren Einsatz an Ressourcen. Die Follower können anhand des Kriteriums »time to market« unterteilt werden in »Fast/Offensive Follower« und »Slow/Defensive Follower«. Da F&E-Bereiche unterschiedliche Innovationsstrategien für die jeweilig bedienten Marktsegmente verfolgen können, erfolgt hier ebenfalls eine Gewichtung der Innovationsstrategien.

Die Sourcing-Strategien werden anhand der Bedeutung des Kompetenz- bzw. Kapazitätsmanagements ermittelt. SCHUH definiert insgesamt neun Sourcing-Strategien, die je nach Bedeutung des Kompetenz- bzw. Kapazitätsmanagements verfolgt werden können (Müller-Stewens 1997). Der Fit der Sourcing-Strategie wird somit über einen Vergleich der Bedeutung der beiden Kriterien ermittelt.

In der Produktion wird das Spannungsfeld zwischen der verfolgten Automationsstrategie und der Mitarbeiterorientierung analysiert. Hierfür werden einerseits Kriterien wie der Automatisierungsgrad und andererseits Maßnahmen zur Aufwertung der menschlichen Arbeit, z. B. Konzepte der Gruppenarbeit, bewertet (vgl. Anhang E).

Im Vertrieb wird die Art des Kontakts zum Kunden (z. B. Art der Anbahnung von Kontakten) und die Kundenbindung (z. B. Anteil der Stammkunden) bewertet (vgl. Rohr 1994). Im Service wird die verfolgte Service-Philosophie und die Art des Servicenetzes verglichen. Unter Philosophie fällt die Vermarktung der Serviceleistungen (offensiv oder defensiv). Die Art des Servicenetzes wird mit den Kriterien eigenes physisches Netz, kooperatives Netz und virtuelles Netz bewertet.

Der strategische Fit von Unternehmensverbindungen wird auf verschiedenen Betrachtungsebenen mit Hilfe des in Kapitel 7.1 beschriebenen Profilvergleichs bewertet. Der Gesamtfit wird anschließend für jeden Bereich unter Beachtung der gleichgewichteten Unternehmensstrategie ermittelt.

8.1.3. Kultureller Fit

Die Unternehmenskultur repräsentiert die Verhaltensdimension eines normativen Managements (Bleicher 1995):

»Werte und Normen tragen das Verhalten der Mitglieder des sozialen Systems Unternehmung. Sie helfen, Informationen, Politik, Strukturen, Systeme und Träger auszuwählen und beeinflussen damit die Unternehmensentwicklung«

An dieser Stelle wird zwischen dem Fit spezifischer Unternehmenskulturen und dem geografischen Fit, also dem Fit von Kulturkreisen unterschieden. Es können zwar auch bei nationalen Zusammenschlüssen kulturelle Unterschiede bestehen, diese werden jedoch aufgrund der schwierig zu erfassenden Eigenheiten des kulturellen Abstands nicht weiter berücksichtigt.

8.1.3.1. Unternehmenskultur

Der Fit der Unternehmenskultur wird in Anlehnung an das »Competing Values Model« (CVM) von DENISON und SPREITZER ermittelt (Denison und Spreitzer 1991). Nach diesem Modell variieren kulturelle Werte und Annahmen entlang zweier Dichotomien. Eine Dichotomie entsteht zwischen der internen und der externe Erhaltung. Die zweite Dichotomie wird von »Stabilität, Kontrolle und Ordnung« gegenüber »Veränderlichkeit und Flexibilität« gebildet. Die Kreuzung der beiden Dichotomien führt zu einer Typologie idealer Unternehmenstypen: »the team«, »the adhocracy«, »the hierarchy« sowie »the firm« (siehe Abb. 8.3).

Auf Basis des CVM wurde von ZAMMUNTO und KRAKOWER der »Institutional Performance Survey« (IPS) entwickelt (Zammuto und Krakower 1991). Bei der Anwendung der Analysemethode werden Unternehmen aufgefordert, 100 Punkte auf die vier Quadranten des CVM zu verteilen. Bewertungsmaßstab ist hier, wie sehr die jeweiligen Idealtypen nach eigenem Empfinden mit der eigener Unternehmenskultur übereinstimmen. Dieser Vorgehensweise wird auch zur Analyse des Fit gefolgt. Die Verbindungspartner bewerten die vier Quadranten des Modells. Die entstehenden Profile werden miteinander verglichen. So kann mit Hilfe des Profilvergleichs (vgl. Kap. 7.1) ein Wert für den Fit ermittelt werden.

8.1.3.2. Kulturkreis

Die Bewertung des kulturkreisbezogenen kulturellen Fits orientiert sich an den Untersuchungen von HOFSTEDE und basiert auf der Annah-

Bewertung der Unternehmenskultur anhand des Competing Values Model (CVM)

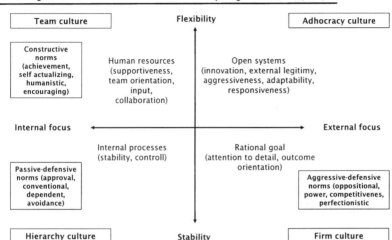

Abbildung 8.3.: Bewertung des Fit von spezifischen Unternehmenskulturen, nach Zammuto und Krakower (1991)

me unterschiedlicher nationaler Kulturen (siehe auch Kap. 5.2), die in Clustern zusammengefasst werden können. Cluster enhalten Länder mit ähnlichen Kulturelementen und -ausprägungen. HOFSTEDE ermittelt acht Clustergruppen, die nach Ähnlichkeiten in den Ausprägungen der vier Dimensionen Power Distance, Uncertainty Avoidance, Individualism und Masculinity zusammengestellt werden (Hofstede 1980).

In Abbildung 8.4 sind die Clustergruppen mit ihren charakteristischen Eigenschaften dargestellt. Das Clustermodell wird operationalisiert, indem ein Index berechnet wird, der die Differenzen zwischen den Partnerunternehmen bezogen auf die oben genannten Dimensionen in aggregierter Form abbildet. Hierzu werden die Ausprägungen (niedrig bis hoch) der Verbindungspartner auf den Ebenen Power Distance, Uncertainty Avoidance, Individualism und Masculinity aufgenommen und das jeweilige Profil miteinander verglichen.

Kultur Cluster

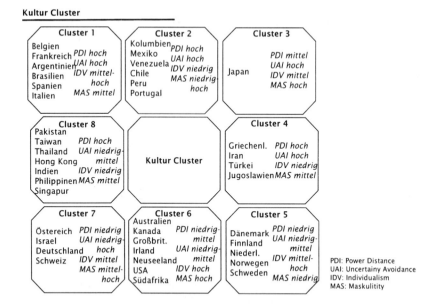

Abbildung 8.4.: Kultur-Cluster, nach Hofstede (1980)

8.1.4. Einfluss des Fit auf die Synergiepotentialarten

Der Gesamtfit einer Unternehmensverbindung kann aus den einzelnen Fit-Arten gleichgewichtet zusammengeführt werden. Hierzu wird der Mittelwert über die drei Fit-Bereiche gebildet. Der Wert des strategischen Fit fliesst als Durchschnittswert aus Unternehmensstrategie-Fit und der relevanten Fit-Werte der Bereichsstrategien ein. In Abbildung 8.5 ist der Einfluss der Fit-Faktoren auf die Synergiepotentialarten dargestellt. Die Einflussmatrix wurde im Rahmen einer Expertenbefragung und auf Basis der in Kapitel 5 vorgestellten Arbeiten aufgebaut.

Es wird deutlich, dass die Image-Kannibalisierung und die Wachstumskannibalisierung unabhängig von der Ausprägung des Fit sind. Dies ist logisch nachvollziehbar, da der Ausstrahlungseffekt Image-Kannibalisierung unabhängig von Fit-Faktoren ist und bei gegebenen Randbedingungen in voller Höhe eintritt, sobald die Unternehmensver-

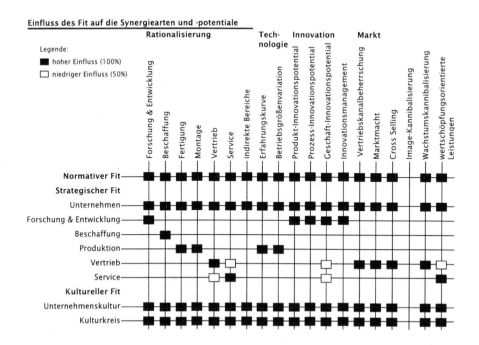

Abbildung 8.5.: Einfluss des Fit auf die Synergiepotentiale

bindung veröffentlicht wird. Die Wachstumskannibalisierung ist als reiner Marktmechanismus ebenfalls als unabhängig von Fit-Faktoren zu betrachten. Der Fit der Bereichsstrategien ist für die einzelnen Synergiearten differenziert zu untersuchen. So wirkt z. B. der strategische Fit im Bereich Forschung & Entwicklung zum einen auf die Rationalisierungssynergien im gleichnamigen Bereich und beeinflusst zum anderen auch die Innovationssynergiepotentiale.

8.2. Einfluss der Unternehmensverbindungsart

Neben dem Fit hat die Art der Unternehmensverbindung einen erheblichen Einfluss auf die Höhe der realisierbaren Synergiepotentiale. In Kapitel 3.4 wurde eine umfassende Morphologie der Unternehmensverbindungen vorgestellt. Aufgrund der subjektiven und größtenteils uneinheitlichen Definitionen von Bezeichnungen für bestimmte Kombinationen von Merkmalsausprägungen werden in den folgenden Ausführungen direkt Merkmale herangezogen, deren Ausprägungen die Höhe des Innovationssynergiepotentials maßgeblich beeinflussen. Die Merkmale *räumliche Dimension* und *Richtung* bleiben dabei ausgeklammert, da deren Ausprägung nicht direkt und zwangsläufig auf das Synergiepotential einwirkt. Damit verbleiben die Merkmale *Bindungsintensität*, *Integrationsgrad, Machtstruktur, Dauer* und *Bereich*. In Abbildung 8.6 ist der Einfluss dieser Merkmale auf die Synergiepotentiale grafisch dargestellt.

Die Bindungsintensität beschreibt die Verbindlichkeit einer Verbindung. Handelt es sich um eine lose Absprache, ist nicht mit dem kompletten Austausch des Wissens zu rechnen, das für Synergien von Nöten ist. Jedoch können in einzelnen Technologiebereichen oder zur Verbesserung der Marktmacht teilweise Synergien erschlossen werden. Ein Vertrag bietet die Möglichkeit, die intensivere Zusammenarbeit in einzelnen Unternehmensbereichen für Synergien zu nutzen. Allerdings sind Innovationssynergien auch mit Verträgen nur schwer zu realisieren. Eine Kapitalbeteiligung ist die verbindlichste Form und ermöglicht eine intensive Zusammenarbeit der Verbindungspartner. Sie ist somit die Basis zur Erschließung sämtlicher Synergiepotentiale.

Der Integrationsgrad bestimmt die Verflechtungstiefe der Partner. Agieren beide Partner autonom, sind nur vereinzelt Synergiepotentiale zu erwarten. Der Integrationsgrad Autonomie ist gleichzusetzen mit jeweils separat verfolgten Aktivitäten der Verbindungspartner. Dabei erfolgt keine nennenswerte Abstimmung. Die Bereiche arbeiten weitgehend unabhängig voneinander. Die Geschäftsprozesse werden nicht miteinander verknüpft, ein planmäßiger Austausch von Personal unterbleibt ebenso. Das andere Extrem ist die komplette Integration der Partner. Sie bietet die beste Voraussetzungen für die Realisierung von Synergien. Bei der kompletten Integration wird eine einheitliche Strategie verfolgt. Die Organisationsstrukturen der Partner werden zu einer neuen Organisationstruktur verschmolzen, neue Geschäftsprozesse werden implementiert. Die funktionalen Bereiche der Partner werden zu gemeinsamen Funktionszentren zusammengeführt.

Einfluss des Verbindungsprofils auf die Synergiepotentiale

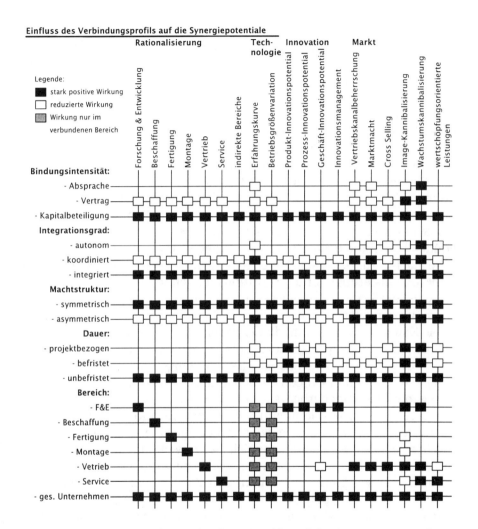

Abbildung 8.6.: Einfluss des Verbindungsprofils auf die Synergiepotentiale

Die Integration führt zu einem Transfer von Potentialen, Managementfähigkeiten und Technologien in allen Funktionsbereichen. Die dritte Ausprägung »koordiniert« liegt in der Wirkung zwischen den beiden Extremen, wobei der Integrationsgrad »Koordination« Aktivitäten zwischen den Partnern in Bereichen, die von gegenseitigem Interesse sind, erfasst. In diesen Bereichen sollen z. B. Potentiale, Managementfähigkeiten und Technologie-Know-how ausgetauscht werden. Dazu verflechtet man partiell Prozesse und Organisationsstrukturen, verbunden mit einem Personaltransfer (vgl. James u. a. 1998).

Unternehmensverbindungen unter Gleichen haben eine tendenziell höhere Wahrscheinlichkeit auf Erfolg (Jansen und Körner 2000). Der Aspekt der Machtstruktur spielt eine große Rolle bei der Realisierung von Synergien. Symmetrische Machtstrukturen (z. B. bei sog. Mergers of Equals) bieten die besten Voraussetzungen für Synergien. Asymmetrische Machtstrukturen schränken Synergien ein. Dies gilt insbesondere im Rationalisierungs- und Innovationsbereich, da hier Gleichberechtigung bei der Umsetzung der Potentiale Voraussetzung einer erfolgreichen Zusammenarbeit ist.

Die Dauer der Verbindung hat einen erheblichen Einfluss auf die Höhe des Innovationssynergiepotentials. Abhängig davon, ob die Verbindung auf ein Projekt beschränkt wird oder lang- bzw. unbefristet angelegt ist, werden unterschiedliche Synergiepotentiale erzielt. Bei projektbezogener Zusammenarbeit sind nur kurzfristig realisierbare Synergien zu erwarten. Diese können im Produktinnovationspotential liegen oder auch im Bereich der Image-Kannibalisierung. Weitere Potentiale ergeben sich im Technologiebereich bei Anwendungen, deren Erfahrungskurven sehr steil sind, zum Beispiel in der Entwicklung. Die besten Voraussetzungen bietet eine unbefristete Zusammenarbeit, da hier hinreichend Zeit vorhanden ist, um Unternehmensbereiche zu integrieren und Wissen zu transferieren. Eine terminlich befristete Zusammenarbeit bietet zwar nicht die Möglichkeiten einer dauerhaften Verbindung, doch auch hier sind – vor allem im umsatzwirksamen Bereich – Synergien möglich.

Aus dem Merkmal der funktionalen Breite ergibt sich grundsätzlich kein negativer Einfluss. Es sind lediglich in den Bereichen Synergien zu erwarten, die an der Verbindung beteiligt sind.

Bewertung der Synergien in Unternehmensverbindungen

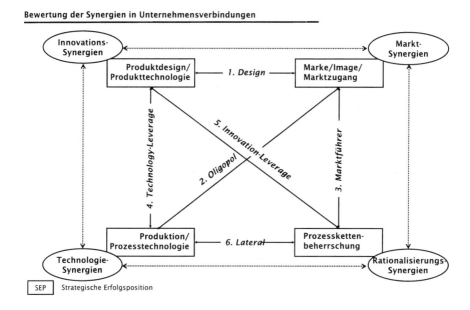

Abbildung 8.7.: Strategische Relevanz der Synergiearten

8.3. Strategische Bewertung der Synergiepotentiale

Die Bewertung der Synergiepotentiale einzelner Synergiearten sollte neben der Höhe der Synergiepotentiale die strategischen Zielsetzungen der Verbindungspartner berücksichtigen. Einen Ansatz für die strategische Bewertung der Potentiale bieten die Referenzstrategien für produzierende Unternehmen nach SCHUH (vgl. Kap. 2.3) (Schuh 2001). Grundsätzlich ist eine Unternehmensverbindung aus strategischer Sicht sinnvoll, wenn diese die strategischen Erfolgspositionen (SEP) (vgl. Pümpin 1992) der beteiligten Partner stärkt. SCHUH nennt als relevante strategische Erfolgspositionen für produzierende Unternehmen »Produktdesign und -technologie«, »Marke, Image und Marktzugang« sowie »Produktion, Prozesstechnologie und Prozesskettenbeherschung« (Abb. 8.7).

Die relevanten Synergiearten können, wie in Abbildung 8.7 dargestellt, den strategischen Erfolgspositionen zugeordnet werden. Zwar ist die Zuordnung nicht frei von Überlappung, jedoch unterstützen die jeweiligen Synergiearten im Kern ihrer Wirkung die dargestellten SEP. Nach SCHUH sind immer zwei SEP von besonderer Relevanz für ein produzierendes Unternehmen. Somit ist eine Unternehmensverbindung immer dann von besonderer strategischer Bedeutung, wenn die beiden relevanten SEP von mindestens einem Partner durch Synergien gestärkt werden. Durch die Integration der Referenzstrategien in die Methodik können Verbindungspartner die strategische Bedeutung einer potentiellen Verbindung in einer Inside-out-Anwendung der Methodik gemeinsam überprüfen. Des weiteren kann bei einer Outside-in-Anwendung die Bewertung genutzt werden, um potentielle Partner anhand ihres strategischen Beitrags zu priorisieren.

8.4. Vorgehensweise zur Ermittlung der Synergiepotentiale

Die Anwendung der Methodik gliedert sich in fünf wesentliche Abschnitte (Abb. 8.8). Im ersten Abschnitt werden mit Hilfe eines Fragebogens (vgl. Anhang E) grundlegende Unternehmensdaten der potentiellen Verbindungspartner ermittelt. Bei Inside-out-Analysen werden die Angaben in Interviews mit den Geschäftsführern und ggf. mit den Leitern der betroffenen Bereiche erhoben. Ferner sollten die relevanten Kostendaten von Controllern der beteiligten Unternehmen ermittelt und in einem gemeinsamen Gespräch geprüft werden.

In Outside-in-Analysen können die Daten mit Hilfe von Geschäftsberichten, Veröffentlichungen über die beteiligten Partner sowie in der Diskussion mit Branchenexperten ermittelt werden. Dabei sind hauptsächlich relevante Kosten und Umsatzprofile zu ermitteln. Ähnlichkeitswerte können in Expertendiskussionen durch Schätzungen ermittelt werden. Im zweiten Abschnitt werden die Daten auf ihre Konsistenz geprüft und ggf. nach Rücksprache mit den beteiligten Partnern korrigiert. Die Synergiepotentiale und die Fit-Werte werden anhand der Unternehmensprofile berechnet. Die Berechnungen werden im Anschluss mit den Partnern bzw. den Branchenexperten diskutiert und auf poten-

Anwendung der Methodik

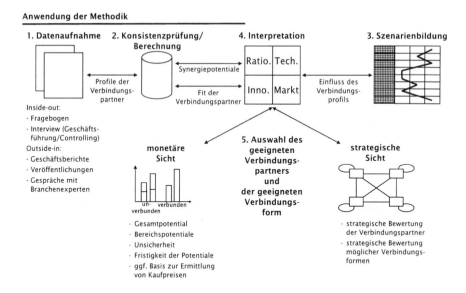

Abbildung 8.8.: Vorgehensweise zur Analyse von Synergiepotentialen

tielle Fehler geprüft. Zur Vorbereitung der Interpretation der Berechnungsergebnisse werden im dritten Abschnitt mögliche Verbindungsszenarien für die involvierten Partner aufgebaut. Hierzu werden die in Abbildung 3.3 dargestellte Morphologie und die in Abbildung 8.6 gezeigte Matrix genutzt. Es ist durchaus vorstellbar, dass für alternative Partner unterschiedliche Verbindungsszenarien aufgebaut werden, da z. B. aufgrund der Größe der Partner oder der Eigentumsverhältnisse Restriktionen für die Ausgestaltung der Verbindungsform bestehen. Im vierten Abschnitt werden für einzelne Synergiearten und Betrachtungsbereiche die Synergiepotentiale mit den entsprechenden Fit-Werten zusammengeführt und diese ggf. reduziert. Des Weiteren werden die Verbindungsszenarien in die Interpretation der Synergiepotentiale integriert. Die Interpretation der Berechnungsergebnisse erfolgt aus monetärer und strategischer Sicht.

Für die monetäre Perspektive werden die Synergiearten zum Gesamtsynergiepotential addiert. Dabei werden die zu erwartenden Kosten-

und Umsatzsynergien in eine zeitliche Reihenfolge gebracht. Des Weiteren wird, falls erforderlich, die Kostenstruktur an die synergistische Umsatzentwicklung der Unternehmensverbindung angepasst. Die Unsicherheit der Berechnung findet durch die Integration der Fit-Werte Eingang in die Interpretation. Mit Hilfe der aus monetärer Sicht interpretierten Synergiepotentialberechnung kann ein geeigneter Verbindungspartner und eine geeignete Verbindungsform empfohlen werden. Darüber hinaus kann auf Basis der Potentiale ggf. die wirtschaftlich angemessene Investitionshöhe für eine Verbindungsform ermittelt werden. Die strategische Perspektive ermöglicht die Bewertung der Verbindungsszenarien bezüglich ihrer strategischen Relevanz für die beteiligten Partner. Hierzu werden die Potentialhöhen in den Synergiearten zusammengefasst und für unterschiedliche Verbindungsszenarien ermittelt. Anhand des in Kapitel 8.3 erläuterten Vergleichs der so dargestellten Synergieprofile mit den SEP der jeweiligen Verbindungspartner können die Verbindungsszenarien aus strategischer Sicht priorisiert werden. Die Resultate der wirtschaftlichen und strategischen Betrachtungen können abschließend zusammengeführt und so der geeignete Partner mit dem dazu passenden Verbindungsprofil bestimmt werden.

Mit Hilfe des generischen Synergiemodells werden in diesem Kapitel die für den Maschinenbau relevanten Synergiearten und Bausteine zur Bewertung des Fit, des Einflusses des Verbindungsprofils und der strategischen Bedeutung der Synergien instanziiert. Die Komponenten der Methodik werden in die Vorgehensweise zur Anwendung der Methodik integriert. Damit sind alle notwendigen Voraussetzungen für eine Evaluierung der Methodik geschaffen. Im folgenden Kapitel wird diese anhand zweier Fallbeispiele erfolgen.

9. Fallbeispiel

DIE PRAKTISCHE ANWENDBARKEIT der in den vorangegangenen Kapiteln entwickelten Methodik wird im Folgenden anhand zweier Fallbeispiele geprüft und belegt. Im ersten Fall wird die Methode »outside-in« auf den Zusammenschluss der Firmen Charmilles Technologies und Agie AG zur Agie Charmilles Group angewendet. Der zweite Fall behandelt eine Inside-out-Anwendung im Anlagenbau. Die Resultate der Anwendung werden im Anschluss kritisch reflektiert. Zuletzt wird die Methodik anhand des im fünften Kapitel erarbeiteten Anforderungsprofils bewertet.

9.1. Outside-in-Anwendung

Die Outside-in-Anwendung folgt der in Kapitel 8.4 vorgeschlagenen Vorgehensweise. Ausgehend von den Rahmenbedingungen der Unternehmensverbindung werden relevante Daten erhoben und strukturiert, sowie Synergiepotentiale und Fit der Unternehmensverbindung berechnet. Die Szenarienbildung beschränkt sich auf die Aufnahme des von der Agie Charmilles Group gewählten Verbindungsprofils. Anschließend wird die Verbindung aus monetärer und strategischer Sicht bewertet. Da die Verbindung der beteiligten Partner bereits 1996 stattgefunden hat, kann die Berechnung mit den Daten der Unternehmensverbindung von 1998 verglichen werden. Dies eröffnet die Möglichkeit, die Güte der Synergieberechnung zu überprüfen.

9.1.1. Datenaufnahme

Der Elektroerosionsmaschinenhersteller Charmilles Technologies wurde 1861 in Genf (Schweiz) unter dem Namen Staib & Cie gegründet. 1921 wurde das Unternehmen in Ateliers des Charmilles umbenannt. Der

Technologiekonzern Georg Fischer AG übernahm 1983 das Unternehmen zu 100 Prozent, gliederte es in den Konzern als eigene Einheit ein und änderte den Namen in Charmilles Technologies. Charmilles Technologies galt 1996 als Marktführer im Bereich der Standardmaschinen (mittleres/hochvolumiges Segment). Der stärkste Wettbewerber war zu diesem Zeitpunkt die Agie AG, die als Technologieführer galt und neben einigen Standardprodukten High-end-Lösungen für Nischenanwendungen anbot. Die Agie AG mit Sitz in Losone (Schweiz) wurde 1954 gegründet. 1996 wurde die Agie AG von der Georg Fischer AG übernommen und gemeinsam mit Charmilles Technologies in die Agie Charmilles Group überführt. Später wurden durch die Georg Fischer AG noch weitere Akquisitionen durchgeführt und die akquirierten Unternehmen in die Agie Charmilles Group integriert. Unter anderem sind hier die Übernahme der Firmen Bostomatic und Mikron zu nennen. Ziel der Akquisitionen war es, die Agie Charmilles Group zum führenden Systemanbieter (Komplettangebot von Fräs- und Erodiermaschinen) für den Werkzeug- und Formenbau auszubauen. Inwieweit dieses Ziel erreicht wurde oder zu erreichen ist, soll an dieser Stelle nicht weiter diskutiert werden. Im Folgenden gilt das Hauptaugenmerk der Unternehmensverbindung Agie und Charmilles.

Die Aufnahmen für die Ermittlung der Synergiepotentiale relevanter Daten erfolgte auf zwei Wegen. Zum einen wurden die Geschäftsberichte und weitere Veröffentlichungen der Unternehmen vor und nach der Verbindungen analysiert. Zum anderen wurden Gespräche mit Branchenexperten geführt.

In Abbildung 9.1 sind das Kosten- und Umsatzprofil beider Unternehmen vor der Verbindung dargestellt. Agie erzielte 1996 einen Umsatz von ca. 300 Mio. CHF. Dabei entstanden Kosten in Höhe von ca. 277 Mio. CHF. Charmilles Gesamtkosten betrugen im gleichen Zeitraum 488 Mio. CHF bei einem Umsatz von ca. 516 Mio. CHF. Um Angaben zur Kostenverteilung zu erhalten, wurden Kenner beider Unternehmen befragt. Agie hatte mit ca. 8 Prozent einen um 2 Prozent höheren Anteil an Entwicklungskosten im Vergleich zu Charmilles. Charmilles hatte wiederum einen um 2 Prozent höheren Anteil an Produktionskosten im Vergleich zu Agie, deren Kosten zu ca. 24 Prozent in der Produktion anfielen. Die Anteile weiterer Kosten sind bei beiden Unternehmen

Kosten- und Umsatzprofil 1996 vor der Verbindung (Mio. CHF)

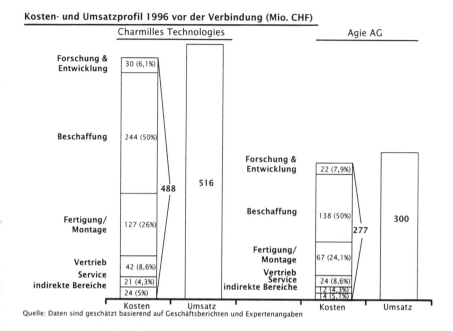

Quelle: Daten sind geschätzt basierend auf Geschäftsberichten und Expertenangaben

Abbildung 9.1.: Ermitteltes Kosten- und Umsatzprofil

etwa gleich verteilt.

Neben dem Kostenprofil wurden die in Abbildung 9.2 dargestellten Ähnlichkeitswerte bestimmt und in die Bewertung einbezogen. Sämtliche Werte sind Schätzungen, die von mehreren Experten geprüft wurden.

Die Produkte der zwei Unternehmen wurden als sehr ähnlich eingestuft. Beide Unternehmen stellen Elektroerosionsmaschinen her. Darunter fallen sowohl Senkerodier- als auch Drahterodiermaschinen. Die Maschinenkonzepte unterscheiden sich jedoch in einigen Punkten, z. B. in der Ausgestaltung des Maschinenbetts: Agie verwendet geschweißte Stahlkonstruktionen, Charmilles benutzt Granit als Basis. Aufgrund dieser Unterschiede wurde die Produktähnlichkeit mit 0,7 bewertet.

Die Kompetenzen der Unternehmen im F&E-Bereich sind fast identisch. Beide Unternehmen entwickeln Generatoren für Maschinen und

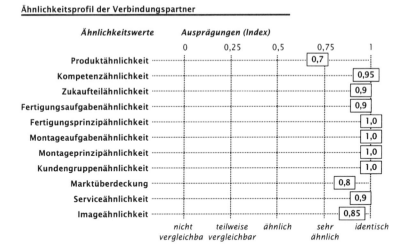

Abbildung 9.2.: Ähnlichkeitsprofile der Verbindungspartner

sind mit der Mechanikkonstruktion und der Steuerungstechnik befasst. Die Zukaufteile der Unternehmen ähneln sich ebenfalls. Aufgrund der oben angesprochenen Maschinenkonstruktion wird hier der Wert von 0,9 angesetzt. In ähnlicher Weise wird die Fertigungsaufgabenähnlichkeit aufgrund der leicht unterschiedlichen Maschinenkonstruktion und der höheren Wertschöpfungstiefe bei Charmilles mit 0,9 bewertet. Das Fertigungsprinzip, die Montageaufgaben und das Montageprinzip sind identisch und somit mit 1,0 zu bewerten. Die Kundengruppenähnlichkeit ist ebenfalls identisch, da beide Unternehmen sich als Wettbewerber im Markt gegenüberstehen. Die Marktüberdeckung wurde aufgrund der stärken Aktivitäten von Charmilles in Nordamerika und Asien mit 0,8 bewertet. Im Servicebereich wurde eine Ähnlichkeit von 0,9 geschätzt. Die Serviceleistungen sind bis auf die Anstrengungen von Agie im Bereich des Teleservice identisch. Die Imageähnlichkeit wurde durch mehrere Experten geschätzt und im Durchschnitt mit 0,85 bewertet. Agie tritt als Technologieführer auf und ist sowohl in Volumen- als auch in Nischensegmenten mit seinen Produkten vertreten. Charmilles hat sich mit Standardmaschinen auf das Volumensegment kon-

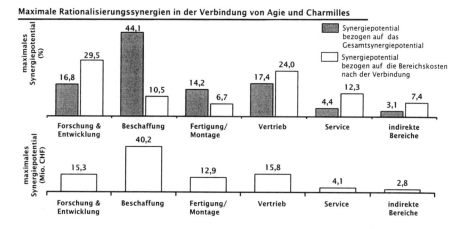

Abbildung 9.3.: Max. Synergiepotentiale im Bereich Rationalisierung

zentriert. Weitere Daten zu den Synergien im Bereich der Innovation und Technologie werden im Rahmen der Erläuterungen zu den Synergieberechnungen beschrieben.

9.1.2. Bestimmung der Synergiepotentiale und des Fit

Die maximalen Synergiepotentiale werden für jeden Bereich gesondert berechnet. Die Ergebnisse sind in Abbildung 9.3 im Überblick dargestellt.

Aufgrund der fast identischen Produkte und der hohen Kompetenzähnlichkeit ist im F&E-Bereich ein Synergiepotential von 15,3 Mio. CHF zu erwarten. 29,5 Prozent der Entwicklungskosten der Unternehmensverbindung sowie 10,5 Prozent der Beschaffungskosten von Agie und Charmilles können eingespart werden. Die Reduktion der Beschaffungskosten entspricht einem Synergiepotential von 40,2 Mio. CHF. Die Bereichskosten der Produktion können durch Synergie um 6,7 Prozent verringert werden. Das Synergiepotential im Vertrieb beläuft sich auf 15,8 Mio. CHF; im Service-Bereich beträgt es 4,1 Mio. CHF; in den indirekten Bereichen könnten 2,8 Mio. CHF durch Rationalisierungsmaßnahmen eingespart werden.

Maximale Technologiesynergiepotentiale in der Verbindung von Agie und Charmilles

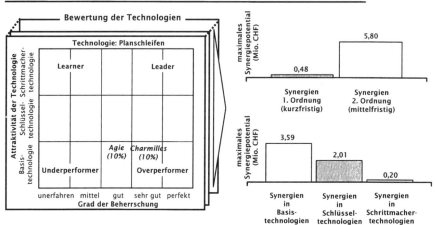

Abbildung 9.4.: Maximale Synergiepotentiale im Bereich Technologie

   Ein Vergleich der Anteile der Bereichssynergien bezogen auf das Gesamtsynergiepotential zeigt, dass in der Beschaffung (44,1 %), im Vertrieb (17,4 %) und im F&E Bereich (16,8 %) die größten Potentiale zu erwarten sind. Insgesamt beläuft sich das maximale Einsparungspotential durch Rationalisierungssynergien auf 11,9 Prozent. Es ergibt sich somit ein Synergiepotential in Höhe von 91,1 Mio. CHF.
   Experten schätzen die Beherrschung und die Bedeutung der Technologien für Agie und Charmilles. Die Kostenverteilung auf die Technologien wurden ebenfalls geschätzt und dazu als Basis die Personal- und Kapitalkosten sowie sonstige Kosten herangezogen. Hierzu wurden die Bereichskosten in Anlehnung an die in eigenen Untersuchungen ermittelte Standardverteilung der Kostenarten aufgespalten (Abb. 9.4).
   Technologiesynergien sind nur in den Bereichen F&E, Fertigung und Service zu erwarten. Im F&E-Bereich liegen die Synergien in der 2D/3D-Konstruktion, in der Finite-Elemente-Berechnung und in der Prozesssimulation. Insgesamt sind in diesem Bereich nur mittelfristige Synergien 2. Ordnung in Höhe von 1,3 Mio. CHF zu erwarten. In der Fertigung sind Synergien 2. Ordnung in Höhe von 4,4 Mio. CHF möglich. Diese

liegen hauptsächlich in den Technologien 3-Achs-Fräsen, Fügen und Planschleifen. Im Bereich 3-Achs-Fräsen und Planschleifen kann Agie zusätzlich kurzfristige Synergien 1. Ordnung in Höhe von 0,5 Mio. CHF erschließen, da Charmilles in diesen Technologien bereits über größere Erfahrung verfügt. Im Servicebereich sind geringe Potentiale in der gemeinsamen Nutzung von Technologien zur Fernwartung zu erwarten (0,1 Mio. CHF).

Über alle Technologien betrachtet entsteht ein Gesamtsynergiepotential von 6,4 Mio. CHF. Dies entspricht einer Einsparung von 0,82 Prozent bezogen auf die Gesamtkosten der Verbindung. Der größte Anteil hiervon liegt im Bereich der Basistechnologien.

Im Bereich der Innovation wurden die Innovationspotentiale und die Innovativität der beiden Verbindungspartner ermittelt. Der Input in den Produktinnovationprozess wurde bei beiden Partnern auf einen Wert von 0,75 geschätzt. Im Bereich der Prozessinnovation verfügt Charmilles mit 0,8 im Vergleich zu Agie mit 0,6 über ein größeres Potential. Im Bereich der Geschäftsinnovation wird Agie mit 0,8 stärker von den befragten Experten eingeschätzt als Charmilles mit 0,6. Im Bereich der Innovativität zeigt sich, dass Agie mit einem Indexwert von 0,8 über die gemittelten Innovationsbereiche innovativer eingeschätzt wird als Charmilles, die auf eine Innovativitätsindex von 0,65 geschätzt werden. Die Schätzung deckt sich auch mit dem durchschnittlichen Umsatzwachstum der Unternehmen in den drei Jahren vor 1996. Agie konnte durchschnittlich 10 Prozent pro Jahr realisieren, während Charmilles bei ca. 8 Prozent lag.

Die Berechnung des resultierenden Synergiepotentials ist in Abbildung 9.5 grafisch dargestellt. Das Innovationspotential der Verbindung liegt zwischen 0,65 und 0,75. Daraus resultiert eine Bandbreite der Innovativität der Unternehmensverbindung, die zwischen den Werten 0,59 und 0,88 liegt. Mit Hilfe der Worst- und Best-Case-Graphen kann die Bandbreite des resultierenden Umsatzwachstums abgeleitet werden. Das minimale Umsatzwachstum liegt demnach bei 4,7 Prozent pro Jahr, das maximale bei 20,8 Prozent pro Jahr.

Das maximale mittelfristige Synergiepotential im Bereich der Innovation kann bezogen auf den zweifachen Umsatz des kleineren Partners ermittelt werden. Bereinigt um das durchschnittliche Umsatzwachstum

Maximale Innovationssynergiepotentiale in der Verbindung von Agie und Charmilles

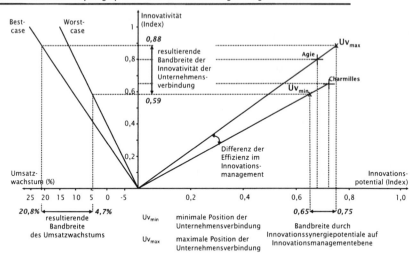

Abbildung 9.5.: Maximale Synergiepotentiale im Bereich Innovation

der Partner liegt es bei 70,8 Mio. CHF pro Jahr. Das entspricht einem Umsatzzuwachs von 8,7 Prozent pro Jahr bezogen auf den Gesamtumsatz der Unternehmensverbindung. Das minimale Potential liegt bei −25,8 Mio. CHF pro Jahr. Dies entspricht einem Minus von 3,2 Prozent pro Jahr für die Unternehmensverbindung Agie und Charmilles.

Die Marktsynergiepotentiale sind in Abbildung 9.6 dargestellt. Durch bessere Vertriebskanalbeherrschung ist ein Potential von 43 Mio. CHF zu erwarten. Das Potential ist auf den Ausbau der Vertriebskanäle in Europa und die Erhöhung der Marktpräsenz in Asien und Nordamerika zurückzuführen.

Die Erhöhung der Marktmacht führt zu einem Synergiepotential von maximal 32,5 Mio. CHF. Beide Unternehmen waren bereits Marktführer im Senk- und Drahterodierbereich. Charmilles hatte einen Marktanteil von ca. 15 Prozent im Bereich der Drahterodiermaschinen und 25 Prozent im Bereich der Senkerosion. Agie war in beiden Märkten die Nummer 2 und hatte im Bereich der Drahterodiermaschinen 12 Prozent und

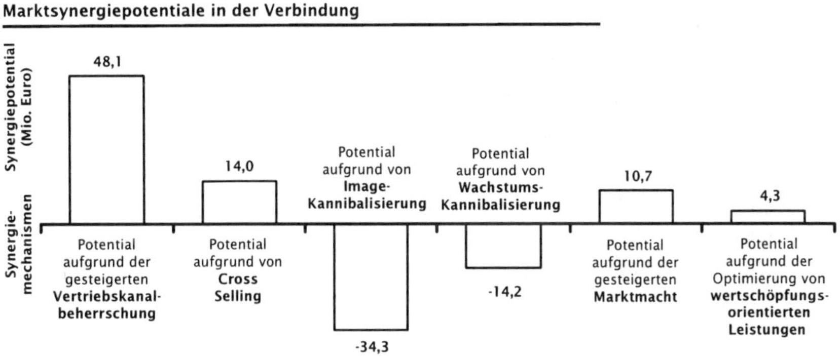

Marktsynergiepotentiale in der Verbindung

Abbildung 9.6.: Maximale Synergiepotentiale im Bereich Markt

im Bereich der Senkerosion ca. 15 Prozent Marktanteil.

Das Cross-selling-Potential beläuft sich auf 12,6 Mio. CHF. Es fällt aufgrund der hohen Produktähnlichkeit trotz hoher Imageähnlichkeit relativ niedrig aus. Image-Kannibalisierungseffekte führen zu einem negativen Potential von 56,5 Mio. CHF. Die Höhe des Effekts ist durch die hohe Absatzmarktähnlichkeit (84 %) zu erklären. Die Image-Kannibalisierung neutralisiert die positiven Wachstumseffekte durch Vertriebskanalbeherrschung und Cross selling. Es kommt somit nicht zu einer Wachstums-Kannibalisierung. Durch Reichweiteneffekte im Service ist mit einem zusätzlichen Potential in Höhe von 1,5 Mio. CHF zu rechnen. Auch dieses Potential fällt aufgrund der hohen Ähnlichkeiten im Service relativ gering aus. In Summe entsteht durch Markteffekte ein Gesamtsynergiepotential von 8,7 Mio. CHF. Dies entspricht einem Umsatzwachstum der Unternehmensverbindung von 1,1 Prozent.

Zur Anpassung des bisher berechneten maximalen Synergiepotentials ist die Bestimmung des Fit in der Unternehmensverbindung notwendig (Abb. 9.7). Der fundamentale Fit liegt bei 50 Prozent, da die Verbindung zwar grundsätzlich sinnvoll erscheint, der Wille zur Verbindung jedoch nur bei Charmilles vorlag. Der strategische Fit wurde auf Unternehmensebene durch einen Vergleich der Bedeutung der strategischen Erfolgspositionen ermittelt. Für beide Unternehmen ist die

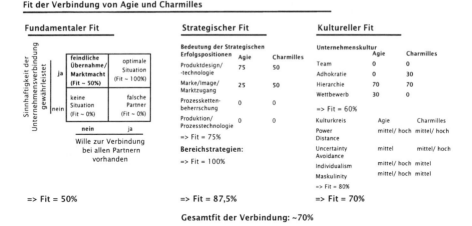

Abbildung 9.7.: Fit der Verbindungspartner

Produkttechnologie und der Marktzugang bzw. das Image von hoher Bedeutung. Die befragten Experten gehen jedoch davon aus, dass die Produkttechnologie für Agie eine vergleichsweise höhere Bedeutung besitzt. Die Bereichsstrategien können als identisch bewertet werden. Der kulturelle Fit liegt bei 70 Prozent. Dies ist zum einen auf unterschiedliche Unternehmenskulturen zurückzuführen. Bei Agie deuten die Ausprägungen auf eine hierarchische Kultur hin, während bei Charmilles eine adhocratische Kultur vorherrscht. Der Sitz der Verbindungspartner liegt in unterschiedlichen Kulturkreisen, obwohl beide Unternehmen in der Schweiz ansässig sind: Agie hat seinen Hauptstandort in Losone in der italienischen Schweiz, der Hauptsitz von Charmilles liegt in der französischen Schweiz. Hieraus resultiert ein Fit der Kulturkreise von 80 Prozent.

9.1.3. Interpretation der Synergiepotentiale

Der Aufbau der möglichen Verbindungsprofile beschränkt sich hier auf das von Agie und Charmilles gewählte Integrationskonzept. Demnach wurden nur die Beschaffungsaktivitäten der Verbindungspartner inte-

Kostenprofil der Verbindung von Agie und Charmilles/Monetäre Bewertung

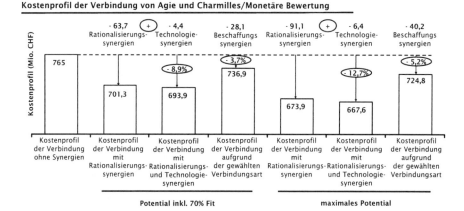

Abbildung 9.8.: Kostenprofil nach der Verbindung

griert. Alle anderen Bereiche wurden zunächst getrennt geführt. Das daraus resultierende Kostenprofil ist in Abbildung 9.8 dargestellt.

Auf der linken Seite der Abbildung ist das zu erwartende Profil unter Beachtung des Fit der Partner bei voller Integration der Bereiche und bei gewähltem Verbindungsprofil zu sehen. Im rechten Bereich sind die maximalen Kosteneinsparungen dargestellt. Es ist zu beachten, dass in der Berechnung nicht die notwendigen Kosten zur Integration berücksichtigt wurden. Aufgrund des gewählten Verbindungskonzepts ist jedoch zu erwarten, dass diese relativ gering ausfielen. Somit ist eine Kosteneinsparung von 3,7–5,2 % durchaus zu erwarten. Bei voller Integration wären Einsparungen in Höhe von 8,9–12,7 % laut Berechnung möglich. Jedoch können hier die Integrationskosten, insbesondere in den Produktionsbereichen, deutlich höher ausfallen. Somit ist die gewählte Verbindungsart aus Kostensicht positiv zu bewerten.

Das Umsatzprofil zeigt deutlich die Schwächen des Verbindungskonzepts (Abb. 9.9). Bei voller Integration ist ein Umsatzwachstum von 5,9–12,7 % zu erwarten. Durch die Trennung der Bereiche konnten Potentiale im Bereich der Innovation, Vertriebskanalbeherrschung, gesteigerter Marktmacht, Cross Selling und des Service nicht erschlossen werden. Allerdings ist zu erwarten, dass aufgrund des Effekts der Image-

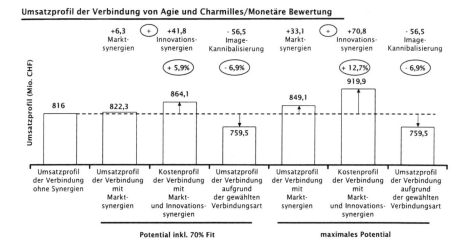

Abbildung 9.9.: Umsatzprofil nach der Verbindung

Kannibalisierung ein Umsatzverlust von ca. 6,9 Prozent eintreten wird.

Der erwartete Umsatzverlust durch Kannibalisierungseffekte ist unabhängig von der gewählten Verbindungsart und dem Fit der Verbindungspartner. Der Spill-over-Effekt tritt sofort nach dem Bekanntwerden der Verbindung ein. Er kann unter Umständen durch eine geeignete Kommunikationsstrategie gemindert werden. Auf diese Möglichkeit haben beide Verbindungspartner verzichtet. Da beide Partner im Markt als Konkurrenten mit einem auf die jeweilige Marke »eingeschworenen« Kundenstamm positioniert waren, ist mit dem gesamten negativen Potential zu rechnen.

Die strategische Bewertung der Partner zeigt, dass insbesondere die Potentiale im Bereich Innovation und Markt eine hohe strategische Relevanz für die Verbindungspartner besitzen (Abb. 9.10). Die strategischen Erfolgspositionen mit hoher Bedeutung liegen in den Bereichen der Produkttechnologie bzw. Produktdesign sowie Marke, Images und Marktzugang. Die Bedeutung der strategischen Erfolgspositionen wurde durch Branchenexperten eingeschätzt. Bei voller Integration sind zwar Potentiale in diesen Bereichen zu erwarten, jedoch finden sich

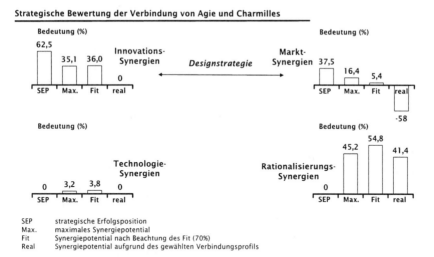

Abbildung 9.10.: Strategische Bewertung der Verbindung

im strategisch nicht relevanten Bereich der Rationalisierung die größten Anteile des Synergiepotentials. Durch die gewählte Verbindungsart werden die strategisch wichtigen Potentiale nicht erschlossen. Die
Marktposition der Verbindung ist sogar schwächer als die der unverbundenen Partner. Es werden lediglich im Bereich der Rationalisierung
Potentiale erschlossen, die zunächst keine strategische Bedeutung haben. Zusammenfassend ist festzuhalten, dass die strategischen Positionen von Agie und Charmilles durch die Verbindung und insbesondere
durch das gewählte Integrationskonzept nicht gestärkt werden konnten.

Weiter ist festzuhalten, dass auf Basis der Berechnung und der Bewer-
tung der Verbindungsart die Unternehmensverbindung von Agie und
Charmilles als rein kostenorientierte Verbindung ohne strategisches
Potential einzuschätzen ist.

9.1.4. Bewertung der Outside-in-Anwendung

Die Verbindung von Agie und Charmilles fand 1996 statt. Die Berechnung der Synergiepotentiale kann an den Zahlen der Verbindung von 1998 gespiegelt werden. Der Abstand von zwei Jahren wurde gewählt, da dieser Zeitraum demzufolge – wie in den vorangegangenen Kapiteln beschrieben – zur Erschließung mittel- bis langfristiger Potentiale benötigt wird.

Abbildung 9.11 zeigt die Zahlen beider Jahre 1996 und 1998 im Vergleich. Neben den Potentialen bei voller Integration sind die aufgrund der Verbindungsart zu erwartenden Potentiale unter Beachtung des Fit als maximale Werte aufgetragen. Die für 1996 errechneten Umsatzpotentiale wurden mit einem durchschnittlichen Marktwachstum von 11 Prozent pro Jahr aufgezinst und den realen Zahlen der Agie Charmilles Group gegenübergestellt. Die Kostenpotentiale wurden ebenfalls angepasst, wobei von einem Fixkostenanteil von 20 Prozent ausgegangen wurde. Dieser Wert wurde aus den analysierten Kostenangaben eigener Untersuchungen ermittelt (vgl. Anhang A).

Der Vergleich der Kosten zeigt, dass der reale Wert etwa in der Mitte der berechneten Kostenspanne liegt. Der berechnete Wert verfehlte den realen Umsatzwert nur um 1,2 Mio. CHF. Die Berechnung der Synergiepotentiale im Falle der Unternehmensverbindung von Agie und Charmilles kann aufgrund der geringen Abweichung als erfolgreich bewertet werden.

9.2. Inside-out-Anwendung

Die Inside-out-Anwendung erfolgt anhand eines Fallbeispiels aus dem Anlagenbau. Da die erhobenen Daten streng vertraulich durch den Autor zu handhaben sind, werden die Partner im folgenden mit Ⓐ und Ⓑ gekennzeichnet. Die Methodik wurde im Zuge des sog. Post-Merger-Managements eingesetzt. Das Ziel bestand darin, die vermuteten Synergiepotentiale ganzheitlich zu berechnen und ggf. zu bestätigen, um Anhaltspunkte für die Integration der Partner zu finden.

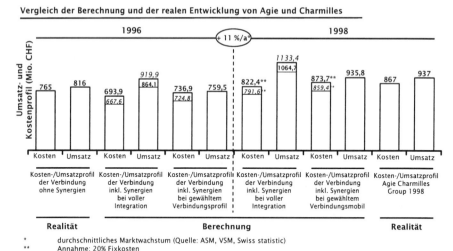

Vergleich der Berechnung und der realen Entwicklung von Agie und Charmilles

Abbildung 9.11.: Vergleich der prognostizierten Synergien mit der realen Entwicklung

9.2.1. Datenaufnahme

Die Datenaufnahme erfolgte mit Hilfe der in Anhang E aufgelisteten Fragen. Es wurden sowohl die Geschäftsführung der Unternehmen als auch einige Bereichsleiter befragt. Das relevante Zahlenmaterial wurde in Kooperation mit dem Controlling der Firmen aufgenommen. Der Prozess der Datenaufnahme inkl. Berechnung der Potentiale nahm ca. 4–5 Monate in Anspruch. Die relativ lange Dauer ist zum einen auf Lernprozesse im Umgang mit dem erstellten Fragebogen zurückzuführen. Es waren mehrere Treffen zur Abstimmung der Definitionen und zur Klärung von Inkonsistenzen notwendig. Zum anderen spielten Schwierigkeiten bei der Terminabstimmung für Interviews eine große Rolle. Aus Sicht des Autors ist es jedoch möglich, den kompletten Prozess in 2–4 Wochen zu durchlaufen.

Die Kosten- und Umsatzsituation der beiden Partner ist in Abbildung 9.12 dargestellt. Partner Ⓑ hat etwa das dreifache Volumen von

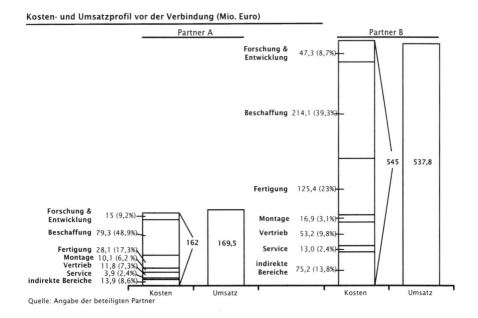

Abbildung 9.12.: Kosten- und Umsatzprofil vor der Verbindung

Partner Ⓐ. Ein Vergleich der Kostenanteile verdeutlicht unterschiedliche Wertschöpfungsstrategien der Partner. Während Partner Ⓐ sich auf das Engineering der Anlagen konzentriert und einen großen Teil der benötigten Komponenten zukauft, hat Partner Ⓑ eine größere Eigenleistungstiefe.

Die Verbindungspartner sind sich in vielen Bereichen sehr ähnlich und beliefern identische Kundengruppen (Abb. 9.13).

Im Bereich der Forschung & Entwicklung werden fast identische Kompetenzen benötigt. Allerdings sind die entwickelten Produkte nur bedingt ähnlich. Während Partner Ⓐ häufig Sonderlösungen anbietet und Marktführer in einigen Nischenmärkten ist, konzentriert sich Partner Ⓑ auf die Volumensegmente.

Auch die Montageaufgaben sind nur bedingt ähnlich, da die Partner aufgrund der teilweise verschiedenen Produktstrukturen unterschied-

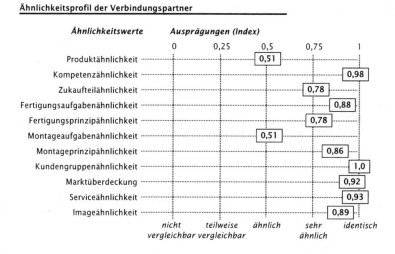

Abbildung 9.13.: Ähnlichkeitsprofil der Verbindungspartner

liche Aufgaben in der Montage zu erledigen haben. Dies gilt zum Teil auch für die Fertigungsbereiche.

9.2.2. Bestimmung der Synergiepotentiale und des Fit

Die Rationalisierungspotentiale der Verbindung sind in Abbildung 9.14 dargestellt. Bezogen auf die Bereichskosten der Verbindung wird deutlich, dass im Service- und Vertriebsbereich sowie in Forschung & Entwicklung die größten Anteile zu erwarten sind. Aus absoluter Sicht ist in der Beschaffung mit einem Potential von 22,8 Mio. Euro die größte Einsparung möglich. Insgesamt sind aufgrund von Rationalisierungssynergien Einsparungen in Höhe von 50,9 Mio. Euro zu erwarten; dies entspricht 7,2 Prozent der Gesamtkosten der verbundenen Partner.

Im Bereich der Technologie sind kurzfristige Einsparungen durch Synergien 1. Ordnung in Höhe von 1,4 Mio. Euro und mittelfristige Einsparungen in Höhe von 2,75 Mio. Euro möglich (siehe Anhang F). Der Großteil des Technologiepotentials (2,55 Mio. Euro) ergibt sich durch den Einsatz von Schlüsseltechnologien. Bezogen auf die Gesamtkosten

Maximale Rationalisierungssynergien in der Verbindung

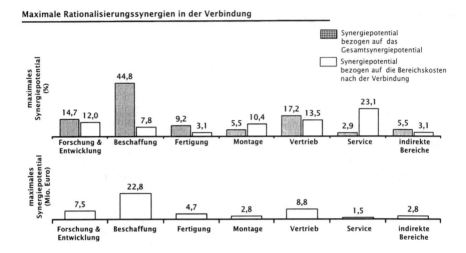

Abbildung 9.14.: Maximale Synergiepotentiale im Bereich der Rationalisierung

der Verbindung kann jedoch nur ein relativ geringer Anteil an Einsparungen in Höhe von 0,6 Prozent erschlossen werden.

Durch Innovationssynergien können erhebliche Synergien in der Verbindung von Ⓐ und Ⓑ entstehen. Sie können mit Hilfe der Worst- und Best-Case-Graphen über die Bandbreite des resultierenden Umsatzwachstums abgeleitet werden (siehe Anhang F). Das minimale Umsatzwachstum liegt bei −1,5 Prozent pro Jahr und das maximale bei 12,8 Prozent pro Jahr. Das maximale mittelfristige Synergiepotential im Bereich der Innovation kann bezogen auf den zweifachen Umsatz des kleineren Partners ermittelt werden; es liegt demnach bei 33,9 Mio. Euro pro Jahr. Der Betrag entspricht einem Umsatzzuwachs von 4,8 Prozent pro Jahr bezogen auf den Gesamtumsatz der Unternehmensverbindung. Das minimale Potential liegt bei −14,4 Mio. Euro pro Jahr. Dies entspricht einem Minus von 2,0 Prozent pro Jahr für die Unternehmensverbindung.

Die Marktpotentiale der Verbindung werden durch die mittlere Produktähnlichkeit und hohe Imageähnlichkeit positiv beeinflusst. Dies führt zu einem relativ hohen Cross-selling-Potential und einem vertret-

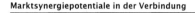

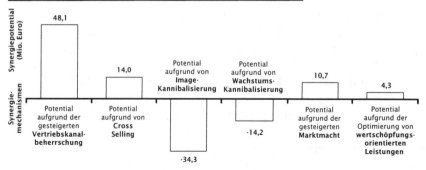

Abbildung 9.15.: Maximale Synergiepotentiale im Marktbereich

baren negativen Potential durch Image-Kannibalisierung (Abb. 9.15). Das größte Potential entsteht durch die bessere Vertriebskanalbeherrschung; es wird jedoch durch die Wachstums-Kannibalisierung reduziert. Über alle Synergiebereiche ist mit einem positiven Marktpotential von 28,6 Mio. Euro zu rechnen. Dies entspricht einem Umsatzzuwachs von ca. 4 Prozent.

Obwohl beide Partner im gleichen Kulturkreis angesiedelt sind, wurde der Fit der Verbindungspartner nur mit 71 Prozent bestimmt (vgl. Anhang F). Der relativ niedrige Wert ist einerseits darauf zurückzuführen, dass der Großteil der Belegschaft des kleineren Partners der Übernahme durch Partner Ⓑ nicht positiv gegenüberstand, was in der jahrelangen Konkurrenzsituation begründet liegt. Andererseits sind die Unternehmenskulturen beider Partner sehr unterschiedlich. Partner Ⓐ pflegt eine Team-Kultur, während die Kultur von Partner Ⓑ hierarchisch geprägt ist. Der strategische Fit der Partner kann mit einem Fit von 85 Prozent wiederum als sehr gut bezeichnet werden.

9.2.3. Interpretation der Synergiepotentiale

Die monetäre Bewertung der Unternehmensverbindung ergibt, dass bei voller Integration der Bereiche ein Kostenpotential von 5,5 bis maximal 7,8 Prozent erschlossen werden kann. Der Großteil des Potentials liegt dabei im Bereich der Rationalisierung, und zwar in der Beschaffung, dem Vertrieb und der Forschung & Entwicklung (vgl. Anhang F).

Auch die Umsatzentwicklung kann durch die Unternehmensverbindung positiv beeinflusst werden. Hier liegt das wahrscheinliche Umsatzwachstum bei 4,3 Prozent und das maximal erreichbare Wachstum bei 8,8 Prozent. Die Anteile der Synergiepotentiale aus Markt- und Innovationsbereich sind dabei ähnlich verteilt (vgl. Anhang F).

Die strategische Bewertung der Unternehmensverbindung ist in Abbildung 9.16 dargestellt. Die strategischen Erfolgspositionen im Markt der Verbindungspartner werden hauptsächlich im Bereich des Marktes (Marke, Image, Marktzugang) und der Prozesskettenbeherrschung gesehen. Darüber hinaus ist der Produkttechnologie ein gewisses Maß an Bedeutung beizumessen. Die Verteilung der Anteile der Synergiepotentiale auf die strategischen Erfolgspositionen zeigt, dass mit der Unternehmensverbindung die strategische Position der Partner gestärkt werden kann, insbesondere durch Rationalisierungs- und Marktsynergien. Unter Berücksichtigung der strategischen Erfolgspositionen wurde ein Vorschlag zur Integration der Partner erarbeitet (Abb. 9.17).

Der Integrationsvorschlag sieht vor, die Bereiche Forschung & Entwicklung, Beschaffung und Vertrieb voll zu integrieren. Dadurch können die Markt-, die Innovations- und Rationalisierungspotentiale zu einem großen Teil erschlossen werden und die strategischen Erfolgspositionen gestärkt werden. Es ist zu erwarten, dass die Integration der genannten Bereiche voraussichtlich zu relativ geringen Kosten erfolgen kann. Zudem können die relativ hohen Potentiale im Bereich der Beschaffung kurzfristig aktiviert werden und so zu einer schnellen Stabilisierung der wirtschaftlichen Situation der Partner beitragen.

9.2.4. Bewertung der Inside-out-Anwendung

Die vorgestellten Berechnungen wurden dem Führungskreis der Verbindungspartner vorgestellt. Die Diskussion der Methode und der errechneten Potentiale hat zwei wesentliche Punkte hervorgebracht.

Zum einen wurden die absoluten Höhen der errechneten Potentiale von den beteiligten Partner als realistische Werte eingestuft. Während die Rationalisierungssynergiepotentiale teilweise leicht höher ein-

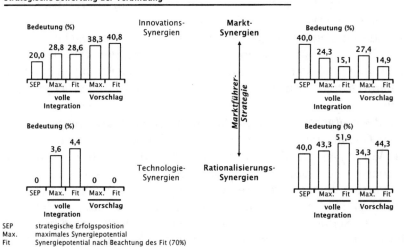

Strategische Bewertung der Verbindung

Abbildung 9.16.: Strategische Bewertung der Synergien

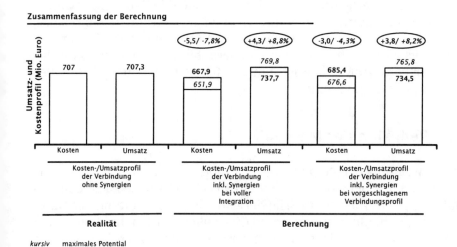

Zusammenfassung der Berechnung

Abbildung 9.17.: Bewertung von alternativen Integrationsstrategien

geschätzt wurden, traf insbesondere die Berechnung der Marktsynergiepotentiale die Erwartungen der Partner.

Zum anderen zeigte sich, dass die in der Methode vorgesehenen Synergiearten sowie deren Zusammensetzung sich mit den Kriterien deckten, die seitens der Verbindungspartner bereits zur Analyse der Synergien herangezogen wurden. Dies bestätigte die Ganzheitlichkeit der Methode.

Durch die umfassende Analyse konnten den Partnern wertvolle Hinweise zur Gestaltung der Unternehmensverbindung gegeben werden. Der o. g. Vorschlag zur Integration der Verbindungspartner wurde von den Partnern genutzt, um den eingeschlagenen Integrationsweg zu prüfen. Die Partner gestalten zur Zeit den Integrationsprozess der Verbindung und legen hierbei den Schwerpunkt auf die Beschaffung, den Vertrieb und den Service. Ferner wurden die Produktprogramme bereinigt und die Produktarten zwischen den Partner aufgeteilt. So können insbesondere die Synergiepotentiale im F&E-Bereich aktiviert werden. Die Innovationspotentiale konnten bisher nur im geringen Maße erschlossen werden, da noch keine umfassende Harmonisierung der Innovationsprozesse stattgefunden hat. Hier zeigt sich die Wirkung der unterschiedlichen Unternehmenskulturen und der aufgrund der jahrelangen Konkurrenzsituation noch vorhandenen Vorbehalte in der Zusammenarbeit. Es wird noch einige Jahre dauern, bis das Vertrauen zwischen den Partnern groß genug ist, um das Innovationspotential in vollem Umfang nutzen zu können.

9.3. Reflexion der Methodik

Die Anwendung der Methodik in den Fallbeispielen hat gezeigt, dass die gewählte Vorgehensweise und die entwickelten Modelle zu Ergebnissen hoher Qualität führen. Im Falle der Outside-in-Anwendung der Unternehmensverbindung von Agie und Charmilles wurden die zu erwartenden Synergiepotentiale im Bereich der kostenwirksamen Synergien mit einer Abweichung von 0,89 Prozent und im Bereich der umsatzwirksamen Synergien mit einer Abweichung von 0,13 Prozent bestimmt. Die hohe Qualität der Ergebnisse ist zwar erfreulich, jedoch flossen in die

Berechnung aufgrund der gewählten Verbindungsart nur die Beschaffungssynergien und die Image-Kannibalisierungssynergien ein. Dieser Umstand begünstigt die Qualität der Berechnung aufgrund der reduzierten Einflussfaktoren.

Die Inside-out-Anwendung führte ebenfalls zu sehr guten Resultaten, die durch Diskussion und Vergleich der Ergebnisse mit den Planzahlen der Verbindungspartner bestätigt wurden. Insbesondere wurde durch die umfangreiche Analyse der Partner deutlich, dass die benötigten Daten erhebbar sind und der Ergebnisraum der Methodik umfassenden Charakter hat.

Ein Vergleich der Methodik mit den in Kapitel 5 formulierten Anforderungen zeigt, dass die Methodik die identifizierte Lücke im Bereich der Analyse von Synergiepotentialen schließen kann. Die Eigenschaften und Besonderheiten der Branche Maschinenbau wurden in der Modellentwicklung explizit berücksichtigt, so z. B. das breite Spektrum an unterschiedlichen Kompetenzen in den Wertschöpfungsbereichen. Die Methodik ermöglicht, unterschiedliche Arten von Unternehmensverbindungen hinsichtlich der zu erwartenden Synergiepotentiale zu bewerten und die Kompatibilität der Partnerunternehmen durch die Beachtung des Fit auf der fundamentalen, strategischen und kulturellen Ebenen einzuschätzen. Auch die relevanten Synergiedichotomien fanden Eingang in die Methodik. So ist es möglich, den Zeitpunkt des Eintritts sowie die Häufigkeit von Synergiepotentialen zu beachten. Die differenzierte Betrachtung der Felder Rationalisierung, Technologie, Innovation und Markt sowie die Berücksichtigung des Fit und des Unternehmensverbindungsprofils erlauben eine ganzheitliche Ermittlung und Bewertung der Synergiepotentiale. Die strategische Bewertung der Potentiale mit Hilfe der Referenzstrategien nach SCHUH eine Gewichtung der Potentiale, die über die rein monetäre bzw. qualitative hinausgeht. Die gestellten Anforderungen an die Methodik konnten somit umfassend und vollständig erfüllt werden.

Die analysierten Synergiemechanismen bzw. die Bewertung ihrer Wirkungen stellen einen gelungenen Ansatz zur quantitativen Diskussion der Synergiepotentiale dar. Sämtliche Wirkungen wurden in Gesprächen mit Experten ermittelt und in einer ersten Näherung geschätzt. Einige Schätzungen sind logisch ableitbar und mit hoher Wahrscheinlichkeit exakt. Andere wiederum sind als Anhaltspunkt zu sehen und sollten durch weiterführende Analysen gestützt und ggf. korrigiert werden. Hier setzt auch der weitere Forschungsbedarf an. Der Integrationsprozess wie auch das sog. Post-Merger-Management sollten Gegenstand weiterführender Untersuchungen sein. Es ist zu analysieren, welche Kosten und Umsätze wann und warum unter Beachtung des Verbindungsprofils in Unternehmensverbindungen des Maschinenbaus auftreten. Mit den gewonnenen Erkenntnissen können die Berechnungsgrundlagen der vorliegenden Methodik weiter optimiert werden. Durch den modularen Aufbau der Methodik und den bereits in den Modellen vorgesehenen Möglichkeiten zur Anpassung der Parameter aufgrund von Feed-back-Informationen ist dies mit geringem Aufwand möglich.

10. Zusammenfassung

UNTERNEHMENSVERBINDUNGEN SCHEITERN häufig, weil es den beteiligten Partnern nicht gelingt, Synergieeffekte zu erschließen. Häufig werden als Gründe die Fehleinschätzung von Synergiepotentialen, die Vernachlässigung kultureller Aspekte sowie eine unzureichende Gestaltung der Zusammenarbeit der Partnerunternehmen genannt. Vor diesem Hintergrund wurde die Forschungsfrage dieser Arbeit formuliert. Wenn es möglich ist, Synergiepotentiale im Maschinenbau ex ante zu bestimmen, so sollte untersucht werden, wie diese ermittelt werden können. Die Vorgehensweise zur Untersuchung dieser Problematik wurde am Forschungsprozess nach ULRICH angelehnt, der im Praxiszusammenhang beginnt und endet.

Aufbauend auf den Spezifika der Branche Maschinenbau sowie relevanten Theorien aus den Bereichen der Unternehmensverbindung und Synergieforschung wurden Anforderungen an eine Methodik zur Bewertung von Synergiepotentialen abgeleitet. Ein Vergleich vorhandener Bewertungsansätze mit diesen Anforderungen legt offen, dass die vorliegenden Arbeiten lediglich Randbereiche abdecken. Ein ganzheitlicher Ansatz fehlt.

Die Entwicklung eines solchen neuen, ganzheitlichen Ansatzes basiert auf einem generischen Synergiemodell, das das Netzwerk der Beziehungen zwischen Informationen über die verbundenen Organisationseinheiten und synergistischen Wirkmechanismen abbildet. Das Synergiemodell ist allgemeingültig. Relevante Teilmodelle wurden auf Basis des Modells für die Synergiearten Rationalisierung, Technologie, Innovation und Markt sowie für die synergieart-übergreifenden Bereiche Fit, Unternehmensverbindungsprofil und Bewertung instanziiert.

Im Bereich der Rationalisierung wurden für die relevanten Glieder der Wertschöpfungskette Berechnungsgrundlagen für die Ermittlung kostenwirksamer Synergiepotentiale entwickelt. Die Ähnlichkeiten der Partnerunternehmen in Produktprogramm, Kompetenz oder zugekauften Komponenten determinieren hier das Einsparungspotential. Eine exemplarische Berechnung der Synergiepotentiale für eine Unternehmensverbindung identischer Partner zeigt, dass für diesen Typ maximale Kosteneinsparungen in Höhe von ca. 16 Prozent bezogen auf die Gesamtkosten der Unternehmensverbindung erwartet werden können. Technologiegetriebene Synergien werden mit Hilfe von Erfahrungskurven bestimmt. Dazu wird die Position der beteiligten Partner auf den Erfahrungskurven der für die Verbindung relevanten Technologien ermittelt und die Bedeutung der Technologien für die Verbindungspartner bewertet. Die notwendigen Hilfsmittel und Methoden zur Analyse der resultierenden Synergien wurden entwickelt. Zentrale Elemente sind das Attraktivitätsportfolio zur Bewertung der strategischen Bedeutung der Synergiepotentiale und die Zuordnung von Normlernkurven zu relevanten Technologien der Wertschöpfungskette im Maschinenbau. Hohe Kosteneinsparungen durch Synergien im Bereich Technologie sind dann zu erwarten, wenn gleiche Technologien in ähnlichen Anwendungsbereichen, aber mit unterschiedliche guter Beherrschung eingesetzt werden. Durch Reichweiteneffekte können in diesem Fall maximale Synergieeffekte erzielt werden.

Im Bereich der Innovation wird das Synergiepotential auf den Ebenen Innovationspotential und Innovationsmanagement bestimmt. Das Innovationspotential der Unternehmensverbindung wird aus den Innovationspotentialen der unverbundenen Verbindungspartner abgeleitet. Synergiepotentiale auf Innovationspotentialebene ergeben sich aus einem wechselseitigen Transfer von Innovationspotentialen in den Bereichen Mensch, Technik und Organisation. Im Idealfall entsteht in der Unternehmensverbindung ein Best-practice-Mix der Innovationspotentiale der Partnerunternehmen. Unter einer hohen Innovativität wird ein hoher Stellenwert von Produkt-, Prozess- und Geschäftsinnovation im Unternehmen verstanden. Mit Hilfe der Innovativität der Partnerunternehmen kann indirekt die Effizienz des Innovationsmanagements als Verhältnis der Innovativität eines Unternehmens zu dessen Innovationspotential quantifiziert werden. Synergiepotentiale auf Innovationsmanagementebene ergeben sich durch Know-how-Transfer der Managementfähigkeiten, wobei im Idealfall die Managementeffizienz des effizienteren Partners der Unternehmensverbindung übernommen wird.

Die wichtigste wirtschaftliche Wirkung von Innovationssynergiepotentialen ist der Einfluss auf das Umsatzwachstum. Es wurde gezeigt, dass eine zunehmende Innovativität positiv mit steigendem Umsatzwachstum korreliert. Als innovationsbezogenes Ziel einer Unternehmensverbindung ergibt sich somit eine hohe Innovativität durch effiziente Aktivierung des Innovationspotentials. Aus den Daten eines Samples von Unternehmen der Maschinenbaubranche wurde empirisch der Zusammenhang zwischen Innovativität und Umsatzwachstum hergestellt. Auf dieser Basis kann einer synergistischen Veränderung des Innovationspotentials und der Innovativität durch eine Unternehmensverbindung die resultierende Änderung des Umsatzwachstums zugeordnet werden.

Die Synergieart Markt wurde in positive und negative Synergiepotentiale unterteilt. Synergien durch bessere Vertriebskanalbeherrschung, gesteigerte Marktmacht und Cross Selling sowie Synergien im Bereich wertschöpfungsorientierter Leistungen können positiven Einfluss auf die Umsatzentwicklung einer Unternehmensverbindung haben. Negative Effekte ergeben sich aus Image- und Wachstumskannibalisierung. Vor allem Umsatzverluste durch Image-Kannibalisierung können im Maschinenbau zu empfindlichen Umsatzeinbußen führen.

Als synergieart-übergreifender Einflussfaktor wurde der Fit der Partnerunternehmen analysiert. Der Fit kann auf der fundamentalen, strategischen und kulturellen Ebene bestimmt werden. Für die drei Ebenen wurde eine Vorgehensweise zur Ermittlung des Fit entwickelt. Der hundertprozentige fundamentale Fit ist gegeben, wenn die Unternehmensverbindung grundsätzlich wirtschaftlich sinnvoll ist und alle Verbindungspartner die Unternehmensverbindung anstreben, also z. B. keine feindliche Übernahme vorliegt. Der strategische Fit liegt vor, wenn die Gesamtunternehmensstrategien sowie die Bereichsstrategien der Verbindungspartner hohe Ähnlichkeiten aufweisen. Der kulturelle Fit nimmt zu, wenn die Partnerunternehmen ähnlich ausgeprägten Kulturkreisen angehören und die spezifischen Unternehmenskulturen kompatibel sind. Mit Hilfe einer entwickelten Matrix kann der Einfluss der jeweiligen Fit-Ebene auf die Synergiearten bestimmt werden.

In ähnlicher Weise kann der Einfluss des Verbindungsprofils auf die Synergiearten ermittelt werden. Die Wirkung der Verbindungskonfiguration auf die Synergiepotentiale kann anhand der Ausprägung relevanter Verbindungsmerkmale analysiert werden. Optimale Synergieeffekte sind dann erwartbar, wenn sich die Partner für eine langfristige oder unbefristete Integration aller Unternehmensbereiche entschliessen.

Die letzte Phase der Methodikentwicklung richtet sich auf die Gestaltung einer Vorgehensweise zur Anwendung der instanziierten Modelle. Die Vorgehensweise sieht sowohl eine Outside-in- als auch eine Inside-out-Anwendung vor. Nach der Ermittlung der Ausprägungen der Synergiepotentiale sowie des Fit können unterschiedliche Verbindungsszenarien aufgebaut und aus strategischer und monetärer Sicht bewertet werden. Einerseits kann so aus unterschiedlichen potentiellen Partner der »Richtige« ausgewählt werden. Andererseits ist es möglich, die »richtige« Verbindungsform für eine geplante Partnerschaft abzuleiten.

Anhand zweier Fallbeispiele konnte die Plausibiltät und Validität der Methodik belegt werden. Die entwickelte Methodik wurde »outside-in« für die Verbindung der Firmen Charmilles Technologies und Agie AG angewendet, die 1996 stattgefunden hat. Sämtliche Potentialarten wurden ermittelt und aus strategischer und monetärer Sicht bewertet. Es wurde gezeigt, dass die Verbindung der Partner keinen hohen strategischen Wert aufweist und dass die gewählte Verbindungsstrategie nicht angemessen ist. Die Berechnung der Synergiepotentiale für die von den Unternehmen gewählte Verbindungsform wurde mit den Werten der Unternehmensverbindung aus dem Jahre 1998 gespiegelt. Auf diesem Wege konnte eine hohe Genauigkeit der Methodik nachgewiesen werden. Des Weiteren wurde die Methodik »inside-out« für eine Unternehmensverbindung im Anlagenbau angewendet. Die Analyse der Synergiepotentiale auf Basis detaillierter Informationen war auch hier erfolgreich. Sämtliche Potentiale wurden von Experten der beteiligten Unternehmen auf Plausibilität geprüft und bestätigt. Die Berechnung der Synergiepotentiale wurde darüber hinaus von den Partnern als Anstoß zur Gestaltung des Integrationsprozesses genutzt.

Die Anwendung der Methodik im genannten Praxiszusammenhang stützt die Feststellung, dass Synergiepotentiale im Maschinenbau ex ante bestimmt werden können. Darüber hinaus wird durch die Methodik ein Weg zur umfassenden Ermittlung von Synergiepotentialen auf-

gezeigt. Die zu Beginn des Forschungsprozesses gestellte Forschungsfrage kann somit positiv befunden werden. Mit Hilfe der vorliegenden
Arbeit können Unternehmen im Vorfeld der Verbindung gezielt strategische Entscheidungen treffen und begründen. Der Integrationsprozess
kann besser initiiert und bewertet werden. Die in der Arbeit angestell-
ten Untersuchungen im Bereich der Synergieforschung zeigen weiteren
Forschungsbedarf im Objektbereich Maschinenbau auf. Die Gestaltung
des Integrationsprozesses von Verbindungen ist in vielen Fällen unzu-
reichend und führt zu hohen wirtschaftlichen Einbußen. Weitere Untersuchungen sollten sich dieser Problematik annehmen. Dabei sollte sich
die Forschung nicht auf die ingenieur- oder betriebswissenschaftliche
Perspektive beschränken. Zur Lösung der Integrationsproblematik ist
ein interdisziplinärer Ansatz notwendig, der Disziplinen wie die Kom-
munikationswissenschaft und Psychologie mit einschließt.

A. Informationen zur empirischen Basis

In der Studie »Profitable Growth Strategies for Machinery and Mechatronics Industry«, die im Zeitraum von Oktober 1999 bis Januar 2001 von McKinsey & Company und dem Laboratorium für Werkzeugmaschinen und Betriebslehre durchgeführt wurde, wurden insgesamt zehn Unternehmen detailliert untersucht. Ziel war es, erfolgreiche strategische Muster in der Branche zu analysieren und eine Zukunftsperspektive für die Unternehmen des Maschinenbaus zu entwickeln. In den Abbildungen A.1–A.3 sind relevante Strukurdaten der befragten Unternehmen dargestellt. Es ist ersichtlich, dass die Struktur der in der Studie analysierten Unternehmen dem Querschnitt der Maschinenbaubranche entsprechen.

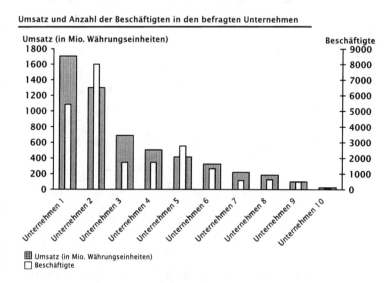

Abbildung A.1.: Umsatz und Beschäftigte der analysierten Unternehmen

Durchschnittliche Personalverteilung über die Wertschöpfungskette

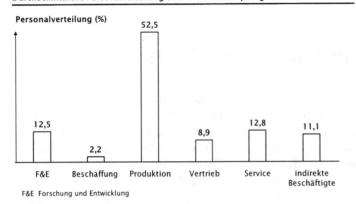

Abbildung A.2.: Gemittelte Personalverteilung der analysierten Unternehmen

Durchschnittliche Verteilung der Kosten über die Wertschöpfungskette der befragten Unternehmen

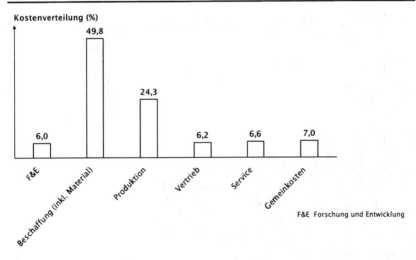

Abbildung A.3.: Gemittelte Kostenverteilung der analysierten Unternehmen

B. Grundlagen zu Technologie

Der Maschinenbau gehört zu den technologieintensiven Branchen. Die Wettbewerbsfähigkeit von Unternehmen hängt in großem Maße vom Einsatz der optimalen Technologien in den Unternehmensprozessen ab. Um die Bedeutung einer Technologie für ein Unternehmen zu erkennen, sind Bewertungsmethoden des Technologiemanagements nötig. Technologiemanagement umfasst dabei drei Wirkbereiche (Abb. B.1):

- Markt-Management von Technologieentwicklung und -transfer
- Unternehmens-Management des Technologieeinsatzes in den Prozessen des Unternehmens
- Technologieeinsatz im Management zur Unterstützung der Unternehmensführung

Im Folgenden wird der Begriff der Technologie untersucht, um die Bedeutung von Technologie sowie die Einflussmöglichkeiten auf deren Nutzung besser zu verstehen. Des Weiteren werden Methoden des Technologiemanagements betrachtet. Ergänzend werden Lern- und Erfahrungskurven als Bewertungswerkzeuge vorgestellt.

B.1. Grundbegriffe der Technologie

Technologien können nach ihrer Komplexität und Schwierigkeit unterteilt werden. Es gibt Technologien, deren Anwendung und Integration in die Prozesse des Unternehmens keine besonderen Anstrengungen verlangt. Solche Technologien können als »schlüsselfertige« Anlage gekauft werden, sie werden oft als »Commodity-Technologie« bezeichnet. Andere Technologien, sogenannte »High-End-Technologien«, erfordern hohes Know-how zum Betrieb (Bullinger 1996).

Die Bedeutung einer Technologie ändert sich mit der Zeit. Die Leistungsfähigkeit der Technologie kann in der »S-Kurve« von MᴄKɪɴsᴇʏ

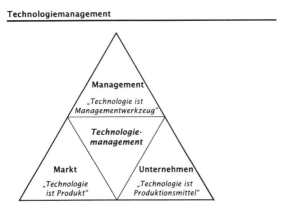

Abbildung B.1.: Technologiemanagement (vgl. Bullinger 1996)

über dem kumulierten Entwicklungsaufwand dargestellt werden. Diese Kurve enthält den Grundgedanken, dass eine Technologie immer zu einem gewissen Zeitpunkt an technische Grenzen stößt (Abb. B.2).

Eine neue Technologie in der Entstehungsphase gilt als Schrittmachertechnologie (Bullinger 1996). Sie hat ein konkretes Einsatzgebiet und hohe potentielle Auswirkungen auf Produkte oder Kostenstrukturen. Die Ausgaben für die Entwicklung der Technologie sind mittel zu bezeichnen. Mit der Zeit reift sie zu einer Schlüsseltechnologie. Diese hat noch ein hohes Entwicklungspotential und bereits einen starken Einfluss auf die Kosten. In dieser Phase kann mit relativ moderaten Entwicklungskosten ein großes Potential der Technologie erschlossen werden. Ist die Technologie an ihre Leistungsgrenzen gestoßen, wird ein immer höherer Aufwand in die Entwicklung nötig, um die verbleibenden geringen Potentiale zu aktivieren. Ein abflachender Kurvenverlauf ist somit ein Anzeichen für eine beginnende Reife der Technologie und Anlass, nach Alternativen zu suchen (Wolfrum 1991). Die Basistechnologie wird von allen Wettbewerbern eingesetzt und sorgt nicht mehr für Wettbewerbsvorteile.

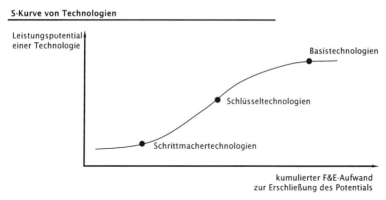

Abbildung B.2.: Lebenszyklus von Technologien

B.2. Technologiemanagement

Die Aufgabe des Technologiemanagements ist die Gestaltung und Nutzung von Technologiepotentialen durch die Unternehmensführung, um strategische Wettbewerbsvorteile zu nutzen (Tschirky 1990). Dabei gibt es drei Handlungsebenen (Abb. B.3).

Das normative Technologiemanagement berücksichtigt langfristige Wechselwirkungen von Technik, Gesellschaft, Wirtschaft und Ökologie. Es dient der Positionsfindung von Unternehmen in den Bereichen

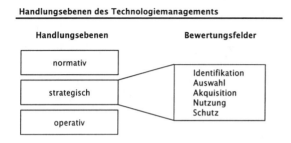

Abbildung B.3.: Handlungsebenen des Technologiemanagements

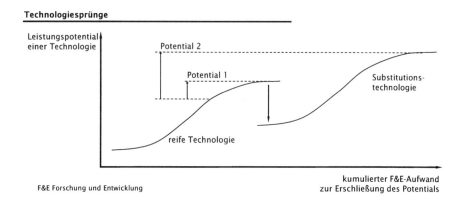

Abbildung B.4.: Technologiesprünge

Technikpolitik und Technologieleitbild. Das strategische Technologiemanagement bestimmt die technologische Ist-Situation eines Unternehmens und leitet daraus Handlungsbedarf ab. Dabei gilt es, wichtige
Technologien zu erkennen, deren Potentiale zu bewerten und gezielt
zu entwickeln. Das operative Technologiemanagement befasst sich mit
der kurz- bis mittelfristigen Umsetzung der strategischen Maßnahmen.
Zur Bewertung von technologiegetriebenen Synergien ist vor allem die
strategische Technologieplanung von Bedeutung, da die Planung von
Unternehmensverbindungen in der Regel in strategische Konzepte eingebunden ist. Ein typisches Problem ist dabei die Planung des Einsatzes einer neuen Technologie (Abb. B.4). Eine alte Technologie, die an
ihre Leistungsgrenze stößt, soll dabei durch eine neue Technologie, die
noch nicht so reif ist, ersetzt werden, weil die Potentiale der Technologie deutlich größer sind. Eine Frage bei der Technologieplanung ist
zum Beispiel der Zeitpunkt des Technologiewechsels. Dabei ist es für
Unternehmen immer von Bedeutung, neue Technologien zu beobachten. Nur dadurch ist es möglich, effizientere oder flexiblere Alternativen
zu identifizieren und zu nutzen (Azzone und Bertele 1991).

Der strategischen Technologieplanung stehen einige Werkzeuge zur
Bewertung und Analyse zur Verfügung. Ein Großteil davon baut auf
Portfoliotechniken auf, zum Beispiel der Ansatz von MCKINSEY und

von A. D. LITTLE (Little 1993). Dabei wird die Attraktivität einer Technologie über der Ressourcenstärke, dem Lebenszyklus oder der relativen Position zum Wettbewerber aufgetragen (Abb. B.5). Aus den sich ergebenden Positionen im Portfolio können Technologien verglichen werden, um z. B. die Ressourcen neu zu verteilen oder um ganze Geschäftsfelder neu auszurichten (vgl. Wolfrum 1991, Binder und Kantowsky 1996). Die Portfolios können sowohl für Produkt- als auch für Produktionstechnologien verwendet werden. GREGORY hat zu diesem Zweck ein Framework mit fünf Bewertungsfeldern identifiziert (Gregory 1995, Probert u. a. 2000, Phaal u. a. 1998). Diese Bewertungsfelder sind:

- Identifikation,
- Auswahl,
- Akquisition,
- Nutzung und
- Schutz.

Bei der Bewertung von Technologiepositionen werden die folgenden Schritte durchlaufen (vgl. Bullinger 1996, Wolfrum 1991):

- Identifikation wichtiger Technologien,
- Einordnung der Technologien in ein Technologieportfolio,
- Einordnung der Geschäftsfelder in ein Marktportfolio,
- Zusammenführung zu einem Gesamtportfolio und
- Ableitung von F&E-Prioritäten.

Weitere Möglichkeiten zur Bewertung von technologischen Fähigkeiten sind Benchmarkings, bei denen Indikatoren mit anderen Unternehmen oder Unternehmensbereichen verglichen werden (AWF 2000a).

B.3. Lern- und Erfahrungskurven

Um die verschiedenen Konzepte der Synergie im Zusammenhang mit Unternehmensverbindungen bewerten zu können, muss ein geeignetes Hilfsmittel gefunden werden. Es müssen damit alle identifizierten

Portfolio zur Bewertung von Technologien

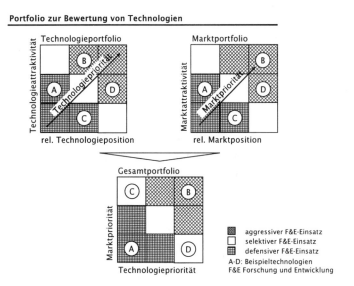

Abbildung B.5.: Technologieportfolio nach McKinsey

Synergieursachen erfasst und die unterschiedlichen Fähigkeiten der Partner abgebildet werden können. Dazu zählen die Reichweiteneffekte (Economies of scope), die Größendegressionseffekte (Economies of scale) und mutative Betriebsgrößenvariationen. Der Anwendungsbereich der Technologie soll besonders berücksichtigt werden. Eine Methode, die all diese Faktoren einbezieht, ist das Konzept der Lern- und Erfahrungskurve. Diese werden im Folgenden erläutert.

Der Effekt der industriellen Lernkurve ist seit langem bekannt und kann mit dem Prinzip des »Learning by doing« umschrieben werden. Er ist eine empirische Gesetzmäßigkeit und besagt, dass ein Arbeitsprozess, der sich ständig wiederholt, mit der Zeit kostengünstiger und schneller ausgeführt wird (vgl. Adam 1979, Hieber 1991). Die Kostensenkungen sind um so höher, je weniger arbeitsteilig der betrachtete Arbeitsprozess organisiert ist (Rodermann 1999). Die Lernkurve zieht hauptsächlich produktionsseitige Faktoren in Betracht (Hieber 1991).

Dem gegenüber steht das Konzept der Erfahrungskurve. Es umfasst

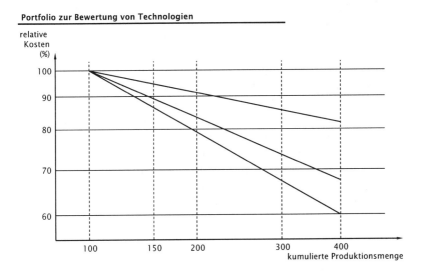

Abbildung B.6.: Lernkurvenverlauf

neben den Kostensenkungspotentialen der Lernkurve die unstetigen Auswirkungen der Lernkurve auf den technischen Fortschritt und die Rationalisierungsmaßnahmen im Umfeld des Prozesses (Hieber 1991). In der Erfahrungskurve sind auch marktseitige Aspekte berücksichtigt, indem die Kostensenkungen im Unternehmen den Kostensenkungen am Markt gegenübergestellt werden. Im Folgenden wird unter Lern- und Erfahrungskurven immer das erweiterte Erfahrungskurvenmodell verstanden.

Ein wichtiger Aspekt der Lernkurvenbetrachtung ist die Tatsache, dass der Einfluss des Lernens mit dem Grad der Automatisierung eines Prozesses sinkt. Je höher der Anteil an Tätigkeiten des Mitarbeiters ist, desto größer sind die Kostensenkungen mit der kumulierten Produktionsmenge. Im Umkehrschluss bedeutet dies, dass hoch automatisierte Prozesse mit herkömmlichen Lernkurvenmodellen nicht ausreichend bewertet werden können (Hieber 1991).

Die mathematische Form der beiden Kurventypen ist dabei gleich, die Unterschiede liegen in der Interpretation (Abb. B.6).

Es werden in der Regel Stückkosten über einer kumulierten Produktionsmenge aufgetragen. Dabei geht man im Rahmen der Linearhypothese davon aus, dass mit der Verdoppelung der Produktionsmenge die Stückkosten um einen konstanten Prozentsatz sinken (Hieber 1991). Daraus ergibt sich bei Verwendung einer logarithmischen Skala eine Gerade. Die Steigung der Geraden hängt von der Bedeutung des Lernens bei der betrachteten Technologie ab. Ist sie hoch, verläuft die Kurve steiler; ist sie niedrig, verläuft sie flach bis waagerecht. Eine »80%-Lernkurve« beschreibt eine Kostenreduktion von 20 Prozent bei Verdoppelung der Produktionsmenge. Neben der exponentialen Form der Lernkurve gibt es weitere Ausprägungen, z. B. die »S-Form« oder das Plateau-Modell, die aber nur eine geringe Rolle spielen (vgl. Baur 1967, Baloff 1967).

Lernkurven werden in Unternehmen in vielen Bereichen und Situationen eingesetzt. In der Produktionsplanung können sie zum Beispiel bei der Planung der Produktionsausstattung, im Rahmen von »Make or buy«-Entscheidungen oder zur Technologieauswahl verwendet werden. Grundlage für die Kostensenkung bei steigender Betriebsgröße ist die Tatsache, dass durch bessere Auslastung von Prozessen die variablen Kosten steigen, nicht jedoch die Gesamtkosten. Dieser Effekt entspricht dem Konzept der Größendegressionseffekte (Paprottka 1996).

Im Einproduktfall sinken die Stückkosten durch die Erhöhung der Produktivität in den Prozessen, zum Beispiel durch Optimierung der Losgrößen und der damit verbundenen Reduktion von Rüstzeiten. Dieser Effekt ist in der Regel stückzahlabhängig. Die bessere Auslastung spielt vor dem Hintergrund einer ideal betriebenen und damit ausgelasteten Fertigung nur eine geringe Rolle. Im Lernkurvendiagramm kann dieser Effekt als Funktion der Stückkosten über der Losgröße dargestellt werden.

Wird anstelle eines Einproduktfalles der Mehrproduktfall angenommen, gehen die Größendegressionseffekte in Reichweiteneffekte über. Im Lernkurvendiagramm werden dazu die Stückkosten über den in dieser Technologie kumulierten Stunden aufgetragen. Durch den Anstieg des verfügbaren Produktionswissens sinken die Stückkosten über der Zeit. Lerneffekte und Reichweiteneffekte beschreiben Kostensenkungen bei gleichbleibender Produktionsmenge. Grafisch bedeutet dies eine Verschiebung der Lernkurve nach unten. Da der Effekt jedoch gleichzeitig mit einer erhöhten Stundenzahl einhergeht, kann er als Voranschreiten auf der Kurve gedeutet werden.

Rationalisierungseffekte im Sinne des technischen Fortschritts entstehen durch das Wahrnehmen besonderer Möglichkeiten zur Kostensenkung und stellen sich ebenfalls als Kurvenverschiebung dar. Der technische Fortschritt äußert sich darin, dass es eine besser geeignete Technologie zur Lösung einer Aufgabe gibt. Die Grenzen für den wirtschaftlichen Einsatz können zum Beispiel in einer Stückzahl liegen. Im Lernkurvendiagramm stellt diese Grenze einen Schnittpunkt zweier unterschiedlich steiler Lernkurven dar. Dabei werden die Stückkosten über der kumulierten Produktionsmenge aufgetragen.

In der Praxis vermischen sich die Effekte und sind nur schwer voneinander zu trennen (vgl. Hieber 1991). Die Überlagerung von Produktivitätssteigerung, Reichweiteneffekten und technischem Fortschritt ergibt das in dieser Arbeit verwendete Erfahrungskurvenmodell. Bei der Betrachtung von Technologiesynergien sind es vor allem die Reichweiteneffekte, die in der Erfahrungskurve abgebildet werden müssen. Rationalisierungen und Betriebsgrößenvariationen sind nur in Ausnahmefällen den Synergien zuzuordnen. Die Größe der Lerneffekte auf beiden Seiten ist abhängig von der Art der betriebenen Prozesse. Große Unterschiede bei den Partnern verhindern eine effektive Übertragung von Wissen. Um diese Übertragung zu bewerten, ist es deshalb notwendig, die Qualität und die Ähnlichkeit der Anwendung zu bestimmen (Paprottka 1996).

Selbst hochwertiges Know-how nützt einem Partner nichts, wenn er dieses Wissen nicht braucht oder es bereits besitzt. Die Bestimmung der Ähnlichkeit schließt sowohl den Betrieb einer Technologie als auch das Anwendungsfeld, z. B. den bearbeiteten Markt, mit ein.

B.4. Bewertung des Anwendungsprofils in der Fertigung

Mit Hilfe des in Abbildung B.7 dargestellten Nomogramms kann das Anwendungsprofil für die Fertigungstechnologien eines Unternehmens ermittelt werden.

Nomogramm zur Bestimmung von k$_{Mat}$

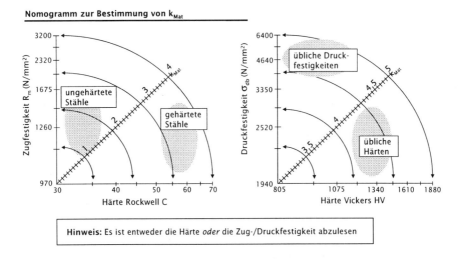

Hinweis: Es ist entweder die Härte *oder* die Zug-/Druckfestigkeit abzulesen

Abbildung B.7.: Nomogramm zur Bestimmung des Anwendungsprofils

B.5. Zuordnung der Lernkurven zu relevanten Technologien

Tabelle B.1: Zuordnung von Erfahrungskurventypen zu Technologien

Technologie	Erfahrungs-kurventyp	mögliche Folgetechnologie
Forschung und Entwicklung		
CAD		
2D-Konstruktion	A	3D-Konstruktion
3D-Konstruktion	B	
Feature-/Makrobasierte Konstruktion	B	
Parametrische Konstruktion	B	

Erfahrungskurventypen siehe Abb. 7.11, S. 119   *(Fortsetzung siehe nächste Seite)*

(Fortsetzung der vorherigen Seite)

Technologie	Erfahrungs-kurventyp	mögliche Folgetechnologie
Simulation		
Finite Elemente	A	
Rapid Prototyping	A	
Rapid Tooling	A	
Digital Mock-up	A	
Prozesssimulation	A	
Montagesimulation	A	
Beschaffung		
B2B-Systeme (Business to Business)	A	
ERP-Systeme (SAP/R3 etc.)	A	
Fertigung		
Umformen		
Walzen	A	
Gesenkformen	B	
Drückwalzen	B	
Kaltfließpressen	B	
Präzisionsschmieden	C	
THIXO-Schmieden	C	
Tiefziehen	B	
Streckziehen	B	
Biegen	A	
Urformen		
Kokillengießen	B	
Druckgießen	B	
Feingießen	C	
Sintern	C	
Urformen »Polymere«	B	
Urformen »Keramik«	B	
Trennen		
Schneiden	A	
Feinschneiden	B	

Erfahrungskurventypen siehe Abb. 7.11, S. 119   *(Fortsetzung siehe nächste Seite)*

(Fortsetzung der vorherigen Seite)

Technologie	Erfahrungs-kurventyp	mögliche Folgetechnologie
Laserstrahlschneiden	B	
Drehen	B	Umformen/Urformen
Hartdrehen	C	
Laserunterstütztes Drehen	C	
Mechanisches Bohren	A	
Elektronenstrahlbohren	C	
Laserstrahlbohren	C	
3-Achs-Fräsen	B	Umformen/Urformen
5-Achs-Fräsen	C	Umformen/Urformen
Laserunterstütztes Fräsen	C	
HSC-Fräsen	C	
Wälzfräsen	B	Umformen/Urformen
Planschleifen	B	
Rundschleifen	B	Hartdrehen
Profilschleifen	B	
kont. Wälzschleifen	B	
Teilwälzschleifen	B	
Gleitschleifen	A	
Hochgeschwindigkeits-Schleifen	C	
Hobeln/Stoßen	A	
Wälzstoßen	B	
Honen	B	
Läppen	B	
Wirbeln	A	
Reiben	A	
Sägen	A	
Schälen	A	
Hartschälen	B	
Drahterodieren	B	
Senkerodieren	B	
ECM-Senken	B	

Erfahrungskurventypen siehe Abb. 7.11, S. 119   *(Fortsetzung siehe nächste Seite)*

(Fortsetzung der vorherigen Seite)

Technologie	Erfahrungs-kurventyp	mögliche Folgetechnologie
Beschichten		
Elektrochemisch	A	
Organisch	A	
PVD	B	
CVD	B	
Auftragsschweißen	B	
Fügen		
Lichtbogen	B	
Strahl (Laser/Elektronen)	B	
Widerstand	A	
Löten	A	
Kleben	A	
Nieten	A	
Stoffeigenschaften ändern		
Laserhärten	B	
Einsatzhärten	B	
Nitrieren	B	
CAM		
NC-Programmierung	B	
NC-Simulation	A	
Montage		
Robotik	B	
Augmented Reality	B	
Vertrieb		
B2B-Systeme (Business to Business)	A	
B2C-Systeme (Business to Customer)	A	
Service		
Augmented Reality	B	

Erfahrungskurventypen siehe Abb. 7.11, S. 119 *(Fortsetzung siehe nächste Seite)*

(Fortsetzung der vorherigen Seite)

Technologie	Erfahrungs-kurventyp	mögliche Folgetechnologie
B2C-Systeme (Business to Customer)	A	
Fernwartung/ Diagnosesysteme	B	

Erfahrungskurventypen siehe Abb. 7.11, S. 119

C. Grundlagen zu Innovation

Im Folgenden werden die Grundlagen der Innovationsthematik darge-legt. Einleitend wird der Ausdruck Innovation definitorisch geklärt. Im Anschluss wird die Innovation anhand ihrer Dimensionen weiter analy-siert. Daran schließt sich eine Zusammenfassung wichtiger Erfolgsfak-toren an. Dem folgend wird das Management der Innovation behandelt.

C.1. Der Begriff Innovation

Der etymologische Ursprung des Begriffs Innovation ist im lateinischen »novus« (= neu) bzw. »innovare« (= erneuern) zu finden. SCHUMPETER sieht das Wesen der Innovation in der »Durchsetzung neuer Kombina-tionen«, die nicht kontinuierlich erfolgt, sondern »diskontinuierlich« auftritt (Schumpeter 1911). HAUSCHILDT definiert Innovationen als »im Ergebnis qualitativ neuartige Produkte oder Verfahren, die sich gegen-über dem vorangehenden Zustand merklich [...] unterscheiden« (Hau-schildt 1997). TANG betont einen erwerbsorientierten Charakter, indem er die Innovation als »complicated process of applying new ideas for gainful purpose« definiert (Tang 1998). Unter dem Begriff Innovativität soll im Folgenden das Ausmaß der Innovationskraft und das Maß der Ausrichtung eines Unternehmens auf die Schaffung von Innovationen verstanden werden.

C.2. Dimensionen der Innovation

Um den Innovationsbegriff zu operationalisieren, wird die Innovation unter verschiedenen Blickwinkeln betrachtet. HAUSCHILDT unterschei-det die *inhaltliche, subjektive, prozessuale* und *normative* Dimension (vgl. Hauschildt 1997).

C.2.1. Inhaltliche Dimension

Die inhaltliche Dimension der Innovation wird weiter in den Bezug auf das Neue selbst und den Neuheitsgrad unterteilt.

Neu der Tatsache nach

Der Inhalt einer Innovation ist die Antwort auf die Frage: »Was ist neu?« In Literatur und Praxis unterscheidet man meist zwischen Produkt- und Prozessinnovationen. Eine Produktinnovation offeriert eine Leistung, die dem Kunden erlaubt, neue Zwecke oder vorhandene Zwecke in einer völlig neuartigen Weise zu erfüllen. Prozessinnovationen sind dagegen neuartige Faktorkombinationen, deren Folge eine kostengünstigere, qualitativ hochwertigere, sicherere und schnellere Produktion ist (Hauschildt 1997).

ZAHN/WEIDLER differenzieren in ihrem Konzept eines integrierten Innovationsmanagements *technische, organisationale* und *geschäftsbezogene* Innovationen (Abb. C.1).

Dieses Innovationsverständnis spannt den Bezugsrahmen weiter als vorangegangene Ansätze. Unter den *Technischen Innovationen* werden zunächst Produkt- und Prozessinnovationen zusammengefasst. Daneben dienen die Erweiterung und Vertiefung des technischen Wissens dem Aufbau der technologischen Kompetenz und sind im übertragenen Sinne als »Innovationen von morgen« zu betrachten.

Organisationale Innovationen spiegeln die Notwendigkeit wider, dass die Organisation selbst als Umfeld technischer und geschäftsorientierter Innovationsprozesse Gegenstand von Erneuerungsanstrengungen sein muss. Im Vordergrund stehen die Komponenten *Struktur* (»Schaffung von Freiräumen, innerhalb derer die Mitarbeiter Veränderungsprozesse flexibel gestalten können«), *Kultur* (»Aspekte der informellen Organisation, Einstellungen, Normen und Werte entsprechend der Innovationspolicy verändern und erneut verfestigen«) und *Systeme* (»Managementsysteme [...] bestimmen Handlungsfreiräume, indem sie Verantwortlichkeiten im Innovationsprozess regeln bzw. die notwendige Informationsversorgung hinsichtlich quantitativer, qualitativer und zeitlicher Aspekte beeinflussen«).

Die *Geschäftsbezogenen Innovationen* gehen über die kreative Nach-

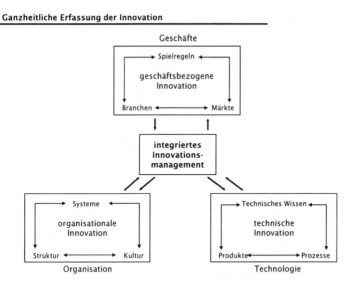

Abbildung C.1.: Ganzheitliches Konzept der Innovation, nach Zahn und
Weidler (1995)

ahmung des Marktführers und den Versuch hinaus, in dem von diesem
geprägten und gestalteten Geschäft Wettbewerbsvorteile zu erlangen.
Neuerungsobjekte sind nicht mehr allein die Technik oder die Organisation, sondern die für das Unternehmen relevanten Branchenstruktu-
ren und Märkte sowie die im Geschäft geltenden Spielregeln (Zahn und
Weidler 1995).

Dieser Arbeit wird in Anlehnung an ZAHN/WEIDLER folgende inhaltliche Konzeption des Innovationsbegriffs zugrundegelegt.

Grundsätzlich werden drei Arten von Innovation unterschieden. Dies
sind die *Produktinnovation,* die *Prozessinnovation* und die *Geschäftsinnovation* (Abb. C.2).

Produktinnovationen stellen einen unmittelbaren Hebel zur Schaffung neuen Kundennutzens dar. Dieser neue Nutzen entsteht aus einer
Erhöhung des vom Kunden wahrgenommenen Leistungsniveaus des
Produktes. Produktbezogen innovative Unternehmen zeichnen sich dadurch aus, dass sie aktuelle Kundenprobleme besser verstehen und zu-

Arten der Innovation

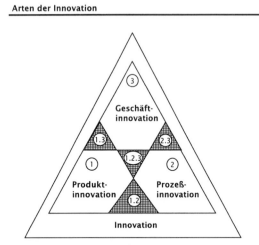

① Neues Produkt ohne neue Prozesse (Ziel: Verbesserungs- oder Anwendungsinnovation)
①.② neues Produkt durch neue Prozesse (Ziel: Radikale Innovation)
①.③ neues Produkt als Instrument zur Modifikation der Spielregeln am Markt
② neuer Prozess ohne neues Produkt (Ziel: Technische Innovation, Effizienzsteigerung)
②.③ neuer Prozess/neuartige Wertschöpfungskette als initiierendes Element einer neuen Brachenstruktur (z.B.: Virtuelles Unternehmen)
③ Geschäftsinnovation ohne neue Produkte oder Prozesse als Hebel (z.b.: Neukombination von vorhandenen Produkten/Prozessen; Marktkontrolle durch Monopolisten oder Kartell)
①.②.③ neues Produkt durch neue Prozesse, wodurch die Marktstrukturen/-grenzen verändert werden (z.B. Neuartige Preis-/Leistungsdimension eines neuen Produktes, die durch Anwendung neuer Prozesse erzielt werden kann)

Abbildung C.2.: Arten von Innovation

künftige Kundenwünsche früher und zutreffender antizipieren als ihre Wettbewerber. Unter Produkte werden sämtliche Leistungen, die das Unternehmen dem Kunden anbietet, verstanden. Darunter fallen sowohl materielle Produkte, wie Maschinen und Anlagen, als auch Dienstleistungen, beispielsweise das Warten oder Betreiben von Anlagen beim Kunden.

Prozessinnovationen sind innovativ gestaltete und damit effektivere und effizientere direkte wie indirekte Wertschöpfungsprozesse. Ein Prozess ist als Bündel von Aktivitäten definiert, das ein oder mehrere Inputs benötigt und für den Kunden, sei es ein externer Kunde oder der folgende Prozessschritt, ein Ergebnis von Wert erzeugt (vgl. Schuh 1996). Durch Prozesse werden unterschiedliche Einzelschritte des Betriebsgeschehens ziel- und ergebnisorientiert zusammengefasst. Darüber hinaus werden Abteilungen, Mitarbeiter und Ressourcen eines Unternehmens integriert sowie Informationen erzeugt und verarbeitet (Eversheim 1996). Somit wird die gesamte Wertschöpfungskette inklusive aller Geschäftsprozesse und technologischer Bearbeitungsprozesse im Unternehmen in die Betrachtung einbezogen. Resultate innovativer Prozesse können Effizienzsteigerungen, also Verbesserungen der Wirtschaftlichkeit, darstellen oder als Effektivitätssteigerungen den Kundennutzen fördern bzw. den Aufbau oder die Erhaltung von strategischen Erfolgspositionen ermöglichen. Konkret können dies Qualitäts-, Kosten- und Zeitvorteile, eine gesteigerte Prozessstabilität und Flexibilität sowie die Optimierung der Schnittstellen zum Lieferanten bzw. Kunden sein.

Geschäftsbezogene Innovationen haben, wie oben bereits umrissen, das Ziel, die Unternehmensumwelt nutzenorientiert zu verändern.

Strategien zur *Erneuerung der Branchenstruktur* gehen dabei über klassische Kooperations- und Integrationsstrategien hinaus. Innovative Problemlösungen, neue Formen der Zusammenarbeit innerhalb der Branche und die Suche nach neuen Partnern in der Wertkette zielen auf die Neuerfindung der Wertschöpfung (Zahn und Weidler 1995). Die Unternehmensverbindung Virtuelles Unternehmen kann als Beispiel für eine Neuinterpretation der Wertschöpfung angesehen werden.

Produkt- und Prozessinnovationen können gleichzeitig wirksame Hebel zur *Veränderung der Marktstrukturen und -grenzen* sein. Dies ist insbesondere dann der Fall, wenn es mit ihrer Hilfe gelingt, bestehende Preis-/Leistungsannahmen zu verwerfen und dadurch neue Kundengruppen anzusprechen bzw. Marktsegmente differenzierter zu bearbeiten (Zahn und Weidler 1995).

In jeder Branche definieren die Pioniere und Marktführer die Spielregeln im Zusammenwirken von Anbieter und Nachfrager entsprechend den eigenen Stärken. Später eintretende oder kleinere Wettbewerber, die sich an die Spielregeln halten, haben keine Chance auf nennenswerten Erfolg, da ihnen die Erfahrung und das Kompetenzprofil des Marktführers fehlt. Um dennoch erfolgreich zu sein, muss neuer Kundennutzen durch *Modifikation der Spielregeln* geschaffen werden. Der Fokus dieser Strategie liegt meist auf einer Neutralisation der Stärken des Marktführers durch neue Geschäftsmodelle. Ein Beispiel am Fall Caterpillar soll dies illustrieren: Eine der größten Stärken der Firma Caterpillar ist deren dichtes Händlernetz mit weltweit über 270 Stützpunkten. Durch dieses Netzwerk kann das Unternehmen jeder Caterpillarmaschine an jedem Einsatzort weltweit innerhalb von 24 bis 36 Stunden einen eventuell benötigten Service garantieren, eine einzigartige Leis-

tung in der Branche und damit ein deutlicher Wettbewerbsvorteil gegenüber der Konkurrenz. Bei dieser Wettbewerbskonstellation ging Komatsu an den Markt. Um die ehrgeizigen Wachstumsziele zu erreichen,
mußte die vorhandene Konkurrenz übertrumpft werden. Die Chance,
ein Servicenetzwerk à la Caterpillar zu etablieren, war gering. Weder
die Zeit, noch die geeigneten Servicepartner waren vorhanden, um Caterpillar auf diesem Weg anzugreifen. Also neutralisierte Komatsu die
größte Stärke Caterpillars: Komatsu entwickelte Maschinen, die wenig
bis gar keinen Service benötigen, bot dem Kunden somit den Mehrwert
langer Wartungsintervalle und behauptete sich so am Markt (Robert
1991).

Aus Abbildung C.2 wird deutlich, dass die drei Innovationsarten sowohl isoliert existieren als auch Kombinationen bilden können. So kann
ein neues Produkt ohne neue Prozesse als *Verbesserungs-* bzw. *Anwendungsinnovation* entstehen, aber auch das Resultat neuer Prozesse als
Radikale Innovation darstellen (siehe im Abschnitt weiter unten). Beispiel für den letzteren Fall ist eine neuartige Produktfunktion, die durch
Innovationen beim Fertigungsprozess realisiert wird. Ebenso erfordert
die Produktinnovation *Betrieb einer Anlage beim Kunden aus der Fer-
ne* die Einführung einer entsprechenden, z. B. internetbasierten Verbindung zwischen Unternehmen und Kunde, also eine Prozessinnovation. Dagegen wäre das Ziel einer Prozessinnovation ohne Produktinnovation eine Maßnahme zur Steigerung der Prozesseffizienz, also eine
Technische Innovation (siehe im Abschnitt weiter unten). Die Instru-
mentalisierung eines neuen Produktes und/oder Prozesses zur Neuge-
staltung des Marktes oder der Branche wurde bereits angesprochen.
Geschäftsinnovationen müssen jedoch nicht zwangsläufig auf neuen
Produkten oder Prozessen beruhen. Auch die Neukombination vorhandener Produkte oder Prozesse, ebenso wie die Marktkontrolle durch
Monopolisten oder Kartelle kann eine geschäftsbezogene Innovation
hervorbringen.

Neu dem Grad nach

Der Innovationsgrad drückt das Ausmaß des Unterschieds gegenüber
dem bisherigen Zustand aus. Auf einen einheitlichen Standard hat man
sich dazu in Literatur und Praxis noch nicht festgelegt. Die bestehen-

den Ansätze zur Messung des Innovationsgrades lassen sich nach der Anzahl ihrer Dimensionen gliedern (Ansätze zur Messung des Innovationsgrades):

- eindimensional (z. B. MENSCH, HAUSCHILDT)
- zweidimensional (z. B. GOBELI/BROWN, HENDERSON/CLARK)
- mehrdimensional (z. B. LUTSCHEWITZ/KUTSCHKER, HAUSCHILDT)

MENSCH schlägt eine eindimensionale Klassifizierung vor, die aus zwei fundamentalen Innovationsgraden *Basisinnovation* und *Verbesserungsinnovation* besteht. Eine Basisinnovation ist nach MENSCH die Eröffnung eines neuen Weges, einer neuen Arbeitsweise oder Technologie, wobei diese eine richtungsändernde Abweichung von der bisher üblichen Praxis darstellt. Die Weiterentwicklung auf bestehenden Gebieten, die durch Basisinnovationen etabliert worden sind, werden als Verbesserungsinnovation bezeichnet (Mensch 1972). Bildlich gesehen entspricht die Basisinnovation demnach einer Gabelung in einem Baum, während eine Verbesserungsinnovation dem Längenwachstum der Zweige gleichzusetzen ist. HAUSCHILDT trifft folgende Unterscheidung für Produktinnovationen, die sich grundsätzlich auch auf Prozessinnovationen anwenden lässt (Hauschildt 1997):

- total neues oder entscheidend geändertes Produkt (z. B. Mountain-Bike)
- deutlich verbessertes Produkt (z. B. benutzerfreundlicher Laserdrucker)
- neue oder verbesserte Zusatzeinrichtungen und -dienstleistungen (z. B. sicherer Fahrrad-Kindersitz)
- Produkt- oder Dienstleistungsdifferenz (z. B. eine Marmelade mit neuer Geschmacksrichtung)

Eine zweidimensionale Klassifizierung kann der Eigenschaft der Innovation gerecht werden, aus der Kombination von Technik und Anwendung zu erwachsen. Auf dieser Basis gliedern GOBELI/BROWN Produktinnovationen in vier Kategorien, die sie in einer 2×2-Matrix abbilden (Gobeli und Brown 1987) (Abb. C.3).

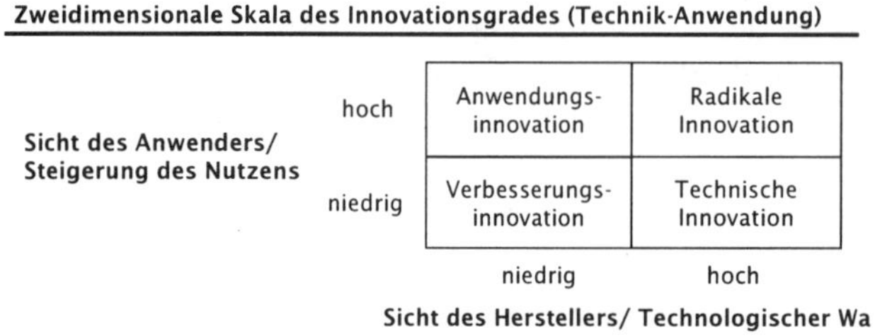

Zweidimensionale Skala des Innovationsgrades (Technik-Anwendung)

	hoch	Anwendungs-innovation	Radikale Innovation
Sicht des Anwenders/ Steigerung des Nutzens	niedrig	Verbesserungs-innovation	Technische Innovation

niedrig   hoch

Sicht des Herstellers/ Technologischer Wa

Abbildung C.3.: Zweidimensionale Skala des Innovationsgrades
(Technik-Anwendung), nach GOBELI/BROWN in Höft (1992)

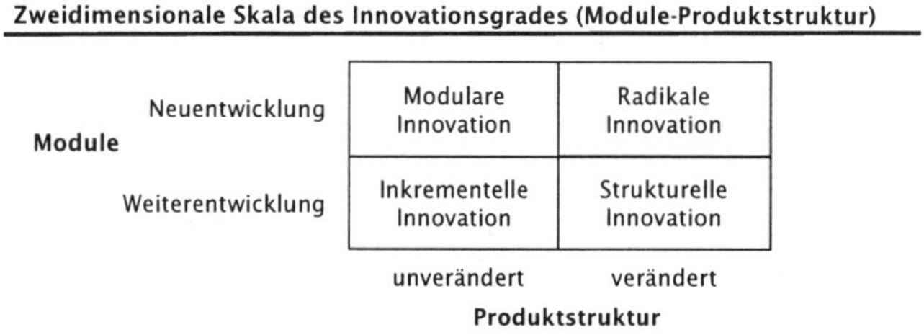

Zweidimensionale Skala des Innovationsgrades (Module-Produktstruktur)

	Neuentwicklung	Modulare Innovation	Radikale Innovation
Module	Weiterentwicklung	Inkrementelle Innovation	Strukturelle Innovation

unverändert   verändert

Produktstruktur

Abbildung C.4.: Zweidimensionale Skala des Innovationsgrades
(Module-Produktstruktur), nach HENDERSON/CLARK in
Gausemeier und Riepe (2000)

HENDERSON/CLARK schlagen eine eher technisch orientierte Klassifizierung vor. Der Innovationsgrad leitet sich hierbei aus Neuerungen der Module bzw. Produktstruktur eines Produktes ab (Henderson und Clark 1990) (Abb. C.4):

Eine dreidimensionale Klassifizierung entwarfen die Autoren LUTSCHEWITZ/KUTSCHKER. Sie unterscheiden dabei die Dimensionen Intensität, Kontext und Zeit. Die *Intensität* ist dabei um so größer, je größer die Neuartigkeit der Problemdefinition, das Risiko, der induzierte Wandel und die Nutzungsbreite der Innovation sind. Der *Kontext* beschreibt die relevante Umwelt (Situation), wobei als Variable die Zahl der potentiellen Adopter verwendet wird. Die *Zeitdimension* berücksichtigt die Tatsache, dass eine Innovation im Zeitablauf den innovativen Charakter verliert und schließlich als Standard wahrgenommen

Tabelle C.1: Auszug aus einem Fragenkatalog zur Innovationsbeurteilung, nach Hauschildt (1997)

Anhaltspunkte für technologischen und anwendungsbezogenen Fortschritt

- Verlangt das neue Produkt oder Verfahren neuartige
  - Fertigungstechnik
  - Fertigungsorganisation
  - ...
- Bewirkt das Produkt oder Verfahren neuartige
  - Durchlaufzeiten
  - Flexibilität
  - ...
- Erfordert der Absatz des neuen Produkts
  - die Ansprache neuer Kundengruppen
  - neue Distributionswege
  - ...

wird (Lutschewitz und Kutschker 1977). Produkte oder Verfahren, die hohe Merkmalsausprägungen in allen drei Dimensionen erreichen, entsprechen in der Terminologie von Mensch einer Basisinnovation (Höft 1992).

Grundsätzlich vergleichbar ist ein mehrdimensionales Klassifikationskonzept nach HAUSCHILDT. Hierbei werden zunächst möglichst viele Anhaltspunkte für einen technologischen und anwendungsbezogenen Fortschritt bestimmt und in einer Art Fragenkatalog oder Checkliste zusammengefasst. Für jeden Anhaltspunkt werden wie in einem Scoring-Modell Punkte je nach Ausmaß vergeben. Anhand der Summe aller Punkte wird entschieden, um welchen Innovationsgrad es sich bei dem betrachteten Objekt handelt (Tabelle C.1) (Hauschildt 1997).

C.2.2. Subjektive Dimension

Die subjektive Dimension bezieht sich auf die Frage: »Neu für wen?« Hierdurch kommt zum Ausdruck, dass der durch die Innovation induzierte Wandel subjektiv unterschiedlich wahrgenommen werden kann. In seiner engsten Fassung bezieht sich der Innovationsbegriff auf ein beliebiges Individuum, das für sich, d.h. in seiner Arbeits- oder Konsumwelt, erstmalig ein neues Produkt nutzt oder ein neues Verfahren anwendet. Dabei kann die Neuheit von anderen Individuen bereits längst erkannt worden sein (Hauschildt 1997).

Erweitert man diese individuelle Sichtweise auf Unternehmensebene, so ist eine Innovation dann zu konstatieren, wenn ein Unternehmen eine technische Neuerung erstmalig nutzt oder vermarktet, unabhängig davon, ob andere Unternehmen den Schritt davor getan haben oder nicht (vgl. Witte 1973).

Prinzipiell lässt sich der Bezugsrahmen beliebig erweitern. Aus gesamtwirtschaftlicher Perspektive wird der Versuch gemacht, Neuheit in Bezug auf eine Volkswirtschaft zu objektivieren. Aus der Perspektive eines multinationalen Unternehmens, also aus globaler Sicht, kann dieselbe Neuheit allerdings eine Routineangelegenheit sein (Staudt 1996).

Innovationsaktivitäten wurden in Kapitel 2 als wichtiger Weg zur Differenzierung am Markt beschrieben, um dadurch Wettbewerbsvorteile zu erlangen. Die Differenzierung bezieht sich dabei auf einen dem Kunden gebotenen Mehrwert, der erst mit der Einführung der Innovation auf dem entsprechenden Markt für ihn verfügbar wird. Als Bezugsrahmen für Neuheit kann bei einer kundenorientierten Sicht somit der Markt angesehen werden, zu dem der Kunde Zugang hat. Je nach Verfügbarkeit des Produktes an einem Markt bzw. des Umfangs der Marktzugangsmöglichkeiten des Kunden kann der marktliche Bezugsrahmen lokale, regionale, nationale und globale Dimensionen annehmen. Im Rahmen dieser Arbeit wird für die Produkt-innovation die kundenorientierte Sicht gewählt, da das neue Produkt letztendlich für den Kunden auf den Markt gebracht wird und von diesem aufgrund neuen Nutzens als neu, besser und somit erwerbenswert empfunden werden soll.

Prozessinnovationen dienen *in erster Linie* zur Steigerung der Effizienz der Geschäftsprozesse (Hauschildt 1997). Damit ergeben sich als Bezugsrahmen für Neuheiten diejenigen Unternehmen, die mit dem zu beurteilenden Unternehmen im Wettbewerb stehen. Schließlich sollen die Effizienzsteigerungen in letzter Instanz die Wettbewerbsposition des Unternehmens gegenüber der Konkurrenz verbessern, d. h. die Geschäftsprozesse sollten *neuer* und damit *besser* bzw. *effizienter* als die der Wettbewerber sein. Im Rahmen dieser Arbeit wird als Bezugsrahmen für Prozessinnovationen somit die Menge an Wettbewerbern eines Unternehmens herangezogen.

Innovationsprozess

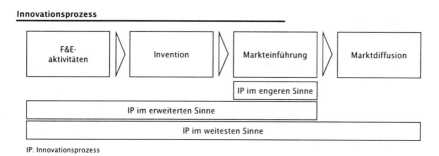

Abbildung C.5.: Die idealtypischen Phasen im Innovationsprozess, nach
Gerpott (1999)

C.2.3. Prozessuale Dimension

Der Innovationsprozess kann als eine in logischem und zumeist auch
zeitlichem Zusammenhang stehende Folge von Aktivitäten und Entscheidungen aufgefasst werden, die zur Einführung eines neuen Produktes oder Prozesses führen soll (Abb. C.5).

Dabei gilt es zu beachten, dass in der Realität die Phasen nicht notwendigerweise in sequenzieller Abfolge durchlaufen werden. Vielmehr
handelt es sich um einen komplexen Prozess, bei dem einzelne Phasen
ineinandergreifen, übersprungen werden und durch vielfältige Rück-
koppelungen miteinander verbunden sind (Machlup 1962).

In Anlehnung an die Ausführungen von GERPOTT sollen nun unterschiedlich weit gefasste Sichtweisen des Innovationsprozesses erörtert
werden.

Innovationsprozess im engeren Sinn: Der Startpunkt des Innovationsprozesses im engeren Sinn ist die Verfügbarkeit eines Produktes oder Verfahrens, das auf der Anwendung neu gewonnener
und/oder der neuartigen Kombination vorhandener naturwissen-
schaftlich-technischer F&E-Erkenntnisse beruht. Daran schließen
sich die Schritte an, die ein Unternehmen zur Einführung des Produkts am Markt (z. B. Marketing- und Vertriebskonzeption) oder
im Unternehmen (z. B. Nullserienfertigung) unternimmt. Das Pro-
zessende wird markiert durch die Verfügbarkeit des Produktes

in den Distributionskanälen bzw. den Einsatzbeginn eines neuen Geschäftsprozesses als Routinevorgang.

Innovationsprozess im erweiterten Sinn: Zusätzlich umfasst der Innovationsprozess im erweiterten Sinn auch die F&E-Aktivitäten. Der Startpunkt der F&E ist die Suche nach Ideen und Informationen, die als Anregung für neue Produkte oder Prozesse dienen können. Diejenigen Ideen, die als unternehmenszielfördernd anerkannt wurden, werden in konkreten F&E-Vorhaben umgesetzt. Ergebnis ist eine Invention (= Erfindung) bzw. ein funktionsfähiger Produkt-/Prozessprototyp.

Innovationsprozess im weitesten Sinn: Hierbei wird über die zuerst genannten Abgrenzungen hinaus auch die Verbreitung der Innovation am Markt in den Innovationsprozess einbezogen (Gerpott 1999).

In dieser Arbeit wird, in Übereinstimmung mit einem Großteil der wissenschaftlichen Literatur, der Innovationsprozess im *erweiterten Sinn* als Basis herangezogen (vgl. Hauschildt 1997).

C.2.4. Normative Dimension

Die normative Dimension bezieht sich auf die Aussage, dass »neu« gleich »erfolgreich« bedeutet. Dabei beschränkt man sich auf die Betrachtung solcher Produkte oder Verfahren, die eine Verbesserung gegenüber dem status quo darstellen. Bezugspunkt ist somit ein bestehendes Zielsystem. Mit der Innovation will man also den Zielerfüllungsgrad im Unternehmen steigern, beispielsweise Kosten senken und Umsatz steigern.

Da der Erfolg der Innovation in Form eines positiven Zielerreichungsgrades aber erst an deren zukünftiger Marktakzeptanz (Produktinnovation) bzw. im betrieblichen Einsatz (Prozessinnovation) gemessen werden kann, was beides nur unter Unsicherheit prognostizierbar ist, erweist sich die normative Dimension bei der Abgrenzung des Innovationsbegriffs als kritisch (vgl. Hauschildt 1997). Grundsätzlich wird in dieser Arbeit der Erfolg eines neuen Produktes oder Prozesses nicht als definitorisches Element für den Innovationscharakter herangezogen. Schließlich kann beispielsweise der Misserfolg eines innovativen Produktes an ungünstigen Rahmenbedingungen, wie einem zu frühen Einführungszeitpunkt am Markt, liegen. Jedoch werden Innovationsmessungen erleichtert, wenn umgekehrt der Erfolg neuer Produkte in Form hoher Umsatzerlöse als Indiz einer hohen Innovationskraft des Unternehmens angesehen wird. Dieser Schluss wird bei der verbreiteten Kennzahl Produktinnovationsrate gezogen. Gleiches gilt für die Messung von Prozessinnovationen, wobei hier aus der Effizienz der Prozesse auf deren Innovationsgrad geschlossen wird (z. B. bei der Kennzahl Durchlaufzeit). Derartige Messmethoden führen zu einem Mindestwert der Innovativität eines Unternehmens, da weniger erfolgreiche Innovationen nicht erfasst werden.

C.3. Erfolgsfaktoren und Innovationspotential

In der Wissenschaft existiert eine Vielzahl konzeptioneller Ansätze, um die Einflüsse auf die Innovationsaktivität eines Unternehmens zu erfassen. Neben Faktoren, die das Unternehmen nicht aktiv beeinflussen kann (z. B. gesellschaftliche Einstellung zur Innovation), können Unternehmensstruktur und -kultur innovationsfördernd gestaltet werden. Nur letzere Faktoren sind für diese Arbeit relevant.

Der Behandlung von Erfolgsfaktoren soll im folgenden Abschnitt ein Modell der Innovation vorangestellt werden. Das Modell bildet Elemente im Unternehmen ab, die für Innovationsaktivitäten von Bedeutung sind. Diese Elemente können als Bezugsobjekte für die Erfolgsfaktoren angesehen werden.

C.3.1. Modell der Innovation

TANG identifiziert sechs Konstrukte, aus denen er sein Modell der Innovation im Unternehmen aufbaut (Abb. C.6).

Nach dem Modell befindet sich ein Unternehmen in einer Umgebung, die durch ökonomische Regeln, Innovationsaktivitäten, andere Unternehmen und eine Kultur geprägt ist. Das Unternehmen interagiert mit

Modell der Innovation in Unternehmen

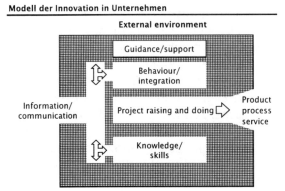

Abbildung C.6.: Modell der Innovation in Unternehmen, nach Tang (1998)

der Umwelt durch den Austausch von Informationen und Technologien, wobei die Informationen von außen als Stimulus für interne Innovationsaktivitäten wirken.

Im Zentrum des Modells befindet sich der »core process of project raising and doing«. Darunter werden das Erkennen einer Opportunität bzw. eines Problems, der Problemlöseprozess und die Entwicklungsstufen sowie das Risikomanagement subsumiert. Die Ergebnisse dieses Prozesses sind neue Produkte, Prozesse und Dienstleistungen.

Der Kernprozess (»core process«) wird von zwei Faktoren gefördert: »The first is knowledge and skills, and the second is behavior and integration of individuals, teams, and functions.« Diese Faktoren und der core process wirken wechselseitig aufeinander ein.

Die Innovativität des Unternehmens hängt entscheidend von der Führung und Unterstützung ab. »Guidance and support [...] are defined in terms of the mission, tasks, strategy, systems, resources, of the organization. Ultimately, top management underpins the entire innovation process by providing the proper guidance and support in response to the external environment.« (Tang 1998)

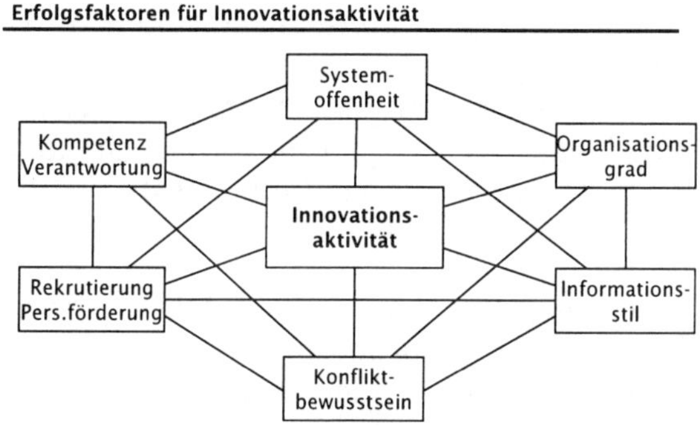

Erfolgsfaktoren für Innovationsaktivität

Abbildung C.7.: Erfolgsfaktoren für Innovationsaktivität

C.3.2. Einflüsse auf die Innovativität von Unternehmen

HAUSCHILDT (1997) gliedert die Erfolgsfaktoren eines innovationsbewussten Unternehmens in die folgenden sechs Elemente (Abb. C.7).

Systemoffenheit: Die innovationsbewusste Unternehmung schirmt sich nicht von der Öffentlichkeit ab, sondern ist für diese permanent zugänglich. Innovationsaktivitäten werden dabei nicht geheimgehalten; ein Austausch von Informationen, ein Innovationsdialog mit der Außenwelt wird angestrebt.

Organisationsgrad: Ein innovationsbewusstes Unternehmen versucht, mit möglichst wenig organisatorischen Verpflichtungen auszukommen, wie z.B. dem Einhalten von Dienstwegen. Sie versteht Organisation als Freiraum zum Handeln, nicht als Beschränkung des Aktionsspielraumes.

Informationsstil: In innovationsbewussten Unternehmen sind Gespräche und Verhandlungen über Innovationen nicht nachrangig gegenüber Routineproblemen, auch nicht gegenüber dringenden Tagesfragen. Die Informationsbeziehungen sind möglichst wenig geregelt.

Konfliktbewusstsein: Innovationsbewusste Unternehmen sind konflikt-
bewusst. Sie wissen, dass aus Konflikten Kreativität entstehen
kann. Gefordert wird ein neuartiges Konfliktbewusstsein, welches
Konflikte nicht verdrängt, einseitig löst oder nach einem standar-
disierten Schema behandelt, sondern im Konflikt stets die Auffor-
derung erblickt, sich etwas neues einfallen zu lassen.

Rekrutierungsmodus/Personalförderung: Dem   Konfliktbewusstsein
entsprechen   die   Rekrutierungsanforderungen.   Innovationen
verlangen unkonventionelle, konfliktfähige und konfliktprodu-
zierende Menschen. Dem Mitarbeiter müssen Problemstellungen
auffallen und neue und bessere Problemlösungen einfallen, die
schließlich auch durchgesetzt werden.

Kompetenz/Verantwortung: Der bisherige Mechanismus von Kompetenz und Verantwortung versagt, wenn es darum geht, neuartige, durch Stellenbeschreibungen nicht bestimmte Aufgaben zu
erledigen. Anstatt eine derartige Aufgabe an den Vorgesetzten
zu leiten, sollten neue Ideen auch außerhalb des jeweiligen Kom-
petenzbereiches weiterverfolgt werden dürfen und sogar belohnt
werden.

TSCHIRKY bezieht sich in seiner Definition des Innovationspotentials
eines Unternehmens auf das Modell der Innovationskompetenz nach
DREESMANN. Die Innovationskompetenz befähigt zur kreativen Lösung
in unstrukturierten Problemsituationen und besteht aus sechs konsti-
tutiven Kompetenzfeldern (Abb. C.8). Die sechs Kompetenzfelder werden durch Fragestellungen abgegrenzt (vgl. Dreesmann 1997, Tschirky
1998).

Fachkompetenz: Habe ich genügend Fachwissen, um mich mit dem Problem angemessen auseinanderzusetzen? Habe ich genügend Erfahrung mit ähnlichen Herausforderungen? Verfüge ich über die
grundlegenden Qualifikationen?

Persönliche Kompetenz: Kann ich mit der Ungewissheit in der Situation
umgehen? Werden meine Bemühungen erfolgreich sein und mir

Innovationskompetenz

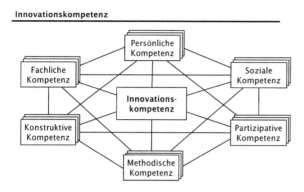

Abbildung C.8.: Innovationskompetenz, nach DREESMANN, dargestellt in Tschirky (1998)

Vorteile bringen? Wie werde ich mit Misserfolgen und Frustrationen fertig? Kann ich mich mit dem Innovationsprojekt identifizieren?

Konstruktive Kompetenz: Verfüge ich über ausreichend Kreativität, um mir Lösungen und Wege vorstellen zu können? Wie verarbeite ich die Komplexität der Bedingungen und Wechselwirkungen? Welche Erfahrungen kann ich mir zu Nutze machen?

Soziale Kompetenz: Kann ich Unterstützung und Hilfe von anderen bekommen? Sind die Vorgesetzten und Kollegen offen für meine Vorschläge? Lässt das Arbeitsklima einen offenen Austausch bei Problemen zu? Zusätzlich (Tschirky 1998): Bin ich in der Lage, mich gegen Gruppenmeinungen durchzusetzen, ohne die Gruppenidentität zu gefährden?

Methoden-Kompetenz: Verfüge ich über methodische Hilfsmittel und Instrumente? Kenne ich Vorgehensweisen und Methoden, um zu analysieren, zu gewichten etc.? Wie beschaffe ich Informationen?

Partizipative Kompetenz: Kann ich aktiv mitwirken und mitentscheiden? Habe ich einen Handlungsspielraum? Sehe ich Möglichkeiten, die Neuerungen praktisch umzusetzen?

Die Kompetenzfelder werden auf drei Bedingungsebenen projiziert:

Soziales Umfeld: die in Abteilungen, Arbeitsgruppen und Teams bestehenden impliziten Verhaltensregeln und gruppenspezifischen Normen;

Organisatorischer Rahmen: geschriebene und ungeschriebene Bestimmungen und Gegebenheiten, welche Handlungsspielräume eröffnen oder einengen;

Innovationssystem: die zu erarbeitende Innovation selbst beeinflusst den Lösungsvorgang, z. B. dessen Neuigkeitsgrad oder Komplexität.

TSCHIRKY grenzt das Innovationspotential wie folgt ab, wobei er das Modell der Innovationskompetenz zugrunde legt und den integrierten Innovationsansatz von ZAHN/WEIDLER einbezieht (Tschirky 1998):

»Das Innovationspotential eines Unternehmens umfasst die bei Individuen und in Gruppen auf allen Ebenen der Führung und Ausführung verfügbare Innovationskompetenz, welche organisationale Erneuerungen des sozialen und technischen Systems, produkt- und prozesstechnologiebezogene Erneuerungen der Marktleistungen und Erneuerungen des Geschäftsverhaltens ermöglicht.«

Das Fundament eines innovativen produzierenden Unternehmens besteht nach CHRISTENSEN aus einem »unique profile of innovative assets«. »Different firms in the same industry may operate at the same absolute or relative level of R&D but still vary greatly with respect to innovative asset profiles.« CHRISTENSEN subsumiert unter dem Begriff »assets« sowohl »resources« als auch »capabilities«:

»Resources are the ›factors‹ which constitute the inputs into the productive services or value activities of the firm. Resources may be physical (i. e. technical equipment) or intangible (i. e. human resources with specific skills, patents or brands) or financial. Capabilities are capacities to set resources in motion and direct activities towards given strategic objectives.«

„Assets" eines innovativen Unternehmens

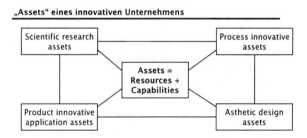

Abbildung C.9.: Assets eines innovativen Unternehmens, nach Christensen (1995)

Capabilities umfassen dabei sowohl technische, als auch organisatorische Fähigkeiten. Assets können nach CHRISTENSEN in vier Kategorien eingeteilt werden (Christensen 1995) (Abb. C.9).

Scientific research assets: »Scientific research can be divided into two sub-categories [...]: ›pure‹ scientific research may be more or less specifically targeted but generally has to be undertaken by scientific [...] personnel within scientific communities. This end of scientific research represents either basic science or the link between basic and applied science. [...] The other sub-category comprises the processing and exploiting of existing scientific knowledge for specific technical tasks within the innovation process [...].«

Process innovative assets: »We conceive process technology in a broad sense referring to capabilities associated with both manufacturing technology (production equipment, its integration in a production system and the related work organization and management structures), inbound and outbound logistics, quality control, and plant layout. Thus, assets for innovative process development should not be restricted exclusively to capabilities for ›hardware‹ process innovation, but also include the sometimes extremely important ›systemic‹, organizational and managerial assets involved in developing the production system [...].«

Product innovative application assets: »[...] are the resources and capabilities required to deal with product development activities (apart from possibly scientific research and aesthetic design): Product engineering, instrumentation and software development. This implies innovative application of ›technological opportunities‹: searching, evaluating, selecting and synthesizing a plurality of artifacts (materials, semi-manufactures, components etc.) and bodies of knowledge (technical principles and heuristics) often linked to different technical fields. Such activities accumulate experience-based, firm-specific knowledge of product technology. Innovative application should not be considered synonymous with application of scientific accomplishments where application represents the routine (and subordinate) part of technological innovation.«

Aesthetic design assets: Über die Zwecksetzung des Marketing hinaus ist »aesthetic design« ein Bestandteil des Produkts, das eine Verbindung zwischen den technischen und funktionalen Eigenschaften und der Marketingstrategie darstellt.

CHRISTENSEN betont darüber hinaus die dynamische Entwicklung der innovationsbezogenen Unternehmensprofile aufgrund von inkrementeller und sprunghafter Technologieentwicklung am Markt (Christensen 1995).

C.4. Das Management der Innovation

Das Management der Innovation umfasst den Aufbau von Innovationspotentialen und deren Nutzung sowie die Beschäftigung mit Innovationsbarrieren. Im Vordergrund stehen somit die Fragen: »Was kann ich?« und »Was behindert eigentlich meine Innovation?« (vgl. Staudt 1996). Um die Kreativität der Mitarbeiter in Markterfolge umzusetzen, ist es wichtig, die Geschäftsprozesse im Unternehmen auf eine strukturierte und schnelle Umsetzung Erfolg versprechender Ideen auszurichten (Tintelnot u. a. 1999).

Das Innovationsmanagement ist zum einen gegenüber dem Management von Forschung und Entwicklung und zum anderen gegenüber dem Technologiemanagement abzugrenzen (Abb. C.10).

Abgrenzung von Innovationsmanagement

Technologiemanagement	externer Erwerb technologischen Wissens		
	Innovationsmanagement i. w. S.		
	Speicherung und interner Erwerb technologischen Wissens, besonders durch F&E	Produktions-einführung einer Neuerung	Markt-einführung einer Neuerung
	F&E-Management	**Innovationsmanagement i. e. S.**	
	externe Verwertung technologischen Wissens	i. w. S.: im weiteren Sinne i. e. S.: im engeren Sinne F&E Forschung und Entwicklung	

Abbildung C.10.: Abgrenzung von Innovations-, Technologie- und F&E-Management, nach Brockhoff (1996)

Das F&E-Management dient dem internem Erwerb und der Speicherung technologischen Wissens (Brockhoff 1996). Das Wissen kann als Fundament technischer Innovationsprozesse angesehen werden. Die Ergebnisse technischer Innovationsprozesse sind letztendlich blosse Abbildungen von spezifischen Wissensgefügen in Materie und Energie (Pfeiffer 1971). Forschungs- und Entwicklungsprozesse sind ohne Zweifel Innovationsprozesse, dieser Satz gilt aber nicht umgekehrt (Hauschildt 1997).

Das Technologiemanagement zielt auf die strategische Erhaltung und Weiterführung sowie auf die Entwicklung neuartiger Technologien ab (Hauschildt 1997). Damit umfasst Technologiemanagement über das F&E-Management hinaus auch den externen Erwerb und die externe Verwertung technologischen Wissens (Brockhoff 1996). Dem Technologiemanagement kommt die Initiatorrolle zu, bestimmte technologische Entwicklungen zu verfolgen oder zu verändern. Insofern definiert es Aufgaben für das Innovationsmanagement. Es fehlt dem Technologiemanagement aber die Ausrichtung auf einzelne Innovationsprozesse, im Vordergrund steht die konzeptionelle Leistung. Die für das Innovationsmanagement charakteristische Durchsetzungsproblematik ist nicht Bestandteil des Technologiemanagements (Hauschildt 1997).

Oftmals wird der Begriff Innovationsmanagement auch freier verwendet. In einer nochmals erweiterten Form kann auch das Technologiemanagement als Ganzes dem Innovationsmanagement zugeordnet werden (Brockhoff 1996). Im Rahmen dieser Arbeit soll ebenfalls eine erweiterte Definition gelten, die alle Aktivitäten umfasst, die zum Generieren einer Innovation notwendig sind, also auch den externen Erwerb technologischen Wissens.

C.5. Messen und Beurteilen der Innovativität von Unternehmen

Zum Messen und Beurteilen von Innovationssynergiepotentialen bei Unternehmensverbindungen ist es notwendig, die Innovativität der unverbundenen Partnerunternehmen mit der Innovativität des Unternehmensverbundes zu vergleichen. Für diesen Vergleich ist ein methodisches Vorgehen sinnvoll. In der Innovationsforschung basieren derartige Messmethodiken auf Kennzahlensystemen. Mit Hilfe von Innovationsindikatoren wird versucht, die Innovativität und Innovationsorientierung eines Unternehmens oder Unternehmensverbundes qualitativ oder quantitativ abzubilden. Soll ein möglichst differenziertes Bild zum Innovationsgeschehen eines Unternehmens gezeichnet werden, ist eine entsprechend große Zahl von Innovationsindikatoren heranzuziehen, um viele Detailaspekte abbilden zu können (Schwitalla 1992).

Im folgenden Unterkapitel werden die Innovationsindikatoren zuerst systematisiert. Daran schließt sich eine Analyse der Beziehungen zwischen einzelnen Innovationsindikatoren an. Der Abschnitt schließt mit der Vorstellung eines Modells zur Messung und Beurteilung der Innovativität eines Unternehmens.

C.5.1. Systematisierung der Innovationsindikatoren

In der Literatur dominiert die Unterscheidung der Innovationsindikatoren in *Input-, Prozess-* und *Outputindikatoren* (vgl. für viele Rost 1994). Dazu existiert jeweils eine unüberschaubare Anzahl verschiedenartiger Kennzahlen. In Tabelle C.2 wird eine Auswahl wichtiger Kennzahlen den drei Gruppen zugeordnet.

Tabelle C.2: Innovationsindikatoren (vgl. Felder u. a. 1994, Gentner 1994, Gerpott 1999, Schwitalla 1992, Stratmann 1998)

Bezug	Beispiele	
· Input	· **F&E-Intensität:**	F&E-Aufwendungen/Umsatz
	· **Innovationsintensität:**	Innovationsaufwendungen/Umsatz
	· **Umfang F&E-Personal:**	Zahl der Mitarbeiter in Vollzeitäquivalenten
	· **Investitionen in Prozesse:**	Monetärer Wert der Investitionsaufwendungen
· **Prozess**	· **Time-to-Market:**	Durchschnittliche Zeitdauer einer Innovation bis zur Markteinführung/Branchenschnitt
	· **Wertschöpfungseffizienz:**	Wertschöpfungszeit/Time-to-Market
	· **Termintreue**	Zahl der termingerecht abgeschl. Prozessschritte/ Zahl der insgesamt abgeschlossenen Prozessschritte
· **Output/Effektivität**	· **Produktinnovationsrate**	Umsatzerlöse in der Berichtsperiode durch in den letzten n Jahren auf dem Markt eingeführte Produkte/ Gesamtumsatzerlöse in der Berichtsperiode
	· **Technometrie**	Abbildung der technischen Leistungsmerkmale
· **Output/Effizienz**	· **Produktinnovationseffizienz:**	Barwert der Umsatzerlöse durch in den letzten n Jahren Auf dem Markt eingeführte neue Produkte/Barwert der Innovationsaufwendungen in den letzten n Jahren
	· **Patentproduktivität:**	Anzahl erteilter Patente/F&E-Aufwendungen

F&E Forschung und Entwicklung

Grundsätzlich ist bei dieser Einteilung zu beachten, dass sich Änderungen der Inputindikatoren zeitlich verzögert auf die Outputindikatoren auswirken (Brockhoff 1994). Dies ist dann von Relevanz, wenn direkte Relationen zwischen Input- und Outputdaten aufgestellt werden (z. B. Produktinnovationsrate bezogen auf die F&E-Intensität).

Inputindikatoren spiegeln das Ausmaß und die Struktur der Bereitstellung verschiedener Ressourcen für technologische Innovationsaktivitäten im Unternehmen wider (Gerpott 1999).

So gibt die *F&E-Intensität* den Anteil der F&E-Aufwendungen am Umsatz an. Der relative Charakter eliminiert den Einfluss der Unternehmensgröße. Unter F&E-Aufwendungen fallen sowohl unternehmensintern angefallene F&E-Ausgaben, wie Personalaufwendungen, Sachaufwendungen und Investitionen, als auch nach außen vergebene F&E-Aufträge (Schwitalla 1992). Die F&E-Intensität fokussiert ausschließlich auf den F&E-Bereich und blendet alle nachgelagerten Innovationprozess-

Verteilung der Innovationsaufwendungen im Maschinenbau

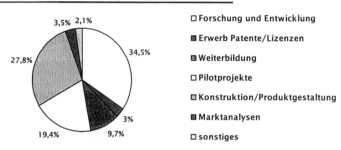

3,5% 2,1%	□ Forschung und Entwicklung
	■ Erwerb Patente/Lizenzen
27,8% 34,5%	▣ Weiterbildung
	□ Pilotprojekte
	▣ Konstruktion/Produktgestaltung
3%	■ Marktanalysen
19,4% 9,7%	□ sonstiges

Abbildung C.11.: Verteilung der Innovationsaufwendungen im Maschinenbau,
nach Felder u. a. (1994)

schritte aus. Dieser Gesichtspunkt ist bei der Interpretation der F&E-
Intensität kleiner und mittlerer Unternehmen zu beachten, da dort ein
großer Teil der Innovationsaufwendungen nicht der F&E zugerechnet
werden kann (Felder u. a. 1994). Somit unterschätzt ein Innovationsindikator, der allein die F&E-Aufwendungen reflektiert, den Umfang der
Innovativität dieser Unternehmensgruppe.

In Abbildung C.11 ist die durchschnittliche Aufteilung der Innovationsaufwendungen im Maschinenbau dargestellt. Dabei entfallen etwa
35 Prozent auf F&E-Aufwendungen.

Der Einsatz des Indikators *Innovationsintensität* erweitert den Ab-
bildungshorizont auf alle innovationsrelevanten Ausgaben. Schwierig
ist allerdings die Datenbeschaffung, da sich Innovationsaufwendungen weniger klar abgrenzen lassen als F&E-Aufwendungen (Felder u. a.
1994).

Im Gegensatz zur F&E- oder Innovationsintensität fokussiert der Indikator *Umfang des F&E-Personals* ausschließlich auf die Anzahl der
Mitarbeiter, die mit F&E-Aufgaben betraut sind. Anzustreben ist die Angabe der Anzahl in Vollzeitäquivalenten, um den Indikatorwert nicht
durch nur teilweise in der F&E tätiger Personen zu verfälschen. Wegen
Ausblendung ausgelagerter F&E-Arbeiten unterschätzt dieser Indikator
jedoch die Innovativität des bewerteten Unternehmens, da er nur interne F&E-Leistungen abbildet (Schwitalla 1992).

Der Indikator *Investitionen in Prozesse* gibt Aufschluss über den Umfang der Anschaffung neuer Produktionseinrichtungen. Dieser Indikator bildet also mittelbar die Qualität der Produktionsprozesse ab und zielt somit auf Prozessinnovationen mit Fokus auf Produktionsprozessen (Schwitalla 1992). Von den Prozessindikatoren ist er allerdings zu unterscheiden, da er nicht die Art der Realisierung von Innovationen bewertet, sondern den Input der Produktionsprozesse quantifiziert.

Die Art und Weise der Realisierung von technologischen Innovationsvorhaben bilden *Prozessindikatoren* mittelbar ab (Gerpott 1999).

Mit dem Indikator *Time-to-market* wird die Durchlaufzeit eines Innovationsvorhabens, die dem Zeitraum zwischen Ideengenerierung und deren Markteinführung entspricht, gemessen (Gerpott 1999). Für eine unternehmensübergreifende Vergleichbarkeit bietet sich der Bezug auf den Branchenschnitt an.

Der Anteil der Wertschöpfungszeit an der Gesamtdauer eines Innovationsprojektes, die *Wertschöpfungseffizienz*, ist eine Kennzahl, welche die produktive Nutzung der Ressource Zeit reflektiert. Unter Wertschöpfungszeit ist dabei jene Zeit zu verstehen, in der eine Wertsteigerung am Projekt (z. B. Entwürfe, Versuche) vollbracht wird. Nicht wertschöpfend sind diejenigen Zeitabschnitte, in denen auf Ergebnisse anderer Aktivitäten gewartet wird bzw. Fehler korrigiert werden. Eine hohe Wertschöpfungseffizienz zeigt somit einen effizienten Innovationsprozess an (Gentner 1994).

Der Indikator *Termintreue* setzt die Zahl der termingerecht abgeschlossenen Prozessschritte zu den insgesamt abgeschlossenen Prozessschritten ins Verhältnis (Gerpott 1999).

Prozessindikatoren vernachlässigen oft den Finanzmittelverbrauch, der zur Abwicklung des Innovationsprozesses erforderlich ist, ebenso wie den eigentlichen Innovationsgrad des Prozesses. Darüberhinaus ist zu beachten, dass die Relevanz des Zeitfaktors abhängig vom angestrebten Markteintrittszeitpunkt ist (vgl. Gerpott 1999).

Mit *Outputindikatoren* werden technologische Ergebnisse von Innovationsanstrengungen oder deren Beitrag zur Veränderung der wirtschaftlichen Erfolgsposition eines Unternehmens abgebildet. Mit anderen Worten geben Outputindikatoren Aufschluss über technologische oder wirtschaftliche Innovationserfolge. Die Outputindikatoren lassen sich noch einmal nach Effektivitäts- und Effizienzgesichtspunkten unterscheiden. Während Effektivitätsindikatoren den Beitrag zur Erfüllung der Unternehmensziele durch Innovationsaktivitäten quantifizieren, erfassen Effizienzindikatoren das Verhältnis von Output zu Input (Gerpott 1999).

Ein wichtiger Indikator für Effektivität ist die *Produktinnovationsrate*. Sie drückt den Anteil der Innovationserlöse am Unternehmensumsatz in einer bestimmten Periode aus. In deutschen Unternehmen des Maschinenbaus lag diese im Jahr 1999 bei durchschnittlich 37 Prozent (Produktalter ≤ 3 Jahre) (McKinsey 2001). Bezieht man den Innovationsgrad (z. B. *neues* Produkt oder *verbessertes* Produkt etc.) in die Definition der Produktinnovationsrate mit ein, erhält man ein differenziertes Bild von den geleisteten Innovationsanstrengungen eines Unternehmens. Gerade im Maschinenbau liegt der Schwerpunkt der Innovationsaktivitäten auf einer kontinuierlichen Verbesserung der Produkte (Stratmann 1998). So betrug der Umsatzanteil 1992 in den alten Ländern mit seit 1990 neuen oder erheblich verbesserten Produkten im Durchschnitt 15 Prozent, im Vergleich zu 26 Prozent mit verbesserten Produkten (Felder u. a. 1994). Die Aussage des Indikators lässt sich weiter präzisieren, wenn nur Produktinnovationen in bestimmten Lebenszyklusphasen berücksichtigt werden (Schwitalla 1992).

Bei der Interpretation der Produktinnovationsrate von Unternehmen unterschiedlicher Branchenzugehörigkeit muss der Einfluss der Produktlebensdauer am Markt berücksichtigt werden. So spiegelt eine hohe Produktinnovationsrate zwar die Innovationsaktivitäten eines Unternehmens wider, sagt aber nichts über die Nachhaltigkeit der Konkurrenzfähigkeit der Produkte aus (Schwitalla 1992).

Problematisch ist die Erfolgsmessung von Prozessinnovationen anhand von Umsatzveränderungen. Besteht der Erfolg einer Prozessinnovation in einer Kostensenkung, so ist deren Einfluss auf den Umsatz in der Regel wegen zeitlich und sachlich ungenauer Zuordnung oftmals nicht nachweisbar. Prozessinnovativität sollte demnach eher direkt mit Prozessindikatoren und weniger mit Outputindikatoren beurteilt werden (Hauschildt 1997).

Technometrie, was soviel heisst wie »Messen der Technik«, ist ein weiterer Effektivitätsindikator. Der Einsatz von Technometrie erlaubt die

Bewertung der Qualität oder des technischen Leistungsstandes einer Innovation. Dabei wird allerdings nicht unterschieden, ob ein Produkt eine eigene Innovation oder Imitation eines Wettbewerbers ist (Schwitalla 1992).

Die *Produktinnovationseffizienz* ist ein Indikator für Effizienz, der die innovationsinduzierten Umsatzerlöse in einer bestimmten Periode ins Verhältnis zu den Innovationsaufwendungen in einer Periode setzt (Gerpott 1999). Beim Ermitteln einer kausalen Beziehung zwischen Output und Input ist allerdings zu beachten, dass der Output dem Input zeitlich verzögert folgt (Felder u. a. 1994). Stammen Input und Output in einer Kennzahl aus der gleichen Periode, sollte mindestens ein über Jahre konstantes Innovationsverhalten des Unternehmens vorliegen, wenn man von Änderungen weiterer Einflüsse, z. B. an der Marktlage, absieht.

Ein weiterer Effizienzindikator ist die *Patentproduktivität*, die als Verhältnis der erteilten Patente zu den F&E-Aufwendungen definiert ist (Gerpott 1999). Dieser Indikator bezieht sich hauptsächlich auf Produktinnovationen (Hollenstein 1996, Schwitalla 1992). Die Aussagekraft der Patentproduktivität lässt sich steigern, wenn auch Anmeldungen des Patents an einem ausländischen oder internationalen Patentamt und die Zitathäufigkeit mitberücksichtigt werden (Ernst 1995). Die Zitathäufigkeit gibt an, wie häufig eine Patentanmeldung in den amtlichen Prüfberichten späterer Patentanmeldungen zitiert wird. Die Aussagekraft der Zitathäufigkeit beruht auf einem engen positiven Zusammenhang mit dem technologischen und kommerziellen Wert eines Patents. Allerdings lassen sich erst mehrere Jahre nach der Anmeldung einer Erfindung statistisch aussagekräftige Zitathäufigkeiten nachweisen (Schmoch 1999).

Patentanmeldungen als Innovationsindikator eignen sich aus vielerlei Gründen: Zum einen können Patentanmeldungen einfach und automatisiert aus Patentdatenbanken entnommen werden (Schwitalla 1992). Weiterhin lassen sich im Gegensatz zu den meisten anderen Innovationsindikatoren Analysen auf tiefen Aggregationsebenen, etwa einzelner Technologien, durchführen. Patente spiegeln aktuelle Sachverhalte wider, da die Anmeldungen in der Regel unmittelbar am Ende des Erfindungsprozesses erfolgen. Da bis zur Entwicklung eines marktreifen

Produktes eine erhebliche Zeit vergeht, sind Patentindikatoren deutlich früher verfügbar als Marktdaten innovativer Produkte (Ernst 1995, Schmoch 1999). Außerdem erfordert der Zugang zum Patentschutz einen definierten Innovationsgrad (Greif 1993).

Negativ wirkt sich auf die Genauigkeit aus, dass nicht alle patentfähigen Erfindungen zum Patent angemeldet werden. Neben Zeit-, Kostenersparnissen und der alternativen Anmeldung als Gebrauchsmuster, ist auch das Streben nach Geheimhaltung ein Grund, weswegen die Patentanmeldung und damit die Veröffentlichung der Erfindung unterbleibt (Schmoch 1999). Untersuchungen ergaben jedoch, dass etwa 80 Prozent aller patentierbaren technologischen Entwicklungen im Maschinenbau auch zum Patent angemeldet werden (Greif 1993, Schwitalla 1992). Bei internationalen Unternehmensvergleichen gilt es, die von Land zu Land stark variierende Patentierneigung zu beachten. Das gleiche gilt für branchenübergreifende Unternehmensvergleiche (Schmoch 1999). Daneben spielt auch die Unternehmensgröße eine Rolle, wobei mit zunehmender Größe die Patentproduktivität abnimmt (Greif 1993). Insgesamt hat sich der Patentindikator jedoch in zahlreichen Untersuchungen als Beurteilungsinstrument für Innovationsaktivitäten bewährt (Schwitalla 1992).

C.5.2. Beziehungen zwischen Innovationsindikatoren

Die beschriebenen Innovationsindikatoren sind nicht voneinander unabhängig. Zahlreiche Untersuchungen belegen beispielsweise eine positive Korrelation zwischen den F&E-Ausgaben und der Zahl der erteilten Patente, d.h. verändern sich die F&E-Ausgaben in eine Richtung, entwickelt sich die Zahl der erteilten Patente in die gleiche Richtung (Greif 1993, Schwitalla 1992). CRÉPON U. A. errechneten in einer Studie, dass ein 10%iger Anstieg der F&E-Intensität eine ebenso große Steigerung des Patentoutputs bewirkt sowie einen etwa 5%iger Anstieg des Umsatzanteils mit innovativen Produkten (Crépon u. a. 1998). In einer anderen Untersuchung wird ein ungefähr linearer Zusammenhang zwischen der F&E- bzw. Innovationsintensität und dem Anstieg der Umsatzanteile innovativer Produkte ermittelt (Felder u. a. 1994). Die Zeitspanne zwischen einer Änderung der F&E-Ausgaben und einer gleichgerichteten Änderung bei den Patentanmeldungen wird auf ein bis zwei Jahre beziffert (Greif 1993). Speziell im Maschinenbau korrelieren die F&E-Ausgaben, der F&E-Personalanteil sowie die Bruttoanlageinvestitionen relativ stark miteinander. Patentanmeldungen korrelieren im Maschinenbau stärker mit dem F&E-Personal als mit den F&E-Ausgaben, was auf einen hohen Anteil an externen F&E-Aufträgen schließen lässt (Schwitalla 1992).

C.5.3. Modell zur Messung und Beurteilung von Innovativität

Im Folgenden wird ein Modell zur Messung und Beurteilung der Innovativität beschrieben, das von ASENKERSCHBAUMER entwickelt wurde. Gegenstand der Messung ist das Know-how eines Unternehmens, das als wesentliche Grundlage für Innovationen angesehen wird (Asenkerschbaumer 1987). Zur Quantifizierung des Know-hows werden drei Indikatoren gebildet:

- subjekt-objektbezogene technische Know-how-Ressourcenstärke
- zeitbezogene technische Know-how-Ressourcenstärke
- zielbezogene technische Know-how-Ressourcenstärke

Mittels des Indikators *subjekt-objektbezogene technische Know-how-Ressourcenstärke* wird – konkurrenzbezogen relativiert – das in den betriebsinternen Trägern (Personen, Technologien, Datenbanken, Patente etc.) inkorporierte technische Know-how bezüglich seiner Relevanz zum Realisieren von Innovationen erfasst. In Abbildung C.12 ist die Formel zur Errechnung der subjekt-objektbezogenen technischen Know-how-Ressourcenstärke angegeben.

Zunächst wird die Ausprägung des Deckungsverhältnisses (Soll-/Ist-Know-how) für jeden Funktionsbereich, der am Innovationsprozess beteiligt ist, bestimmt. Die Beiträge der Funktionsbereiche werden bezüglich ihrer Relevanz für den gesamten Innovationsprozess gewichtet. Schließlich werden die Beiträge der Funktionsbereiche mit einem Relativierungsfaktor versehen, der sich aus dem Vergleich mit der Konkurrenz ableitet.

Der Indikator der *zeitbezogenen technischen Know-how-Ressourcenstärke* gibt an, wieviel Zeit einem Unternehmen zur Lückenschließung

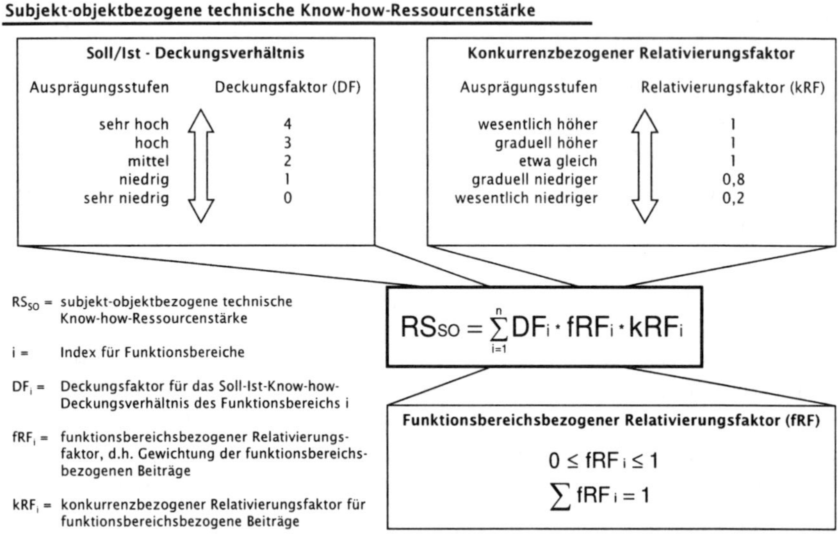

Subjekt-objektbezogene technische Know-how-Ressourcenstärke

Soll/Ist - Deckungsverhältnis		Konkurrenzbezogener Relativierungsfaktor	
Ausprägungsstufen	Deckungsfaktor (DF)	Ausprägungsstufen	Relativierungsfaktor (kRF)
sehr hoch	4	wesentlich höher	1
hoch	3	graduell höher	1
mittel	2	etwa gleich	1
niedrig	1	graduell niedriger	0,8
sehr niedrig	0	wesentlich niedriger	0,2

RS_{SO} = subjekt-objektbezogene technische Know-how-Ressourcenstärke

i = Index für Funktionsbereiche

DF_i = Deckungsfaktor für das Soll-Ist-Know-how-Deckungsverhältnis des Funktionsbereichs i

fRF_i = funktionsbereichsbezogener Relativierungsfaktor, d.h. Gewichtung der funktionsbereichsbezogenen Beiträge

kRF_i = konkurrenzbezogener Relativierungsfaktor für funktionsbereichsbezogene Beiträge

$$RS_{SO} = \sum_{i=1}^{n} DF_i \cdot fRF_i \cdot kRF_i$$

Funktionsbereichsbezogener Relativierungsfaktor (fRF)

$$0 \le fRF_i \le 1$$

$$\sum fRF_i = 1$$

Abbildung C.12.: Indikator für subjekt-objektbezogene technische Know-how-Ressourcenstärke, nach Asenkerschbaumer (1987)

bzw. zur Weiterentwicklung von technischem Know-how zur Verfügung steht (Abb. C.13).

Zur Interpretation der Zeitposition wird das integrierte Lebenszykluskonzept herangezogen. Eine Innovation ist darin einer Lebenszyklusphase zuzuordnen. Wenn mehrere Unternehmen an vergleichbaren Innovationen arbeiten bzw. diese vermarkten, wird die Phase, in der sich die Innovation beim Pionier befindet, als Maßstab gewählt. Dies bedeutet beispielsweise, dass eine technische Problemlösung, welche die Konkurrenz gerade in den Markt einführt, im bewerteten Unternehmen sich aber noch in der Phase »Forschung, Entwicklung, Konstruktion und Prototypenbau« befindet, der Phase »Markteinführung« zuzuordnen ist. Parallel wird die Veränderungsdynamik am Markt als Abstand zwischen zwei Innovationen ermittelt. Die verschiedenen Stufen der Veränderungsdynamik sind mit spezifischen Skalierungen der Zeitfaktorausprägungen verknüpft.

Zeitbezogene technische Know-how-Ressourcenstärke

Zeitfaktor „First" (ZF)						„First-orientierter" Relativierungsfaktor	
Stand des Gutes Grad der Veränderungs-dynamik Im integrierten Lebenszyklus	sehr hoch	hoch	mittel	niedrig	sehr niedrig	Systemeigene Zeitposition	Relativierungs-faktor
Beobachtungszyklus	4	4	4	4	4	**sehr starke**	1
Problemlösungsversuche, und -auswahl	4	4	4	4	4	**Firstposition** (Differenz[-2])	
Entwicklung, Konstruktion, Prototypenbau	3	4	4	4	4	**starke Firstposition**	1
Produktions- und Absatzvorbereitung	2	3	4	4	4	(Differenz[-1]) **stand-by Firstposition**	1
Einführung	1	2	3	4	4	(Differenz=0) **schwache**	0,5
Diffusion	0	1	2	3	4	**Firstposition** (Differenz=1)	
Ausreifung	0	0	1	2	3	**abgeschlagene**	0,1
Rückbildung	0	0	0	1	2	**Firstposition** (Differenz]+2)	

(Entstehungszyklus; Marktzyklus)

$$RS_{ze} = ZF \times FRF$$

RS_{ze} = zeitorientierte technische Know-how-Ressourcenstärke
ZF = Zeitfaktor „First"
FRF = „First-orientierter" Relativierungsfaktor

Grad der Veränderungsdynamik:	mittlerer Abstand zwischen zwei Innovationen
sehr hoch	unter 2 Jahren
hoch	2 bis unter 4 Jahre
mittel	4 bis unter 7 Jahre
niedrig	7 bis unter 15 Jahre
sehr niedrig	15 Jahre und mehr

Abbildung C.13.: Indikator für zeitbezogene technische Know-how-Ressourcenstärke, nach Asenkerschbaumer (1987)

Aus der Differenz der Zeitfaktoren des bewerteten Unternehmens zum »First« (im Fall einer »Follower-Position«) bzw. zum »Follower« (bei »First-Position«) wird der »First-orientierte« Relativierungsfaktor abgeleitet. Dieser wird mit dem Ausprägungswert der Zeitposition des »First« (Zeitfaktor »First«) multipliziert, woraus sich die *zeitbezogene technische Know-how-Ressourcenstärke* errechnet. Das »Haben von Zeit« ist durch die Ausprägungsstufen 0–4 gekennzeichnet und korreliert positiv mit der entsprechenden Ausprägungsstufenhöhe.

Der Indikator der *zielbezogenen technischen Know-how-Ressourcenstärke* gibt Auskunft darüber, ob die finanzielle Ressourcensituation des Unternehmens den Aufbau und die am technischen Fortschritt orientierte Weiterentwicklung innovationsrelevanten Know-hows ermöglicht (Abb. C.14).

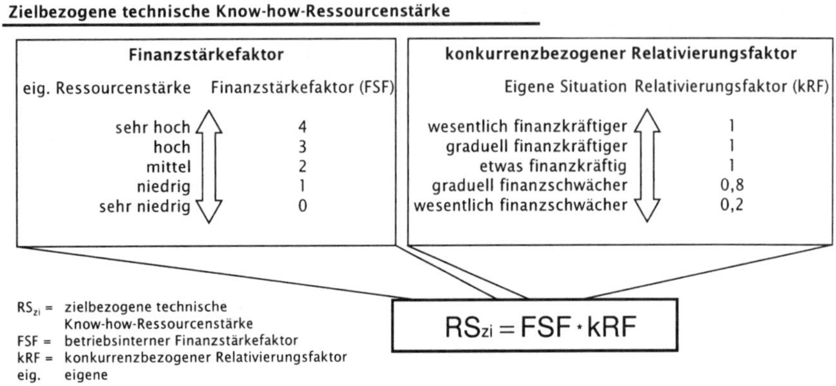

Zielbezogene technische Know-how-Ressourcenstärke

Finanzstärkefaktor	konkurrenzbezogener Relativierungsfaktor
eig. Ressourcenstärke Finanzstärkefaktor (FSF)	Eigene Situation Relativierungsfaktor (kRF)

sehr hoch	4	wesentlich finanzkräftiger	1
hoch	3	graduell finanzkräftiger	1
mittel	2	etwas finanzkräftig	1
niedrig	1	graduell finanzschwächer	0,8
sehr niedrig	0	wesentlich finanzschwächer	0,2

RS_{zi} = zielbezogene technische
  Know-how-Ressourcenstärke
FSF = betriebsinterner Finanzstärkefaktor
kRF = konkurrenzbezogener Relativierungsfaktor
eig. = eigene

$$RS_{zi} = FSF \cdot kRF$$

Abbildung C.14.: Indikator für zielbezogene technische Know-how-
Ressourcenstärke, nach Asenkerschbaumer (1987)

Technische Know-how-Gesamtressourcenstärke

$$RS_G = (g_i \cdot RS_{so}) + (g_j \cdot RS_{ze}) + (g_k \cdot RS_{zi})$$

RS_G = technische Know-how-Gesamtressourcenstärke

g = Gewichtungsfaktor für technische Know-how-Gesamtressourcenstärke, wobei gilt $0 \leq g_i \leq 1$ $\Sigma g_i = 1$

RS_{so} = subjekt-objektbezogene technische Know-how-Ressourcenstärke

RS_{ze} = zeitorientierte technische Know-how-Ressourcenstärke

RS_{zi} = zielbezogene technische Know-how-Ressourcenstärke

Abbildung C.15.: Aggregierter Indikator technische Know-how-
Gesamtressourcenstärke, nach Asenkerschbaumer (1987)

Um die quantitative Ausprägung der *technischen Know-how-Gesamttressourcenstärke* zu bestimmen, werden die ermittelten Zwischenergebnisse in die Abbildung C.15 eingesetzt. Nach entsprechender Gewichtung der Teilressourcenstärken kann damit die *technische Knowhow-Gesamtressourcenstärke* berechnet werden.

D. Grundlagen zur Modellierung

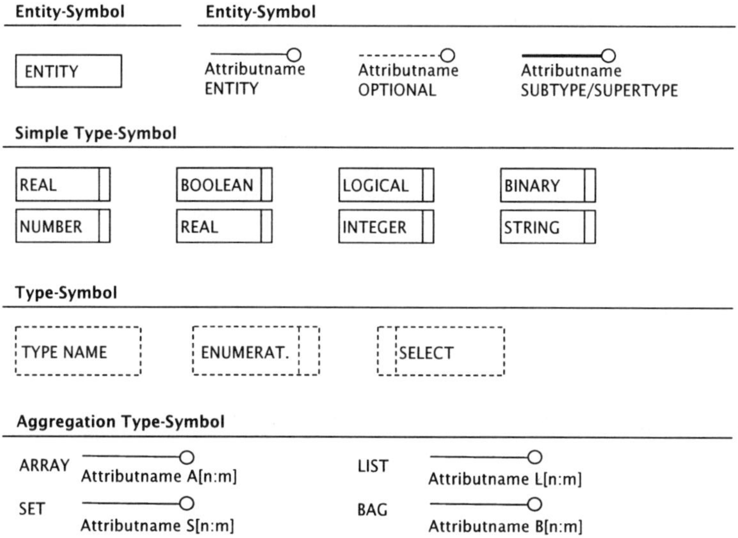

Entity-Symbol **Entity-Symbol**

| ENTITY |

————O
Attributname
ENTITY

- - - - - - - - O
Attributname
OPTIONAL

————O
Attributname
SUBTYPE/SUPERTYPE

Simple Type-Symbol

| REAL | | BOOLEAN | | LOGICAL | | BINARY |

| NUMBER | | REAL | | INTEGER | | STRING |

Type-Symbol

| TYPE NAME | | ENUMERAT. | | SELECT |

Aggregation Type-Symbol

ARRAY ————O
Attributname A[n:m]

LIST ————O
Attributname L[n:m]

SET ————O
Attributname S[n:m]

BAG ————O
Attributname B[n:m]

Abbildung D.1.: Elemente der Beschreibungssprache EXPRESS-G (Teil 1)

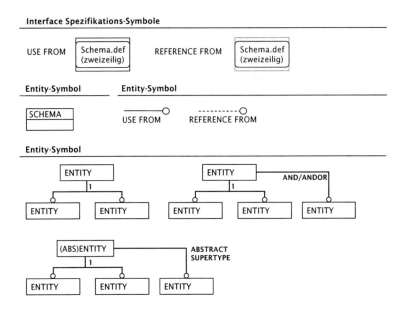

Abbildung D.2.: Elemente der Beschreibungssprache EXPRESS-G (Teil 2)

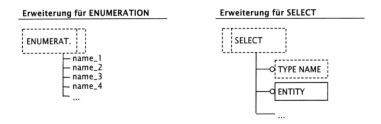

Abbildung D.3.: Erweiterungen der Beschreibungssprache EXPRESS-G

E. Fragebogen

E.1. Rationalisierung

Tabelle E.1: Rationalisierung

Kostenverteilung im Bezugsjahr		(T€)	
F&E	Personal		
	Material		
	Kapital		
	Fremdleistungen		
	sonstige Kosten		
	Gesamtkosten		T€
Beschaffung	Personal		
	Material		
	Kapital		
	Fremdleistungen		
	sonstige Kosten		
	Gesamtkosten		T€
Fertigung	Personal		
	Material		
	Kapital		
	Fremdleistungen		
	sonstige Kosten		
	Gesamtkosten		T€

(Fortsetzung siehe nächste Seite)

(Fortsetzung)

Montage	Personal	
	Material	
	Kapital	
	Fremdleistungen	
	sonstige Kosten	
	Gesamtkosten	T€

Vertrieb	Personal	
	Material	
	Kapital	
	Fremdleistungen	
	sonstige Kosten	
	Gesamtkosten	T€

Service	Personal	
	Material	
	Kapital	
	Fremdleistungen	
	sonstige Kosten	
	Gesamtkosten	T€

indirekte Bereiche	Personal	
	Material	
	Kapital	
	Fremdleistungen	
	sonstige Kosten	
	Gesamtkosten	T€

Umsatzverteilung im Bezugsjahr   (T€)

Umsatz mit Neuprodukten

(Fortsetzung siehe nächste Seite)

(Fortsetzung)

Umsatz mit Gebrauchtprodukten	
Umsatz mit Service (Standard)	
Umsatz mit Service (Ersatzteile)	
Umsatz mit Service (Finanzierung)	
Umsatz mit Service (weiterführende Leistung)	
Gesamtumsatz	T€
Umsatzwachstum in den letzten drei Jahren (∅)	%

Produkte   (%)

Produktart	*Umsatzanteil*

Kompetenzen F&E   (%)

Kompetenzart	*Kostenverteilung F&E-Personalkosten*
Mechanik	
Elektrotechnik	
Informatik	
Prozesstechnik	
	100 %

(Fortsetzung siehe nächste Seite)

(Fortsetzung)

Zukaufteilprofil	(%)

Gusskomponenten	
Schweißkomponenten	
Normalien	
Antriebstechnik	
Steuerungstechnik	
Messtechnik	
Pneumatikkomponenten	
Hydraulikkomponenten	
Spindel-Lager-Systeme	
Absaugtechnik	
Kühlschmiertechnik	
Fördertechnik	
Software	
Sonstiges	

100 %

Fertigungsaufgabenprofil	(%)

Umformen

Material	Met. I
	Met.II
	Karbide
	Aluminium
	Keramik

100 %

Geometrie	Einfach
	Mittel
	Komplex

100 %

(Fortsetzung siehe nächste Seite)

(Fortsetzung)

Qualität	IT 8	
	IT 6–7	
	IT 5	
		100 %
Größe	Klein	
	Mittel	
	Groß	
		100 %
Urformen		
Material	Met. I	
	Met. II	
	Karbide	
	Aluminium	
	Keramik	
		100 %
Geometrie	Einfach	
	Mittel	
	Komplex	
		100 %
Qualität	IT 8	
	IT 6–7	
	IT 5	
		100 %
Größe	Klein	
	Mittel	

(Fortsetzung siehe nächste Seite)

(Fortsetzung)

	Groß	
		100 %

Trennen

Material	Met. I	
	Met.II	
	Karbide	
	Aluminium	
	Keramik	
		100 %

Geometrie	Einfach	
	Mittel	
	Komplex	
		100 %

Qualität	IT 8	
	IT 6–7	
	IT 5	
		100 %

Größe	Klein	
	Mittel	
	Groß	
		100 %

Beschichten

Material	Met. I	
	Met.II	
	Karbide	
	Aluminium	

(Fortsetzung siehe nächste Seite)

(Fortsetzung)

	Keramik	
		100 %
Geometrie	Einfach	
	Mittel	
	Komplex	
		100 %
Qualität	IT 8	
	IT 6–7	
	IT 5	
		100 %
Größe	Klein	
	Mittel	
	Groß	
		100 %
Fügen		
Material	Met. I	
	Met.II	
	Karbide	
	Aluminium	
	Keramik	
		100 %
Geometrie	Einfach	
	Mittel	
	Komplex	
		100 %

(Fortsetzung siehe nächste Seite)

(Fortsetzung)

Qualität	IT 8 IT 6-7 IT 5	
		100 %
Größe	Klein Mittel Groß	
		100 %

Stoffeigenschaften
ändern

Material	Met. I Met.II Karbide Aluminium Keramik	
		100 %
Geometrie	Einfach Mittel Komplex	
		100 %
Qualität	IT 8 IT 6-7 IT 5	
		100 %
Größe	Klein Mittel	

(Fortsetzung siehe nächste Seite)

(Fortsetzung)

	Groß	
		100 %

Fertigungsprinzip (%)

Kostenverteilung

Werkstättenfertigung
Gruppenfertigung
Fließfertigung

100 %

Montageaufgabenprofil

Anzahl zu montierender Komponenten ($\varnothing$)   St.

Anzahl zu montierender Hauptkomponenten ($\varnothing$)   St.

Gewicht der Komponenten ($\varnothing$)   kg

Gewicht der Hauptkomponenten ($\varnothing$)   kg

Montageprinzip (%)

Baustellenmontage   %
Gruppenmontage   %
Reihenmontage   %
Taktstraße/Fließmontage   %

100 %

Kundengruppen (%)

Maschinenbau   %
Straßenfahrzeugbau   %
Luft- und Raumfahrt, Schiffbau   %

(Fortsetzung siehe nächste Seite)

Elektroindustrie		%
Baugewerbe		%
Handel		%
Chemieindustrie, Mineralölverarbeitung, Kunststoffwarenherstellung, Gummiverarbeitung, Zellstoff-/Papierherstellung		%
Nahrungs-, Genussmittelindustrie, Land-/Forstwirtschaft, Fischerei		%
Energie-/Wasserversorgung		%
Druckerei		%
Sonstiges		%
	100 %	

Märkte (%)

	Umsatzvert.	
Westeuropa		%
Osteuropa		%
Asien, Afrika, Australien		%
Japan		%
NAFTA		%
MERCOSUR		%
	100 %	

E.2. Technologie

Tabelle E.2: Technologieliste

Technologie	Wird eingesetzt?	Anteil an Bereichskosten (%)	Beherrschung u m g s p	Bedeutung B S ST
Forschung und Entwicklung				
CAD				
2D-Konstruktion	☐		☐ ☐ ☐ ☐ ☐	☐ ☐ ☐
3D-Konstruktion	☐		☐ ☐ ☐ ☐ ☐	☐ ☐ ☐
Feature-/ Makrobasierte Konstruktion	☐		☐ ☐ ☐ ☐ ☐	☐ ☐ ☐
Parametrische Konstruktion	☐		☐ ☐ ☐ ☐ ☐	☐ ☐ ☐
Simulation				
Finite Elemente	☐		☐ ☐ ☐ ☐ ☐	☐ ☐ ☐
Rapid Prototyping	☐		☐ ☐ ☐ ☐ ☐	☐ ☐ ☐
Rapid Tooling	☐		☐ ☐ ☐ ☐ ☐	☐ ☐ ☐
Digital Mock-up	☐		☐ ☐ ☐ ☐ ☐	☐ ☐ ☐
Prozesssimulation	☐		☐ ☐ ☐ ☐ ☐	☐ ☐ ☐
Montagesimulation	☐		☐ ☐ ☐ ☐ ☐	☐ ☐ ☐

(Fortsetzung siehe nächste Seite)

Abstufung Beherrschung: unerfahren (u) – mittel (m) – gut (g) – sehr gut (s) – perfekt (p)
Abstufung Bedeutung: Basistechnologie (B) – Schlüsseltechn. (S) – Schrittmachertechn. (SM)

(Fortsetzung)

	(%)	u m g s p	B S ST
Beschaffung			
B2B-Systeme (Business to Business)	☐ [ ]	☐ ☐ ☐ ☐ ☐	☐ ☐ ☐
ERP-Systeme (SAP/R3 etc.)	☐ [ ]	☐ ☐ ☐ ☐ ☐	☐ ☐ ☐
Fertigung			
Umformen			
Walzen	☐ [ ]	☐ ☐ ☐ ☐ ☐	☐ ☐ ☐
Gesenkformen	☐ [ ]	☐ ☐ ☐ ☐ ☐	☐ ☐ ☐
Drückwalzen	☐ [ ]	☐ ☐ ☐ ☐ ☐	☐ ☐ ☐
Kaltfließpressen	☐ [ ]	☐ ☐ ☐ ☐ ☐	☐ ☐ ☐
Präzisionsschmieden	☐ [ ]	☐ ☐ ☐ ☐ ☐	☐ ☐ ☐
THIXO-Schmieden	☐ [ ]	☐ ☐ ☐ ☐ ☐	☐ ☐ ☐
Tiefziehen	☐ [ ]	☐ ☐ ☐ ☐ ☐	☐ ☐ ☐
Streckziehen	☐ [ ]	☐ ☐ ☐ ☐ ☐	☐ ☐ ☐
Biegen	☐ [ ]	☐ ☐ ☐ ☐ ☐	☐ ☐ ☐
Urformen			
Kokillengießen	☐ [ ]	☐ ☐ ☐ ☐ ☐	☐ ☐ ☐
Druckgießen	☐ [ ]	☐ ☐ ☐ ☐ ☐	☐ ☐ ☐
Sandgießen	☐ [ ]	☐ ☐ ☐ ☐ ☐	☐ ☐ ☐
Sintern	☐ [ ]	☐ ☐ ☐ ☐ ☐	☐ ☐ ☐
Urformen Polymere	☐ [ ]	☐ ☐ ☐ ☐ ☐	☐ ☐ ☐

(Fortsetzung siehe nächste Seite)

Abstufung Beherrschung: unerfahren (u) – mittel (m) – gut (g) – sehr gut (s) – perfekt (p)
Abstufung Bedeutung: Basistechnologie (B) – Schlüsseltechn. (S) – Schrittmachertechn. (SM)

(Fortsetzung)

	(%)	u m g s p	B S ST
Urformen Keramik	☐	☐ ☐ ☐ ☐ ☐	☐ ☐ ☐

Trennen

Schneiden	☐	☐ ☐ ☐ ☐ ☐	☐ ☐ ☐
Feinschneiden	☐	☐ ☐ ☐ ☐ ☐	☐ ☐ ☐
Laserstrahl- schneiden	☐	☐ ☐ ☐ ☐ ☐	☐ ☐ ☐
Drehen	☐	☐ ☐ ☐ ☐ ☐	☐ ☐ ☐
Hartdrehen	☐	☐ ☐ ☐ ☐ ☐	☐ ☐ ☐
Laserunterstütz- tes Drehen	☐	☐ ☐ ☐ ☐ ☐	☐ ☐ ☐
Mechanisches Bohren	☐	☐ ☐ ☐ ☐ ☐	☐ ☐ ☐
Elektronen- strahlbohren	☐	☐ ☐ ☐ ☐ ☐	☐ ☐ ☐
Laserstrahlboh- ren	☐	☐ ☐ ☐ ☐ ☐	☐ ☐ ☐
3-Achs-Fräsen	☐	☐ ☐ ☐ ☐ ☐	☐ ☐ ☐
5-Achs-Fräsen	☐	☐ ☐ ☐ ☐ ☐	☐ ☐ ☐
Laserunterstütz- tes Fräsen	☐	☐ ☐ ☐ ☐ ☐	☐ ☐ ☐
HSC-Fräsen	☐	☐ ☐ ☐ ☐ ☐	☐ ☐ ☐
Wälzfräsen	☐	☐ ☐ ☐ ☐ ☐	☐ ☐ ☐
Planschleifen	☐	☐ ☐ ☐ ☐ ☐	☐ ☐ ☐
Rundschleifen	☐	☐ ☐ ☐ ☐ ☐	☐ ☐ ☐
Profilschleifen	☐	☐ ☐ ☐ ☐ ☐	☐ ☐ ☐

(Fortsetzung siehe nächste Seite)

Abstufung Beherrschung: unerfahren (u) – mittel (m) – gut (g) – sehr gut (s) – perfekt (p)
Abstufung Bedeutung: Basistechnologie (B) – Schlüsseltechn. (S) – Schrittmachertechn. (SM)

(Fortsetzung)

	(%)	u m g s p	B S ST
kont. Wälzschleifen	☐		☐ ☐ ☐ ☐ ☐	☐ ☐ ☐
Teilwälzschlei- fen	☐		☐ ☐ ☐ ☐ ☐	☐ ☐ ☐
Gleitschleifen	☐		☐ ☐ ☐ ☐ ☐	☐ ☐ ☐
Hochgeschw.- Schleifen	☐		☐ ☐ ☐ ☐ ☐	☐ ☐ ☐
Hobeln/Stoßen	☐		☐ ☐ ☐ ☐ ☐	☐ ☐ ☐
Wälzstoßen	☐		☐ ☐ ☐ ☐ ☐	☐ ☐ ☐
Honen	☐		☐ ☐ ☐ ☐ ☐	☐ ☐ ☐
Läppen	☐		☐ ☐ ☐ ☐ ☐	☐ ☐ ☐
Wirbeln	☐		☐ ☐ ☐ ☐ ☐	☐ ☐ ☐
Reiben	☐		☐ ☐ ☐ ☐ ☐	☐ ☐ ☐
Sägen	☐		☐ ☐ ☐ ☐ ☐	☐ ☐ ☐
Schälen	☐		☐ ☐ ☐ ☐ ☐	☐ ☐ ☐
Hartschälen	☐		☐ ☐ ☐ ☐ ☐	☐ ☐ ☐
Drahterodieren	☐		☐ ☐ ☐ ☐ ☐	☐ ☐ ☐
Senkerodieren	☐		☐ ☐ ☐ ☐ ☐	☐ ☐ ☐
ECM-Senken	☐		☐ ☐ ☐ ☐ ☐	☐ ☐ ☐

Beschichten

Elektrochemisch	☐		☐ ☐ ☐ ☐ ☐	☐ ☐ ☐
Organisch	☐		☐ ☐ ☐ ☐ ☐	☐ ☐ ☐
PVD	☐		☐ ☐ ☐ ☐ ☐	☐ ☐ ☐
CVD	☐		☐ ☐ ☐ ☐ ☐	☐ ☐ ☐
Auftragsschwei- ßen	☐		☐ ☐ ☐ ☐ ☐	☐ ☐ ☐

Fügen

(Fortsetzung siehe nächste Seite)

Abstufung Beherrschung: unerfahren (u) – mittel (m) – gut (g) – sehr gut (s) – perfekt (p)
Abstufung Bedeutung: Basistechnologie (B) – Schlüsseltechn. (S) – Schrittmachertechn. (SM)

(Fortsetzung)

	(%)	u m g s p	B S ST
Lichtbogen	☐	☐ ☐ ☐ ☐ ☐	☐ ☐ ☐
Strahl (La-ser/Elektronen)	☐	☐ ☐ ☐ ☐ ☐	☐ ☐ ☐
Widerstand	☐	☐ ☐ ☐ ☐ ☐	☐ ☐ ☐
Löten	☐	☐ ☐ ☐ ☐ ☐	☐ ☐ ☐
Kleben	☐	☐ ☐ ☐ ☐ ☐	☐ ☐ ☐
Nieten	☐	☐ ☐ ☐ ☐ ☐	☐ ☐ ☐

Stoffeigenschaften ändern

Laserhärten	☐	☐ ☐ ☐ ☐ ☐	☐ ☐ ☐
Einsatzhärten	☐	☐ ☐ ☐ ☐ ☐	☐ ☐ ☐
Nitrieren	☐	☐ ☐ ☐ ☐ ☐	☐ ☐ ☐

Montage

Robotik	☐	☐ ☐ ☐ ☐ ☐	☐ ☐ ☐
Augmented Reality	☐	☐ ☐ ☐ ☐ ☐	☐ ☐ ☐

Vertrieb

B2B-Systeme (Business to Business)	☐	☐ ☐ ☐ ☐ ☐	☐ ☐ ☐
B2C-Systeme (Business to Customer)	☐	☐ ☐ ☐ ☐ ☐	☐ ☐ ☐

Service

Augmented Reality	☐	☐ ☐ ☐ ☐ ☐	☐ ☐ ☐
B2C-Systeme (Business to Customer)	☐	☐ ☐ ☐ ☐ ☐	☐ ☐ ☐

(Fortsetzung siehe nächste Seite)

Abstufung Beherrschung: unerfahren (u) – mittel (m) – gut (g) – sehr gut (s) – perfekt (p)
Abstufung Bedeutung: Basistechnologie (B) – Schlüsseltechn. (S) – Schrittmachertechn. (SM)

(Fortsetzung)

(%)	u m g s p	B S ST
Fernwartung/ Diagnosesysteme □ [ ]	□ □ □ □ □	□ □ □

Abstufung Beherrschung: unerfahren (u) – mittel (m) – gut (g) – sehr gut (s) – perfekt (p)
Abstufung Bedeutung: Basistechnologie (B) – Schlüsseltechn. (S) – Schrittmachertechn. (SM)

E.3. Innovationspotential

Tabelle E.3: Technik

Technologie	Wird eingesetzt?	Anteil an Bereichskosten (%)	Beherrschung u m g s p
EDM/PDM	□	[ ]	□ □ □ □ □
Mail	□	[ ]	□ □ □ □ □
Videoconferencing	□	[ ]	□ □ □ □ □
Application Sharing	□	[ ]	□ □ □ □ □
3D-CAD	□	[ ]	□ □ □ □ □
2D-CAD	□	[ ]	□ □ □ □ □
FEM	□	[ ]	□ □ □ □ □
Digital Mock-up (DMU)	□	[ ]	□ □ □ □ □
Prozesssimulation	□	[ ]	□ □ □ □ □
Virtual Reality	□	[ ]	□ □ □ □ □
WM-Systeme	□	[ ]	□ □ □ □ □
PM-Systeme	□	[ ]	□ □ □ □ □
Eigenes Technikum	□	[ ]	□ □ □ □ □
Eigenes Labor	□	[ ]	□ □ □ □ □

(Fortsetzung siehe nächste Seite)
Abstufung Beherrschung: unerfahren (u) – mittel (m) – gut (g) – sehr gut (s) – perfekt (p)

(Fortsetzung)

	(%)	u m g s p
Workflow-System	☐ ▭	☐ ☐ ☐ ☐ ☐
PPS/BDE	☐ ▭	☐ ☐ ☐ ☐ ☐
B2B-System	☐ ▭	☐ ☐ ☐ ☐ ☐
B2C-System	☐ ▭	☐ ☐ ☐ ☐ ☐
sonstige Systeme	☐ ▭	☐ ☐ ☐ ☐ ☐
	☐ ▭	☐ ☐ ☐ ☐ ☐
	☐ ▭	☐ ☐ ☐ ☐ ☐
	☐ ▭	☐ ☐ ☐ ☐ ☐
	☐ ▭	☐ ☐ ☐ ☐ ☐

Abstufung Beherrschung: unerfahren (u) – mittel (m) – gut (g) – sehr gut (s) – perfekt (p)

Tabelle E.4: Mensch

Qualifikation

	Verteilung	
Doktoren/Professoren	▭	%
Akademiker (Ingenieure etc.)	▭	%
Techniker/Math. techn. Assistenten	▭	%
Facharbeiter	▭	%
ungelernte Kräfte	▭	%
Praktikanten	▭	%
Anteil F&E-Mitarbeiter am Gesamtpersonal	▭	%
Budget für Weiterbildung F&E	▭	T€
Budget für Weiterbildung Gesamt	▭	T€

(Fortsetzung siehe nächste Seite)

(Fortsetzung)

Mensch	nie	selten	häufig	fast immer	immer
Werden mit den Kunden Entwicklungsteams gebildet?	□	□	□	□	□
Werden mit den Zulieferern Entwicklungsteams gebildet?	□	□	□	□	□
Wird externe Beratung in die F&E-Projekte integriert?	□	□	□	□	□

Methode	Wird eingesetzt?	Beherrschung

	Wird eingesetzt?	unerfahren	mittel	gut	sehr gut	perfekt
Taguchi-Methode	□	□	□	□	□	□
Wertanalyse	□	□	□	□	□	□
Cojoint-Analyse	□	□	□	□	□	□
Target-Costing	□	□	□	□	□	□
Design Review	□	□	□	□	□	□
FMEA	□	□	□	□	□	□
QFD	□	□	□	□	□	□
Fehlerbaumanalyse	□	□	□	□	□	□
Ereignis-/Ablaufanalyse	□	□	□	□	□	□
TRIZ/TRIS/WOIS	□	□	□	□	□	□
Punktwertmethode	□	□	□	□	□	□
Nutzwertanalyse	□	□	□	□	□	□
Paarweiser Vergleich	□	□	□	□	□	□
ABC-Analyse	□	□	□	□	□	□
Poka-Yoke	□	□	□	□	□	□

Organisation

	nie	selten	häufig	fast immer	immer
Werden Entwicklungsaufgaben als Projekte verstanden?	□	□	□	□	□

(Fortsetzung siehe nächste Seite)

(Fortsetzung)

Sind Entwicklungsprojekte abteilungsübergreifend besetzt?	☐	☐	☐	☐	☐

	funktional				Projekt
Wie ist die F&E-Abteilung organisiert?	☐	☐	☐	☐	☐

	gar nicht	leicht	mittel	stark	sehr stark
Wie stark sind die Anreizsysteme in der F&E verankert?	☐	☐	☐	☐	☐
Wie stark ist ein KVP-System in der F&E-Abteilung verankert?	☐	☐	☐	☐	☐
Wie stark ist ein KVP-System im Unternehmen verankert?	☐	☐	☐	☐	☐

Wieviele Hierarchieebenen gibt es im F&E-Bereich? ⬜

Wie hoch ist die Leitungsspanne? ⬜

Wie viele Stunden Ausfall aufgrund von Krankheiten gab es im Bezugsjahr? ⬜ h

---

Innovationsarten	*Anteile an der Gesamtentwicklung von Produkten in den letzten 5 Jahren*
Radikale Innovation	⬜ %
Modulare Innovation	⬜ %
Strukturelle Innovation	⬜ %
Inkrementelle Innovation	⬜ %

100 %

(Fortsetzung siehe nächste Seite)

(Fortsetzung)

Prozessinnovativität

Kriterien	*Ausprägungen*				
	0	0,25	0,5	0,75	1
Prozessintensität: durchschnittliche Wertschöpfungszeit/durchschnittliche Durchlaufzeit (pro Auftrag)	☐	☐	☐	☐	☐
Flexibilität: Anzahl erfüllter Änderungswünsche/Gesamtzahl der Änderungswünsche	☐	☐	☐	☐	☐
Termintreue: Anzahl termingerechter Aufträge/Gesamtzahl der Aufträge	☐	☐	☐	☐	☐

	sehr niedrig	niedrig	vergleichbar	höher	führend
Produktivität: Wertschöpfung/Mitarbeiter im Vergleich zum Branchendurchschnitt	☐	☐	☐	☐	☐

	viel länger	länger	vergleichbar	kürzer	führend
Durchlaufzeit: Durchschnittliche Durchlaufzeit von Aufträgen im Vergleich zum Branchenschnitt	☐	☐	☐	☐	☐

(Fortsetzung siehe nächste Seite)

(Fortsetzung)

Geschäftsinnovativität

Kriterien	Ausprägungen				
	sehr niedrig	niedrig	ver- gleichbar	höher	führend
Verfügbarkeitsbeitrag: Umsatzanteil von verfügbarkeitsorientierten Leistungssystemen im Vergleich zum Branchendurchschnitt	☐	☐	☐	☐	☐
Produktivitätsbeitrag: Umsatzanteil von produktivitätsorientierten Leistungssystemen im Vergleich zum Branchendurchschnitt	☐	☐	☐	☐	☐
Applikationsbeitrag: Umsatzanteil von applikationsorientierten Leistungssystemen im Vergleich zum Branchendurchschnitt	☐	☐	☐	☐	☐
Intensität: Anzahl der Geschäftsinnovationen im Vergleich zum Branchendurchschnitt	☐	☐	☐	☐	☐
	0	0,25	0,5	0,75	1
Bedeutung: durchschnittliche Anzahl der Adaptierer von Geschäftsinnovationen/Anzahl der Wettbewerber	☐	☐	☐	☐	☐

E.4. Markt

Tabelle E.5: Markt

Vetriebskanalbeherrschung		
Märkte	*Umsatz pro Vertriebsart*	
Westeuropa	kein Vertrieb	
	reisender Vertrieb	
	Handelshaus	
	Handelsagenten	
	eigene Vertriebsstützpunkte	
	Key-account-Management	
	Gesamtumsatz	T€
Osteuropa	kein Vertrieb	
	reisender Vertrieb	
	Handelshaus	
	Handelsagenten	
	eigene Vertriebsstützpunkte	
	Key-account-Management	
	Gesamtumsatz	T€
Asien	kein Vertrieb	
	reisender Vertrieb	
	Handelshaus	
	Handelsagenten	
	eigene Vertriebsstützpunkte	
	Key-account-Management	
	Gesamtumsatz	T€
Japan	kein Vertrieb	

(Fortsetzung siehe nächste Seite)

(Fortsetzung)

reisender Vertrieb

Handelshaus

Handelsagenten

eigene Vertriebsstützpunkte

Key-account-Management

Gesamtumsatz T€

Nafta kein Vertrieb

reisender Vertrieb

Handelshaus

Handelsagenten

eigene Vertriebsstützpunkte

Key-account-Management

Gesamtumsatz T€

Mercosur kein Vertrieb

reisender Vertrieb

Handelshaus

Handelsagenten

eigene Vertriebsstützpunkte

Key-account-Management

Gesamtumsatz T€

Sonstige kein Vertrieb

reisender Vertrieb

Handelshaus

Handelsagenten

eigene Vertriebsstützpunkte

Key-account-Management

Gesamtumsatz T€

(Fortsetzung siehe nächste Seite)

(Fortsetzung)

Marktmacht

Produktbereich n	Umsatz		T€
	Marktanteil		%
	Umsatzrentabilität		%

Imageähnlichkeit

Worauf beruhen die Wettbewerbsvorteile Ihrer Produkte?	Produktpreis/Betriebskosten	
	Produktfunktionalität/ Innovationsführerschaft	
	Produkt-/Servicequalität	
	hoher Bekanntheitsgrad/ Image/Erfahrungsvorsprung	

Pkt.

E.5. Fit

Tabelle E.6: Fit

Strategische Erfolgsposition

Gewichten Sie die Bedeutung folgender Punkte für den Erfolg in Ihrer Wettbewerbsarena:

Produktdesign/
Produkttechnologie
Marke/Image/Marktzugang
Prozesskettenbeherrschung
Produkt/Prozesstechnologie

100 Pkt.

Innovationsstrategien

Gewichten Sie die Bedeutung folgender Strategien für den Innovationsbereich:

First Mover
Fast Mover
Slow Mover

100 Pkt.

Sourcing-Strategien

Gewichten Sie die Bedeutung folgender Strategien für den Sourcingbereich:

	sehr niedrig	niedrig	ver- gleichbar	höher	führend
Kompetenzmanagement	☐	☐	☐	☐	☐
Kapazitätsmanagement	☐	☐	☐	☐	☐

(Fortsetzung siehe nächste Seite)

(Fortsetzung)

Produktionsstrategien

Gewichten Sie die Bedeutung folgender Strategien für den Produktionsbereich

	sehr niedrig	niedrig	ver- gleichbar	höher	führend
Automation	☐	☐	☐	☐	☐
Mitarbeiterschulung	☐	☐	☐	☐	☐

Vertrieb

Bewerten Sie die Ausprägungen für Ihre Unternehmenskultur:

Messe, Ausstellungen	☐ %
Kundenbesuche vor Ort	☐ %
Internet	☐ %
Kunde besucht Unternehmen	☐ %
Kataloge	☐ %

                                        100 %

Anteil Stammkunden (Kundenbeziehungen alter als 5 Jahre	☐ %

Service

	offensiv	defensiv
Vermarktung der Serviceleistung	☐	☐

Gewichten Sie die Bedeutung folgender Ausprägungen des Servicenetzes:

Servicenetz	Bedeutung
eigenes physisches Netz	
fremdes physisches Netz	
kooperatives physisches Netz	

(Fortsetzung siehe nächste Seite)

(Fortsetzung)

virtuelles Netz (Teleservice)	

100 Pkt.

Unternehmenskultur

Gewichten Sie die Bedeutung der Kulturausprägungen für Ihr Unternehmen:

Team-Kultur
Adhokratie-Kultur
Hierarchie-Kultur
Wettbewerbskultur

100 Pkt.

Kulturkreis

Wo ist der Stammsitz des Unternehmens?   (Land)

Bewerten Sie die Ausprägungen für Ihre Unternehmenskultur:

	sehr niedrig	niedrig	ver- gleichbar	höher	führend
Power Distance	☐	☐	☐	☐	☐
Uncertainty Avoidance	☐	☐	☐	☐	☐
Individualität	☐	☐	☐	☐	☐
Maskulinität	☐	☐	☐	☐	☐

F. Ergänzungen zum Fallbeispiel

Maximale Innovationssynergiepotentiale in der Verbindung

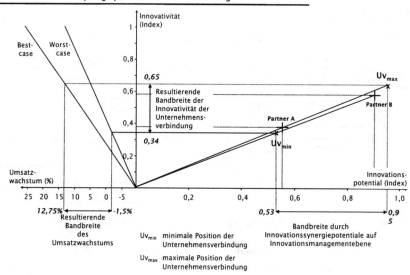

Abbildung F.1.: Innovationssynergien in der Inside-out-Anwendung

Maximale Technologiesynergiepotentiale in der Verbindung

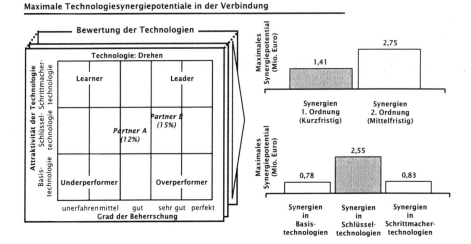

Abbildung F.2.: Technologiesynergien in der Inside-out-Anwendung

Fit der Verbindung

Fundamentaler Fit   **Strategischer Fit**   **Kultureller Fit**

		Feindliche Übernahme/ Marktmacht (Fit ~ 50%)	Optimale Situation (Fit ~ 100%)
Sinnhaftigkeit der Unternehmensverbindung gewährleistet	ja		
	nein	Keine Situation (Fit ~ 0%)	Falsche Partner (Fit ~ 0%)
		nein	ja

Wille zur Verbindung
bei allen Partnern
vorhanden

=> Fit = 50%

Bedeutung der Strategischen Erfolgspositionen	Partner A	Partner B
Produktdesign/ -technologie	50	40
Marke/ Image/ Marktzugang	40	50
Prozeßketten- beherrschung	10	10
Produktion/ Prozeßtechnologie	0	0
=> Fit = 91%		

Bereichstrategien:
=> Fit = 80%

=> Fit = 85,5%

Unternehmenskultur	Partner A	Partner B
Team	40	0
Adhokratie	0	30
Hierarchie	60	70
Wettbewerb	0	0
=> Fit = 55%		

Kulturkreis	Partner A	Partner B
Power Distance	mittel	mittel
Uncertainty Avoidance	niedrig/mittel	niedrig/mittel
Individualism	hoch	mittel
Maskulinity	niedrig/mittel	niedrig/mittel
=> Fit = 100%		

=> Fit = 77,5%

Gesamtfit der Verbindung: ~71%

Abbildung F.3.: Fit in der Inside-out-Anwendung

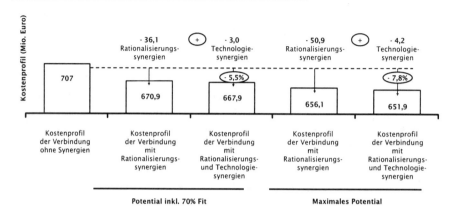

Abbildung F.4.: Gesamtkosten der Unternehmensverbindung in der Inside-out-Anwendung

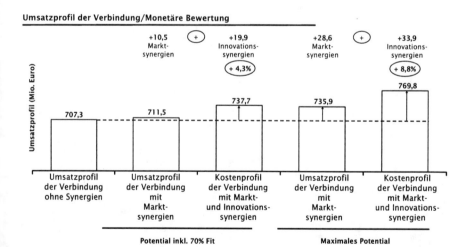

Abbildung F.5.: Gesamtumsatz der Unternehmensverbindung in der Inside-out-Anwendung

Literaturverzeichnis

Adam 1979   ADAM, D.: *Kostendegressionen und -progressionen.* Bd. 8. S. 939-955. Siehe (Kern 1979)

Adam 1993   ADAM, D.: *Produktionsmanagement.* Wiesbaden : Gabler, 1993

Al-Lahm 1999   AL-LAHM, A.: *Strategisches Management.* Wiesbaden : Gabler, 1999

Albrecht 1994   ALBRECHT, S.: *Erfolgreiche Zusammenschlußstrategien - Eine Empirische Untersuchung deutscher Unternehmen.* Wiesbaden : Gabler, 1994

AMICE 1993   ESPRIT CONSORTIUM AMICE (Hrsg.): *CIMOSA: Open System Architecture for CIM.* 2. Aufl. Berlin, 1993

Ansoff 1965   ANSOFF, H. I.: *Corporate Strategy - An Analytic Approach to Business Policy for Growth and Expansion.* New York et al. : McGraw-Hill, 1965

Arnold u. a. 1995   ARNOLD, O. ; FAISST, M. ; HÄRTLING, P. ; SIEBER, P.: Virtuelle Unternehmen als Unternehmenstyp der Zukunft? In: *HMD* 185 (1995), S. 8 ff

Asenkerschbaumer 1987   ASENKERSCHBAUMER, S.: *Analyse und Beurteilung von technischem Know-how: ein Beitrag zum betrieblichen Innovationsmanagement.* Göttingen, Zürich : Vandenhoeck & Ruprecht, 1987

Atteslander 1995   ATTESLANDER, P.: *Methoden empirischer Sozialforschung.* 8. Aufl. Berlin, New York, 1995

AWF 2000a   CASELLAS, Antonio: Die Zukunft des Werkzeugbaus in Europa. In: (AWF 2000b). - Vortrag

AWF 2000b   AACHENER WERKZEUG- UND FORMENBAU (Hrsg.): *Kolloquium »Werkzeugbau mit Zukunft«.* Aachen, Juni 2000

AWK 1999   AACHENER WERKZEUGMASCHINEN-KOLLOQUIUM (Hrsg.): *Wettbewerbsfaktor Produktionstechnik: Aachener Perspektiven.* Aachen : Shaker, 10.-11. Juni 1999

Azzone und Bertele 1991   AZZONE, Giovanni ; BERTELE, Umberto: Techniques for Measuring the Economic Effectiveness of Automation and Manufacturing Systems. In: (Leondes 1991), S. 1-55

Bachhaus und Piltz 1990 BACHHAUS, K. ; PILTZ, K.: Strategische Allianzen - eine neue Form kooperativen Wettbewerbs? In: BACHHAUS, K. (Hrsg.) ; PILTZ, K. (Hrsg.): *Strategische Allianzen* Bd. 27. Düsseldorf, 1990, S. 6-7. - Sonderheft zfbf

Baloff 1967 BALOFF, N.: Estimating the parameters of the startup model - an empirical approach. In: *The Journal of Industrial Research* 18 (1967), S. 248-253

Balzer u. a. 2000 BALZER, Arno ; HIRN, Wolfgang ; WILHELM, Winfried: Gefährliche Spirale. In: *manager magazin* 3 (2000), März, S. 76-91

Balzer und Nölting 1998 BALZER, Arno ; NÖLTING, Andreas: Reiche Schlucker. In: *manager magazin* 6 (1998), Juni, S. 66-89

Baumol u. a. 1982 BAUMOL, W. J. ; PANZAR, J. C. ; WILLIG, R. D.: *Contestable markets and the theory of industry structure.* New York, 1982

Baur 1967 BAUR, W.: *Neue Wege der betrieblichen Planung.* Berlin u. a. : Springer, 1967

Beck 1998 BECK, T. C.: *Kosteneffiziente Netzwerkkooperationen - Optimierung komplexer Partberschaften zwischen Unternehmen,* Universität Wiesbaden, Dissertation, 1998

Bühner 1989 BÜHNER, Rolf: Bestimmungsfaktoren und Wirkungen von Unternehmenszusammenschlüssen. In: *Wirtschaftswissenschaftliches Studium* (1989), Nr. 4, S. 158-165

Bühner 1990 BÜHNER, Rolf: *Erfolg von Unternehmenszusammenschlüssen in der Bundesrepublik Deutschland.* Stuttgart : Poeschel, 1990

Bühner 1991 BÜHNER, Rolf: *Grenzüberschreitende Zusammenschlüsse deutscher Unternehmen.* Stuttgart, 1991

Bühner und Weinberger 1991 BÜHNER, Rolf ; WEINBERGER, H.-J.: Cash-Flow und Shareholder Value. In: *BFuP* 43 (1991), S. 187-208

Bierach 2000 BIERACH, Barbara: Kauf, was Du kennst. In: *Wirtschaftswoche* 6 (2000), Februar, S. 144-152

Binder und Kantowsky 1996 BINDER, U. ; KANTOWSKY, J.: *Technologiepotentiale - Neuausrichtung der Gestaltungsfelder des strategischen Technologiemanagements.* Wiesbaden : Deutscher Universitätsverlag, 1996

Bleicher 1989 BLEICHER, K.: Kritische Aspekte des Managements zwischenbetrieblicher Kooperation. In: *Thexis* (1989), Nr. 3, S. 4-8

Bleicher 1995 BLEICHER, Knut: *Das Konzept: Integriertes Management.* Frankfurt : Campus, 1995

Booz, Allen and Hamilton 1995 BOOZ, ALLEN AND HAMILTON: *Befragung europäischer CEOs.* 1995

Brankamp 1971 BRANKAMP, K.: *Planung und Entwicklung neuer Produkte.* Berlin : De Gruyter, 1971

Breit 1999 BREIT, Stephan: *Methodik zur umsetzungsorientierten Gestaltung von Umstrukturierungsprojekten in der Produktion,* RWTH Aachen, Dissertation, 1999

Brezina 1991 BREZINA, W.: *Unternehmensstrategie und FuE-Strategie – Ein neuer Ansatz zur Nutzung von Synergien im FuE-Bereich und zwischen Geschäftseinheiten,* Universität München, Dissertation, 1991

Brockhoff 1994 BROCKHOFF, K.: *Forschung und Entwicklung: Planung und Kontrolle.* München : Oldenbourg, 1994

Brockhoff 1996 BROCKHOFF, K.: *Forschung und Entwicklung.* Siehe (Eversheim und Schuh 1996)

Bronder und Pritzl 1991 BRONDER, C. ; PRITZL, R.: Leitfaden für strategische Allianzen. In: *Harvard Manager* 1 (1991), S. 44-53

Bronder und Pritzl 1992 BRONDER, C. ; PRITZL, R.: Ein konzeptioneller Ansatz zur Gestaltung und Entwicklung Strategischer Allianzen. In: BRONDER, C. (Hrsg.) ; PRITZL, R. (Hrsg.): *Ein Wegweiser für Strategische Allianzen.* Frankfurt : Gabler, 1992

Bronder 1993 BRONDER, Christian: *Kooperationsmanagement: Unternehmensdynamik durch strategische Allianzen.* Frankfurt, New York : Campus, 1993

Bötzow 1988 BÖTZOW, H.: *Die Fertigungsinsel als Konzept zur Einführung flexibler Automation in mittelständischen Industriebetrieben der Einzel- und Kleinserienfertigung.* VDI-Verlag, 1988

Bullinger 1996 BULLINGER, H.-J.: Technologiemanagement. In: (Eversheim und Schuh 1996), Kap. 4.2

Bullinger u. a. 1997 BULLINGER, Hans-Jörg ; OHLHAUSEN, Peter ; HOFFMANN, Michaela: *Kooperationen von mittelständischen Unternehmen.* Stuttgart : Fraunhofer-Institut für Arbeitswissenschaft und Organisation IAO, 1997

Burgmaier und Glabus 1999 BURGMAIER, S. ; GLABUS, W.: Ein enormes Potential. In: *Wirtschaftswoche* 9 (1999), S. 50-53

Calori u. a. 1994 CALORI, R. ; LUBATKIN, M. ; VERY, P.: Control Mechanisms in Cross-border Acquisitions: An international Comparison. In: *Organization Studies* 15 (1994), Nr. 3, S. 361-379

Chakrabarti u. a. 1994   CHAKRABARTI, A. ; HAUSSCHILD, J. ; SÜVERKRÜP, C.: Does it pay to acquire technological firms? In: *R&D-Management* 24 (1994), Nr. 1

Chen 1976   CHEN, P. P.: The Entity-Relationship Model: Towards a Unified View of Data. In: *ACM ToDS 1*. 1976 (6)

Chen 1980   CHEN, P. P.: *The Entity-Relationship Approach to System Analysis and Design.* Amsterdam : North-Holland Pub. Co., 1980

Chmielewicz 1994   CHMIELEWICZ, K.: *Forschungskonzeptionen der Wirtschaftswissenschaft.* 3. Aufl. Stuttgart, 1994

Christensen 1995   CHRISTENSEN, J. F.: Asset profiles for technological innovation. In: *Research Policy* 24 (1995), S. 727–745

Clarke 1987   CLARKE, C. J.: Acquisitions: Techniques for measuring strategic fit. In: *Long Range Planning* 20 (1987), S. 12–18

Coase 1937   COASE, R. H.: The Nature of the Firm. In: *Economica* 4 (1937), S. 386–405

Coase 1960   COASE, R. H.: The Problem of Social Cost. In: *Journal of Law and Economics* 1 (1960), S. 1–44

Comment und Jarrell 1995   COMMENT, R. ; JARRELL, G. A.: Corporate focus and stock returns. In: *Journal of Financial Economics* 37 (1995), S. 67–87

Cremer 1992   CREMER, R.: *Informationsmodellierung für die integrierte Arbeitsplanerstellung im Bereich der zerspanenden Fertigung,* RWTH Aachen, Dissertation, 1992

Crépon u. a. 1998   CRÉPON, B. ; DUGUET, E. ; MAIRESSE, J.: Research, Innovation, and Productivity: an Econometric Analysis at the Firm Level. In: *Econ. Innov. New Techn.* 7 (1998), S. 114–158

Davis und Thomas 1993   DAVIS, R. ; THOMAS, L. G.: Direct estimation of synergy: A new approach to the diversity-performance debate. In: *Management Science* 39 (1993), Nr. 11, S. 1334–1346

Deal und Kennedy 1982   DEAL, T. E. ; KENNEDY, A. A.: *Corporate Cultures: The rites and rituals of corporate life.* Reading, MA : Addison-Wesley, 1982

Denison und Spreitzer 1991   DENISON, D. ; SPREITZER, G.: Organization Culture and Organizational development: A competing values approach. In: *Research in organizational change and development* 5 (1991)

Desel 1998   DESEL, J.: Petrinetze, lineare Algebra und lineare Programmierung. In: *Teubner-Texte zur Informatik* Bd. 26. Stuttgart, 1998

Dreesmann 1997   DREESMANN, H.: Innovationskompetenz – konzeptioneller Rahmen und praktische Erfahrungen. In: FREIMUTH, J. (Hrsg.) ; HARITZ, J. (Hrsg.) ; KIEFER, B. U. (Hrsg.): *Auf dem Weg zum Wissensmanagement.* Göttingen : Verlag für Angewandte Phsychologie, 1997

Duden 1982   *Der Duden – Fremdwörterbuch.* Bd. 5. 4. Aufl. Mannheim et al. : Dudenverlag, 1982

Duden 1996   *Der Duden.* Bd. 1 – Rechtschreibung. 21. Aufl. Mannheim et al. : Dudenverlag, 1996

Ebert 1998   EBERT, Mark: *Evaluation von Synergien bei Unternehmenszusammenschlüssen,* Techn. Universität Chemnitz, Dissertation, 1998

Eccles u. a. 2000   ECCLES, R. G. ; LANES, K. L. ; WILSON, T. C.: Akquisitionen: Häufig viel zu teuer bezahlt. In: *Harvard Business Manager* (2000), Nr. 2, S. 80-90

Ehlken 1999   EHLKEN, J.: *Modelleinsatz bei der Bewertung und Auswahl von Forschungs- und Entwicklungsprojekten,* Universität Göttingen, Dissertation, 1999

Ernst 1995   ERNST, H.: Patenting strategies in the German mechanical engineering industry and their relationship to company performance. In: *Technovation* 4 (1995), Nr. 15, S. 225-240

Eversheim 1996   EVERSHEIM, W.: Integrierte Produkt- und Prozeßgestaltung. In: (Eversheim und Schuh 1996)

Eversheim u. a. 1999   EVERSHEIM, W. u. a.: *Leitfaden zur kooperativen Modulentwicklung.* 1999. – Abschlussbericht im Projekt VIA-OK

Eversheim u. a. 1993a   EVERSHEIM, W. ; BÖHLKE, U. H. ; SCHMITZ, W. J.: Neue Technologien erfolgreich nutzen. In: *VDI-Z* 135 (1993), Nr. 8, S. 78-81. – Teil 1

Eversheim u. a. 1993b   EVERSHEIM, W. ; BÖHLKE, U. H. ; SCHMITZ, W. J.: Neue Technologien erfolgreich nutzen. In: *VDI-Z* 135 (1993), Nr. 9, S. 47-52. – Teil 2

Eversheim u. a. 2000a   EVERSHEIM, W. ; BORRMANN, A. ; KERWAT, H.: *Kundenzufriedenheit mit produktionsnahen deutschen Serviceleistungen, Ergebnisse der Analysen in Deutschland, USA und China.* Frankfurt : VDMA, 2000. – 22 S

Eversheim u. a. 2000b   EVERSHEIM, W. ; GERHARDS, A. ; HACHMÖLLER, K. ; WALKER, R. ; WEBER, M.: Technologiemanagement: Strategie – Organisation – Informationssysteme. In: *Industrie Management* (2000), Nr. 16, S. 9-13

Eversheim u. a. 1993c   EVERSHEIM, W. ; SCHMITZ, W. J. ; ULLMANN, C.: Bewertung neuer Technologien. In: *VDI-Z* 135 (1993), Nr. 11/12, S. 70-73

298   *Literaturverzeichnis*

Eversheim und Schuh 1996   EVERSHEIM, Walter (Hrsg.) ; SCHUH, Günther (Hrsg.): *Betriebshütte.* 7. Aufl. Berlin u. a. : Springer, 1996

Ewald 1989   EWALD, A.: *Organisation des strategischen Technologiemanagements.* Berlin : E. Schmidt, 1989

Faulkner 1995   FAULKNER, D. O.: *International Strategic Alliances: Cooperating to Compete.* Maidenhead : McGraw-Hill, 1995

Felder u. a. 1994   FELDER, J. ; HARHOFF, D. ; LICHT, G. ; NERLINGER, E.: Ausgewählte Ergebnisse aus der ersten Welle des Mannheimer Innovationspanels. In: WISSENSCHAFT, Stifterverband der deutschen (Hrsg.): *Materialien zur Wissenschaftsstatistik.* Essen, 1994 (8), S. 39

FHG 1998   FRAUNHOFER INSTITUTE IPA, IAO, IPK (Hrsg.): *Erfolgsfaktoren von Innovationen: Prozesse, Methoden und Systeme? Ergebnisse einer Studie.* Stuttgart, Berlin, 1998

Fleischer 1996   FLEISCHER, Sonja: *Strategische Kooperationen: Planung – Steuerung – Kontrolle,* Universität Köln, Dissertation, 1996

Fontanari 1995   FONTANARI, Martin L.: Voraussetzungen für den Kooperationserfolg. In: (Schertler 1995), S. 115–187

Friedli 2000   FRIEDLI, T.: *Die Architektur von Kooperationen,* Universität St. Gallen, Dissertation, 2000

Gabler 1998   N.N.: *Gabler Wirtschaftslexikon.* 14. Aufl. Wiesbaden : Gabler, 1998

Gahl 1991   GAHL, A.: Strategische Allianzen in Technologiemärkten – Flexibilität vs. Funktionalität. In: HILBERT, J. (Hrsg.) ; KLEINALTENKAMP, M. (Hrsg.) ; NORDHAUSEJANZ, J. (Hrsg.) ; WIDMAIER, B. (Hrsg.): *Neue Kooperationsformen in der Wirtschaft.* Opladen : Leske u. Budrich, 1991

Gausemeier und Riepe 2000   GAUSEMEIER, J. ; RIEPE, B.: Komplexitätsbeherrschung in den frühen Phasen der Produktentwicklung. In: *Industrie Management* 16 (2000), S. 54ff

Gentner 1994   GENTNER, A.: *Entwurf eines Kennzahlensystems zur Effektivitäts und Effizienzsteigerung von Entwicklungsprojekten: dargestellt am Beispiel der Entwicklungs- und Anlaufphasen in der Automobilindustrie.* München : Vahlen, 1994

Gerpott 1993   GERPOTT, T.: *Integrationsgestaltung und Erfolg von Unternehmensakquisition.* Stuttgart : Schäffer-Poeschel, 1993

Gerpott 1999   GERPOTT, T.: *Strategisches Technologie- und Innovationsmanagement.* Stuttgart : Schäffer-Poeschel, 1999

Gälweiler 1990   GÄLWEILER, A.: *Strategische Unternehmensführung*. Frankfurt/Main: Campus, 1990

Gobeli und Brown 1987   GOBELI, D. H. ; BROWN, D. J.: Analyzing Product Innovation. In: *Res. Man.* 30 (1987), Nr. 4, S. 25-31

Grabowski 1996   GRABOWSKI, H.: Informationsmanagement für das Produkt. In: (Eversheim und Schuh 1996), Kap. 17.3

Grabowski u. a. 1993   GRABOWSKI, H. ; ANDERL, R. ; POLLY, A.: Integriertes Produktmodell. In: (Warnecke u. a. 1993)

Gregory 1995   GREGORY, M. J.: Technology management: a process of approach. In: *Journal of Engineering Manufacture* 209 (1995), S. 347-356

Greif 1993   GREIF, S.: Patente als Indikatoren für Forschungs- und Entwicklungstätigkeit. In: WISSENSCHAFTSSTATISTIK, SV-Gemeinnützige G. für (Hrsg.): *Materialien zur Wissenschaftsstatistik*. Essen, 1993 (7)

Grote 1991   GROTE, Birgit: Zur Messung von Synergiepotential und Synergieeffekten. In: *Wirtschaftswissenschaftliches Studium* (1991), Mai, S. 261-263

Hammes 1995   HAMMES, Wolfgang: Der Zusammenhang zwischen strategischen Allianzen und Industriestrukturen. In: (Schertler 1995), S. 55-114

Hartung u. a. 2002   HARTUNG, J. ; ELPELT, B. ; KLÖSENER, K. H.: *Statistik.* 13. Aufl. München : Oldenburg-Verlag, 2002

Haspeslagh und Jemison 1991   HASPESLAGH, P. C. ; JEMISON, D. B.: *Managing Acquisitions: Creating Value Through Corporate Renewal*. New York : Free Press, 1991

Hauschildt 1997   HAUSCHILDT, J.: *Innovationsmanagement*. München : Vahlen, 1997

Heck 2000   HECK, Arno: Strategische Partnerschaften zum operativen Erfolg führen. In: *io-management* 4 (2000), April, S. 24-30

Heinen 1966   HEINEN, E.: *Das Zielsystem der Unternehmung*. Wiesbaden, 1966

Henderson und Clark 1990   HENDERSON, R. M. ; CLARK, C. B.: Architectural Innovation: The Reconfiguration of existing Product Technologies and the Failure of Established Firms. In: *Administrative Science Quarterly* 35 (1990), S. 9-30

Henning und Kutscha 1994   HENNING, K. ; KUTSCHA, S.: *Informatik im Maschinenbau*. Berlin u. a. : Springer, 1994

Höft 1992   HÖFT, U.: *Lebenszykluskonzepte: Grundlage für das strategische Marketing- und Technologiemanagement*, Freie Universität Berlin, Dissertation, 1992

Hieber 1991   HIEBER, Wolfgang L.: *Lern- und Erfahrungskurveneffekte und ihre Bestimmung in der flexibel automatisierten Produktion.* München : Vahlen, 1991

Hirn 1998   HIRN, W.: Starke Bande. In: *manager magazin* 5 (1998), S. 134-146

Hirzel, Leder & Partner 1993   HIRZEL, LEDER & PARTNER (Hrsg.): *Synergiemanagement: Komplexität beherrschen – Verbundvorteile erzielen.* Wiesbaden : Gabler, 1993

Hofstede 1980   HOFSTEDE, G.: *Culture's Consequence – International Differences in Work-Related Values.* London : SAGE Publications, 1980

Hofstede u. a. 1990   HOFSTEDE, G. ; NEUIJEN, B. ; OHAVY, D. D. ; SANDERS, G.: Measuring Organizational Cultures: A Qualitative an Quantitative Study Across Twenty Cases. In: *Admin. Sci. Quarterly* 35 (1990), S. 286-316

Hollenstein 1996   HOLLENSTEIN, H.: A composite indicator of a firm's innovativeness. An empirical analysis based on survey data for Swiss manufacturing. In: *Research Policy* 25 (1996), S. 633-645

Hovers 1973   HOVERS, J.: *Wachstum durch Firmenkauf und Zusammenschluss.* München, 1973

Hunt u. a. 1990   HUNT, J. W. u. a.: Changing Pattern of Acquisition behaviour in Takeovers and the consequences for the Acquisition process. In: *Strategic Managment Journal* 11 (1990), S. 69-77

IMA 1999   IMA: Institute for mergers and acquisitions. In: *Frankfurter Allgemeine Zeitung* 7 (1999), S. 57

ISO 14258 1997   NN: *ISO DIS 14258.* 1997

James u. a. 1998   JAMES, A. D. ; GEORGHIOU, L. ; METCALFE, J. S.: Integrating technology into merger an acquisition decision making. In: *Technovation* 18 (1998), S. 563-573

Jansen und Körner 2000   JANSEN, Stephan A. ; KÖRNER, Klaus: *Fusionsmanagement in Deutschland – Eine empirische Analyse von 103 Unternehmenszusammenschlüssen mit deutscher Beteiligung zwischen 1994 und 1998.* Witten/Herdecke : Institute for Mergers and Acquisitions (IMA), November 2000

Javidan 1998   JAVIDAN, M.: Core Competence: What Does it Mean in Practise. In: *Long Range Planning* 31 (1998), Nr. 1, S. 60-71

Johne 1999   JOHNE, A.: Using market vision to steer innovation. In: *Technovation* 19 (1999), S. 203-207

Katzy 1996   KATZY, B. R.: *Entwicklung einer Methodik zur technischen Unternehmensplanung auf der Basis von Unternehmensmodellen,* RWTH, Dissertation, 1996

Kern 1979 KERN, W. (Hrsg.): *Handwörterbuch der Produktionswirtschaft – Enzyklopädie der Betriebswirtschaftslehre.* Stuttgart : Gabler, 1979

Kluckhohn 1951 KLUCKHOHN, C.: *The study of culture.* Siehe (Lerner 1951)

Kluge 2001 KLUGE, A.: Assessment of Organizations. In: FERNANDEZ-BALLESTEROS, R. (Hrsg.): *Encyclopedia of Psychological Assessment.* London : Sage, 2001

Kogeler 1992 KOGELER, R.: *Synergiemanagement im Akquisitions- und Innovationsprozess von Unternehmungen: eine empirische Untersuchung anhand branchenübergreifender Fallstudien,* Universität Basel, Dissertation, 1992

Koruna 1998 KORUNA, S.: Externe Technologie-Akquisition. Siehe (Tschirky 1998)

Krah 1999 KRAH, O.: *Anwendungsorientiertes Prozessmodell zur Unterstützung umfassender prozessorientierter Veränderungsprojekte,* RWTH Aachen, Dissertation, 1999

Kreikebaum 1997 KREIKEBAUM, H.: *Strategische Unternehmensplanung.* Stuttgart et al. : Verlag Kohlhammer, 1997

Kropeit 1999 KROPEIT, G.: *Erfolgsfaktoren für die Gestaltung von F&E-Kooperationen.* Siehe (Tintelnot u. a. 1999)

Küting 1983 KÜTING, K.: Der Entscheidungsrahmen einer unternehmerischen Zusammenarbeit. In: KÜTING, K. (Hrsg.) ; ZINK, K. J. (Hrsg.): *Unternehmerische Zusammenarbeit.* Berlin : Schmidt, 1983, S. 1–35

Küting 1981 KÜTING, K. H.: Zur Bedeutung und Analyse von Verbundeffekten im Rahmen der Unternehmensbewertung. In: *Betriebswirtschaftliche Forschung und Praxis* (1981), Nr. 2, S. 175–189

Kuhn 1979 KUHN, T. S.: *Die Struktur wissenschaftlicher Revolution.* 2. Aufl. Frankfurt/Main : Suhrkamp, 1979

Kunz 2001 KUNZ, P.: *Strategieentwicklung bei Diskontinuitäten,* Universität St. Gallen, Dissertation, 2001

Lakatos 1974 LAKATOS, I.: Wissenschaft und Pseudowissenschaft. In: WORALL, J. (Hrsg.) ; CURRIE, G. (Hrsg.) ; LAKATOS, I. (Hrsg.): *Philosophische Schriften* Bd. 1. Braunschweig : Vieweg, 1974, S. 1–6

Larsson 1990 LARSSON, R.: *Coordination of Action in Mergers ans Acquisitions – Interpretive and System Approaches towards Synergy,* Universität Lund, Schweden, Dissertation, 1990

Laufenberg 1996   LAUFENBERG, Ludger: *Methodik zur integrierten Projektgestaltung für die situative Umsetzung des Simultaneous Engineering*, RWTH Aachen, Dissertation, 1996

Leondes 1991   LEONDES, C. T. (Hrsg.): *5.* Bd. 4: *Manufacturing and Automation Systems: Techniques and Technologies.* San Diego : Academic Press, Inc., 1991

Lerner 1951   LERNER, D. ; LASSWELL, H. D. (Hrsg.): *The policy sciences.* Stanford : Stanford University Press, 1951

Little 1993   LITTLE, Arthur D. (Hrsg.): *Management der F&E-Strategie.* Wiesbaden : Gabler, 1993

Luczak und Schenk 1999   LUCZAK, H. ; SCHENK, M.: *Kooperationen in Theorie und Praxis – Personale und juristische Aspekte bei Kooperationen industrieller Dienstleistungen im Mittelstand.* Düsseldorf : VDI-Verlag, 1999

Lutschewitz und Kutschker 1977   LUTSCHEWITZ, H. ; KUTSCHKER, M.: Die Diffusion von innovativen Investitionsgütern – Theoretische Konzeptionen und empirische Befunde. In: *Planungs- und Organisationswissenschaftliche Schriften* Bd. 19. München, 1977

Lutz 1993   LUTZ, V.: *Horizontale strategische Allianzen*, Universität Hamburg, Dissertation, 1993

Lynch 1990   LYNCH, R. P.: Building Alliances to penetrate European Markets. In: *Journal of Business Strategy* (1990), März/April, S. 4–8

Macharzina 1993   MACHARZINA, K.: *Unternehmensführung, Das internationale Managementwissen, Konzepte-Methode-Praxis.* Wiesbaden, 1993

Machlup 1962   MACHLUP, F.: *The Production and Distribution of Knowledge in the United States.* Princeton, 1962

Marks und Mirvis 1998   MARKS, M. L. ; MIRVIS, P. H.: *Joining forces.* San Francisco : Josey-Bass, 1998

Mattes 1993   MATTES, F: Synergiepotentiale zwischen Geschäftfeldern. In: (Hirzel, Leder & Partner 1993)

McKinsey 1993   MCKINSEY & COMPANY, INC. (Hrsg.): *Einfach überlegen: das Unternehmenskonzept, das die Schlanken schlank und die Schnellen schnell macht.* Stuttgart : Schäffer Poeschel, 1993

McKinsey 2000   HARTUNG, Stefan: *Strukturwandel im Maschinenbau.* Vortrag anläßlich des Montagskolloquiums am WZL der RWTH Aachen. Dezember 2000

McKinsey 2001   MCKINSEY & COMPANY, INC. (Hrsg.): *Profitable Growth Strategies for Machinery and Mechatronics Industry. Abschlussbericht der Studie in Zusammenarbeit mit dem Kaboratorium für Werkzeugmaschinen und Betriebslehre (WZL) der RWTH Aachen.* Düsseldorf : Eigendruck, 2001

Meckl 1995   MECKL, R.: Zur Planung internationaler Unternehmenskooperationen. In: *Zeitschrift für Planung* (1995), Nr. 6, S. 25–39

Meffert 1997   MEFFERT, H.: *Die virtuelle Unternehmung: Perspektiven aus der Sicht des Marketing.* 1997. – Unveröff. Arbeitspapier Nr. 108 der wissenschaftlichen Gesellschaft für Marketing und Unternehmensführung e. V., Münster

Mensch 1972   MENSCH, G.: Basisinnovationen und Verbesserungsinnovationen. In: *ZfB* 42 (1972), Nr. 9, S. 291–297

Mertins und Edeler 1993   MERTINS, K. ; EDELER, H.: Erfolg durch Konzentration auf Kernprozesse und durchgängige Auftragssteuerung. In: *ZwF* (1993), Nr. 10

Mertins u. a. 1994   MERTINS, K. ; SÜSSENGUTH, W. ; JOCHEM, R.: *Modellierungsmethoden für rechnerintegrierte Produktionsprozesse – Unternehmensmodellierung, Softwareentwurf, Schnittstellendefinition, Simulation.* München, 1994

Meyer 1979   *Enzyklopäsisches Lexikon.* 9., völlig neu bearbeitete Aufl. Mannheim : Bibliographisches Institut AG, 1979

Meyer u. a. 1969   MEYER, A. (Hrsg.) ; SEIBERT, G. (Hrsg.) ; WENDELBERGER, E. (Hrsg.): *Enzyklopädie 2000 – Das moderne Farblexikonin in Folgen.* Stuttgart, Zürich : Wissen-Verlag, 1969

Meyer und Warner 1997   MEYER, S. ; WARNER, A.: Organisationsgestaltung. In: NEDESS, C. (Hrsg.): *Organisation des Produktionsprozesses.* Stuttgart : Teubner, 1997

Meyer-Schönherr 1992   MEYER-SCHÖNHERR, M.: *Szenario-Technik als Instrument der strategischen Planung.* Ludwigshafen, 1992

Möhrle 2000   MÖHRLE, M. G.: Aktionsfelder einer betriebswirtschaftlichen Technologievorschau. In: *Industrie Management* (2000), Nr. 16, S. 19–22

Mintzberg 1978   MINTZBERG, H.: Strategy-Making in Three Modes. In: *Man. Sc.* (1978), S. 934–948

Müller-Stewens 1997   MÜLLER-STEWENS, G. H. (Hrsg.): *Virtualisierung von Organisationen.* Stuttgart : Schäffer-Poeschel, 1997

Müller-Stewens und Lechner 2001   MÜLLER-STEWENS, G. H. ; LECHNER, S.: *Strategisches Management – Wie strategische Initiativen zum Wandel führen.* Stuttgart : Schäffer Poeschel, 2001

Moron 1998   MORON, Oliver: *Unterstützung strategischer Entscheidungen in produzierenden Unternehmen*, RWTH Aachen, Dissertation, 1998

Nahavandi und Malekzadeh 1988   NAHAVANDI, A. ; MALEKZADEH, A.: Acculturation in Mergers and Acquisitions. In: *Acad. Management Review* 13 (1988), S. 79-90

Nayyar 1993   NAYYAR, P. R.: Stock market reactions to related diversification moves by service firms seeking benefits from information asymmetry and economics of scope. In: *Strategic Management Journal* 14 (1993), S. 569-591

Neukirchen und Werres 2002   NEUKIRCHEN, H. ; WERRES, T.: Die Methode Achleitner. In: *Manager Magazin* (2002), Nr. 1, S. 10-12

von Neumann 1961   NEUMANN, J. von: *Spieltheorie und wirtschaftliches Verhalten.* Würzburg, 1961. - Deutsche Übersetzung

OECD 1994   OECD: *Frascati Manual 1993, Proposed Standard Practice for Survey of Research and Development.* 1994

Paprottka 1996   PAPROTTKA, Stephan: *Unternehmenszusammenschlüsse - Synergiepotentiale und ihre Umsetzungsmöglichkeiten durch Integration*, Universität Hamburg, Dissertation, 1996

Pauly 2001   PAULY, Christoph: Die Kirche des Kapitalismus. In: *Der Spiegel* 2 (2001), S. 72-75

Perrillieux 1987   PERRILLIEUX, R.: *Der Zeitfaktor im strategischen Management.* Berlin : E. Schmidt, 1987

Petrie jr. 1992   PETRIE JR., C. J. (Hrsg.): *Enterprise Integration Modeling.* Cambridge (MA) und London, 1992

Pfeifer 1996   PFEIFER, T.: Methoden und Werkzeuge des Qualitätsmanagements. In: (Eversheim und Schuh 1996)

Pfeiffer 1971   PFEIFFER, W.: *Allgemeine Theorie der technischen Entwicklung als Grundlage einer Planung und Prognose des technischen Fortschritts.* Göttingen, 1971

Phaal u. a. 1998   PHAAL, R. ; PATERSON, C. J. ; PROBERT, D. R.: Technology management in manufacturing business: process and practical assessment. In: *Technovation* 18 (1998), Nr. 8, S. 541-553

Plaßmann 1974   PLASSMANN, M.: *Die Kooperationsentscheidung des Unternehmers.* Münster, 1974

Pümpin 1992   PÜMPIN, C.: *Strategische Erfolgspositionen.* Bern et al. : Verlag Paul Haupt, 1992

Popper 1973   POPPER, K. R.: *Objektive Erkenntnis. Eine evolutionärer Entwurf.* Hamburg : Hoffmann und Campe, 1973

Porter 1985   PORTER, Michael E.: *Competitive Advantage.* 1. Aufl. New York : Free Press, 1985

Porter 1999   PORTER, Michael E.: *Wettbewerbsvorteile - Spitzenleistungen erreichen und behaupten.* 5. Aufl. Frankfurt/Main : Campus, 1999

Prahalad und Hamel 1990   PRAHALAD, C. K. ; HAMEL, G.: The Core Competence of the Corporation. In: *Harvard Business Review* (1990), May/June, S. 79-91

Probert u. a. 2000   PROBERT, D. R. ; PHAAL, R. ; FARRUKH, C. J. P.: Development of a structured approach to assessing technology management practice. In: *Proceedings of the Institution of Mechanical Engineers* 214 (2000), S. 313-321

Rivett 1972   RIVETT, P.: *Principles of Model Building: The Construction of Models for Decision Analysis.* London : John Wiley & Sons, 1972

Rößl 1990   RÖSSL, D.: Die Entwicklung eines Bezugsrahmens und seine Stellung im Forschungsprozess. In: *Journal für Betriebswirtschaft* (1990), Nr. 2, S. 99-110

Robert 1991   ROBERT, M. M.: Atack Competitors By Changing the Game Rules. In: *The Journal of Business Strategy* (1991), September/October, S. 53ff

Rockholtz 1999   ROCKHOLTZ, C.: *Marktwertorientiertes Akquisenmanagement: Due Diligence-Konzeption zur Identifikation, Beurteilung und Realisation akquisitionsbedingter Synergiepotentiale,* Universität Münster, Dissertation, 1999

Rodermann 1999   RODERMANN, Marcus: *Strategisches Synergiemanagement.* Berlin : Deutscher Universitäts-Verlag, 1999

Rohr 1994   ROHR, U.: *Management und Markt.* München : dtv, 1994

Roost 1998   ROOST, J.: Fusionen - Prüfsteine für die Glaubwürdigkeit des »Change Management«. In: *io-Management* 4 (1998)

Ropella 1989   ROPELLA, Wolfgang: *Synergie als strategisches Ziel der Unternehmung.* Berlin : Verlag De Gruyter, 1989

Rost 1994   ROST, E.: Wissenschafts- und Technologieindikatoren in der Forschungsberichterstattung der Bundesrepublik Deutschland. In: DEUTSCHE WISSENSCHAFT, Wissenschaftsstatistik G. im Stifterverband für die (Hrsg.): *Materialien zur Wissenschaftsstatistik.* Essen, 1994 (8)

Rotering 1993   ROTERING, J.: *Zwischenbetriebliche Kooperation als alternative Organisationsform - Ein transaktionskostentheoretischer Erklärungsansatz.* Stuttgart : Schäffer-Poeschel, 1993

Sandler 1991   SANDLER, Guido: *Synergie: Konzept, Messung und Realisation – Verdeutlicht am Beispiel der horizontalen Diversifikation der Akquisition*, Hochschule St. Gallen, Dissertation, 1991

Scharlemann 1996   SCHARLEMANN, Ulrich: *Finanzwirtschaftliche Synergiepotentiale von Mergers und Acquisitions*, Universität Zürich, Dissertation, 1996

Scheer 1992   SCHEER, A.-W.: *Architektur integrierter Informationssysteme.* 2. Aufl. Heidelberg, Berlin, New York : Springer, 1992

Schenck und Wilson 1994   SCHENCK, D. ; WILSON, P.: *Informations Modeling the EXPRESS Way.* New York, Oxford, 1994

Schertler 1995   SCHERTLER, Walter (Hrsg.): *Management von Unternehmenskooperationen.* Wien : Wirtschaftsverl. Ueberreuther, 1995

Schmoch 1999   SCHMOCH, U.: Eignen sich Patente als Innovationsindikatoren? In: BOCH, R. (Hrsg.): *Patentschutz und Innovation in Geschichte und Gegenwart.* Frankfurt/Main et al. : Peter Lang, 1999

Scholz 1997   SCHOLZ, C.: *Strategische Organisationen: Prinzipien zur Virtualisierung und Vitalisierung.* Landsberg : Moderne Industrie, 1997

Schubert und Küting 1981   SCHUBERT, W. ; KÜTING, K.: *Unternehmenszusammenschlüsse.* München, 1981

Schuh 1996   SCHUH, G.: Aktivitäten des strategischen Produktionsmanagements. In: (Eversheim und Schuh 1996)

Schuh 2001   SCHUH, G.: Collaborative Commerce – Regionale Cluster am Beispiel der Virtuellen Fabrik. In: FURRER, J. (Hrsg.) ; GEHRING, B. (Hrsg.): *Aspekte der schweizerischen Wirtschaftspolitik: Festschrift für Franz Jaeger.* Zürich : Rüegger, 2001

Schuh u. a. 1998   SCHUH, G. ; EISEN, S. ; FRIEDLI, T.: Business Networks – Flexibilität im turbulenten Umfeld. In: *HMD* 200 (1998), S. 25ff

Schuh 2000   SCHUH, Günther: Daimler minus Chysler? In: *Junior Consult* 12 (2000)

Schumpeter 1911   SCHUMPETER, J. A.: *Theorie der wirtschaftlichen Entwicklung.* München, Leipzig, 1911

Schwarzburger 2001   SCHWARZBURGER, H.: Deutsche Maschinenbauer produzieren am Leistungslimit. In: *VDI-Nachrichten* (2001), 9. März

Schwitalla 1992   SCHWITALLA, B.: *Messung und Erklärung industrieller Innovationsaktivitäten: mit einer empirischen Analyse für die westdeutsche Industrie*, Universität Freiburg (Breisg.), Dissertation, 1992

SFB 361 1998   RWTH AACHEN: *Sonderforschungsbereich 361 – Modelle und Methoden zur integrierten Produkt- und Prozeßgestaltung.* Arbeits- und Ergebnisbericht. 1998

Sommer 1996   SOMMER, S.: *Integration akquirierter Unternehmen: Instrumente und Methoden zur Realisierung von leistungswirtschaftlichen Synergiepotentialen,* Universität Göttingen, Dissertation, 1996

Specht u. a. 2000   SPECHT, D. ; BEHRENS, S. ; KAHMANN, J.: Roadmapping – ein Instrument des Technologiemanagements und der Strategischen Planung. In: *Industrie Management* (2000), Nr. 16, S. 42

Specht und Beckmann 1996   SPECHT, G. ; BECKMANN, C.: *F&E-Management.* Stuttgart : Schäffer-Poeschel, 1996 (7)

Spector u. a. 1994   SPECTOR, P. E. ; COOPER, C. L. ; SPARKS, K.: An International Study of the Psychometric Properties of the Hofstede Values Survey Module 1994: A Comparison of Individual and Country/Province Level Results. In: *Applied Psychology: An International Review* (1994), Nr. 50

Stachowiak 1973   STACHOWIAK, H.: *Allgemeine Modelltheorie.* Wien, New York : Springer, 1973

Stat. Bundesamt 1998   STATISTISCHES BUNDESAMT: *Jahresbericht.* 1998

Staudt 1996   STAUDT, E.: Grundlagen des Innovationsmanagements. In: (Eversheim und Schuh 1996)

Staudt 1992   STAUDT, E. et a.: *Kooperationshandbuch – Ein Leitfaden für die Unternehmenspraxis.* Stuttgart : Schäffer-Poeschel, 1992

Steffen 1991   STEFFEN, C.: *Unternehmensstrategien bei flexibler Automatisierung.* Berlin : Erich Schmidt Verlag, 1991

Stratmann 1998   STRATMANN, A. W.: Die Finanzierung von Innovationen – Eine theoretische und empirische Untersuchung unter besonderer Berücksichtigung konjunktureller Einflüsse. In: DEUTSCHE WISSENSCHAFT, Wissenschaftsstatistik G. im Stifterverband für die (Hrsg.): *Materialien zur Wissenschaftsstatistik.* Essen, 1998 (9)

Strohschneider 2001   STROHSCHNEIDER, S.: Denken Inder anders? Über die Kulturabhängigkeit strategischen Denkens. In: *Forschung und Lehre* (2001), Nr. 7

Sydow 1992   SYDOW, J.: *Strategische Netzwerke: Evolution und Organisation.* Wiesbaden, 1992

Szyperski 1980   SZYPERSKI, U.: *Grundbegriffe der Unternehmensplanung.* Stuttgart, 1980

Tang 1998   TANG, H. K.: An integrative model of innovation in organizations. In: *Technovation* 18 (1998), Nr. 5, S. 297-309

Teece 1980   TEECE, D. J.: Economies of scope and the scope of the enterprise. In: *Journal of Economic Behaviour an Organization* 1 (1980), S. 223-247

Tintelnot u. a. 1999   TINTELNOT, C. (Hrsg.) ; MEISSNER, D. (Hrsg.) ; STEINMEIER, I. (Hrsg.): *Innovationsmanagement.* Berlin : Springer, 1999

Tomiura 1985   TOMIURA, A.: How Nippon Steel Conducts Joint Research. In: *Research Managment* 28 (1985), Jan./Feb., S. 22-26

Trommer 1992   TROMMER, W.: Lean Production - Bedrohung oder Chance für den deutschen Maschinenbau? In: *Lean Production: Tragweite und Grenzen eines Modells.* Eschborn, 1992

Tschirky 1990   TSCHIRKY, H.: *Technologiemanagement - Erfolgsfaktor von zunehmender Bedeutung.* Zürich : Verlag Industrielle Organisation, 1990

Tschirky 1998   TSCHIRKY, H. ; KORUNA, S. (Hrsg.): *Technologiemanagement - Idee und Praxis.* Zürich : Verlag Industrielle Organisation, 1998

Uhlig und Kriegbaum 2001   UHLIG, A. ; KRIEGBAUM, H.: *EU-Maschinenbau - Strukturen und Trends.* Frankfurt : VDMA-Verlag, 2001

Ulich 1998   ULICH, E.: Mensch, Technik, Organisation und Unternehmenskultur. In: (Tschirky 1998)

Ulrich 1981   ULRICH, H.: Die Betriebswirtschaftslehre als anwendungsorientierte Sozialwissenschaft. In: GEIST, N. (Hrsg.) ; KÖHLER, R. (Hrsg.): *Die Führung des Betriebs.* Stuttgart : Schäffer-Poeschel, 1981, S. 1-25

Ulrich 1984   ULRICH, H.: Die Betriebswirtschaftslehre als angewandte Sozialwissenschaft. In: DYLLICK, T. (Hrsg.) ; PROBST, G. (Hrsg.): *Management.* Bern, Stuttgart, 1984, S. 168-199

Ulrich 2001   ULRICH, H.: *Systemorientiertes Management: das Werk von Hans Ulrich.* Bern et al. : Haupt, 2001. - Studienausgabe

Ulrich und Hill 1976a   ULRICH, H. ; HILL, W.: Wissenschaftstheoretische Grundlagen der Betriebswirtschaftslehre (Teil I). In: *WiST Zeitung für Ausbildung und Hochschulkontakt* (1976), Nr. 7, S. 304-309

Ulrich und Hill 1976b   ULRICH, H. ; HILL, W.: Wissenschaftstheoretische Grundlagen der Betriebswirtschaftslehre (Teil II). In: *WiST Zeitung für Ausbildung und Hochschulkontakt* (1976), Nr. 8, S. 345-350

VDMA 2000a   Mit Produktinnovation an die Weltspitze. In: *VDMA Nachrichten* 9 (2000), S. 54

VDMA 2000b   Statistisches Handbuch für den Maschinenbau / Verband Deutscher Maschinen- und Anlagenbau. Frankfurt/Main, 2000. – Technischer Bericht

VDMA 2001   Statistisches Handbuch für den Maschinenbau / Verband Deutscher Maschinen- und Anlagenbau. Frankfurt/Main, 2001. – Technischer Bericht

Walz 1999   WALZ, Martin: *Eine Methodik zum semantischen Skizzieren mechanischer Produktvarianten*, RWTH Aachen, Dissertation, 1999

Warnecke u. a. 1993   WARNECKE, H.-J. (Hrsg.) ; SCHUSTER, R. (Hrsg.) ; DIN (Hrsg.): *Entwicklung zur Normung von CIM*. Berlin u. a. : Springer, 1993

Weber und Schweiger 1992   WEBER, Y. ; SCHWEIGER, D. M.: Top Management Culture Conflict in Mergers and Acquisitions: A Lesson from Anthropology. In: *International J. Conflict Management* 3 (1992), S. 1–17

Wöhe 1996   WÖHE, G.: *Einführung in die Allgemeine Betriebswirtschaftslehre*. München : Verlag Franz Vahlen, 1996

Wiegand 1996   WIEGAND, M.: *Prozesse Organisationalen Lernens*. Wiesbaden : Gabler, 1996

Wildemann 1997   WILDEMANN, H. (Hrsg.): *Marktführerschaft: Reorganisation und Innovation*. München : TCW Transfer-Centrum Verlag, 1997

Wildemann 1998   WILDEMANN, H. (Hrsg.): *Strategien zur Marktführerschaft: Die Kundenanforderungen von morgen gestalten*. Frankfurt/Main : Frankfurter Allgemeine Zeitung Verl.-Bereich Buch, 1998

Williamson 1975   WILLIAMSON, O. E.: *Markets and Hierarchies: Analysis and Antitrust Implications*. New York, 1975

Wind und Mahajan 1985   WIND, Y. ; MAHAJAN, V.: *Corporate Growth through Synergy*. Philadelphia : Wharton Center for International Management Studies, 1985

Witt 1996   WITT, J.: Existenz- und Wachstumssicherung durch Innovationsmanagement. In: WITT, J. (Hrsg.): *Produktinnovation: Entwicklung und Vermarktung neuer Produkte*. München : Vahlen, 1996

Witte 1973   WITTE, E.: *Organisation für Innovationsentscheidungen*. Göttingen, 1973

Wolfrum 1991   WOLFRUM, B.: *Strategisches Technologiemanagement*. Wiesbaden : Gabler, 1991

WZL 2000 : *Analysis and comprehension of international approaches, methods and tools for Concurrent Engineering and Global Product Development Processes.* Studie des WZL u. a. 2000

Zahn und Weidler 1995 ZAHN, E. ; WEIDLER, A.: Integriertes Innovationsmanagement. In: ZAHN, E. (Hrsg.): *Handbuch Technologiemanagement.* Stuttgart : Schäffer-Poeschel, 1995

Zammuto und Krakower 1991 ZAMMUTO, R. ; KRAKOWER, J.: Quantitative and qualitative studies of organizational cultures. In: *Research in organizational change and development* (1991), Nr. 5

Ziegler 1997 ZIEGLER, Markus: *Synergieeffekte bei Unternehmenskäufen*, Julius-Maximilians-Universität Würzburg, Dissertation, 1997

Stichwortverzeichnis